L'IRRATIONNEL

Gilles Gaston GRANGER

L'IRRATIONNEL

EDITIONS
ODILE JACOB

*À la mémoire
de ma mère*

INTRODUCTION

Le thème de cet ouvrage est l'irrationnel. La forme même du mot, dans notre langue, est manifestement négative. Je voudrais pourtant dégager de cette notion un aspect positif. Non pas, certes, que mon dessein soit de faire l'apologie de l'irrationnel ; ayant consacré les longues années d'un travail antérieur précisément à décrire, analyser et promouvoir ce qui est rationnel dans la pensée humaine, je surprendrais sans doute si j'entreprenais paradoxalement une défense et illustration de l'irrationnel. Aussi bien n'est-ce nullement là mon présent propos. Je suis cependant persuadé qu'une réflexion sur l'irrationnel est particulièrement instructive, justement pour ceux qui, ne pouvant se vanter d'être pleinement rationalistes, selon le mot de l'un de mes maîtres Gaston Bachelard, « s'efforcent de le devenir ».

On observera tout d'abord que l'irrationalité, éminemment polymorphe, dessine en creux, pour ainsi dire, les formes du rationnel. Elle est bien en ce sens relative, et suppose toujours, sinon chez l'acteur irrationnel lui-même, du moins chez l'analyste, une *représentation* de ce à quoi elle s'oppose. C'est-à-dire à des règles ou normes plus ou moins explicites, dont elle peut ainsi contribuer à mettre en lumière *a contrario* le sens, la portée et la valeur. Au reste, ce n'est pas ici du point de vue du juge que j'entends me placer. Je voudrais plutôt retracer l'origine et les conditions de la présence de l'irrationnel, en remarquer les conséquences et éventuellement en retracer le traitement. Toutefois, le projet d'une description pour ainsi dire anthropologique de cette présence dans les comportements et les mentalités serait démesuré et dépasserait de loin les compétences du philosophe. Ce serait une tâche immense d'historien, de sociologue, de psychologue, de psychanalyste. Mon projet dans ce livre est plus modeste. Il consiste à considérer le sens et le rôle de l'irrationnel dans certaines *œuvres* humaines, dans certaines *créations* majeures de l'esprit humain, et tout particulièrement dans les œuvres de science.

Il est vrai qu'il peut paraître dans certains cas difficile de distinguer une œuvre d'une action, et par conséquent la présence du rationnel ou de l'irrationnel dans l'une ou l'autre. Bien entendu, l'œuvre suppose des actions. Cependant, nous entendrons par œuvre un produit susceptible de se maintenir dans l'existence concrète et de s'offrir à l'observation, voire à l'usage, d'autres sujets que son créateur. En ce sens, un objet matériel sorti d'un atelier d'artisan est une œuvre, mais aussi une pièce musicale matérialisée soit dans sa partition, soit dans une exécution particulière, et elle est dans ce dernier cas doublement une œuvre, du compositeur et de l'exécutant. Néanmoins, cette consistance d'objet n'est pas le seul trait par quoi nous définirions une œuvre. L'œuvre, d'une part, est en outre la création d'un rapport d'une matière à une forme, aussi bien dans le cas de l'œuvre proprement matérielle que dans celui de l'œuvre non directement incarnée, comme un texte scientifique ou littéraire. L'opposition de matière à forme est *suscitée* par un *travail*, et l'on peut bien dire, quelquefois contre les apparences, que pas plus la matière que la forme de l'œuvre n'existeraient en tant que telles avant la création, et c'est en ce sens que nous associons toujours l'œuvre à un travail.

L'œuvre, d'autre part, a un caractère *signifiant*. Qu'elle se présente comme un texte d'un système symbolique spécifique, ou comme un objet matériel sans apport de langage, une œuvre se propose comme expression. Cette expression est véhiculée dans un système de symboles qui peut être déjà donné comme moyen de communication commun, dont les règles sont connues *a parte ante*, mais elle peut aussi être véhiculée sans recours à un tel symbolisme, et en ce cas la *grammaire* en est plus ou moins librement constituée *a parte post* par le contemplateur. Mais alors même qu'un langage usuel sert de véhicule sur un premier plan d'expression, celle-ci s'offre toujours sur un second plan à travers un symbolisme non donné *a parte ante* qui prend alors pour marques les aspects non pertinents ou les redondances du langage du premier degré. Et c'est l'organisation de ces marques par le créateur et leur perception semi-libre par le contemplateur que nous avons tenté naguère de décrire comme source de style[1].

Si l'on admet comme déterminante la conjonction de ces caractères de l'œuvre, on voit bien comment s'en peuvent alors distinguer les comportements et les actions. Un acte de bravoure, une décision politique importante, quelle qu'en puisse être la signification, ne seront pas considérés comme des œuvres, pas plus que la production répétitive d'objets matériels par l'homme ou par la machine, le *travail* et le *sens* ne se situant pas ici au niveau de la création même des objets. Au reste, dans les œuvres, l'irrationnel est directement saisi comme tel par le créateur, qui l'accepte, l'utilise ou s'en défend. Dans les comportements au contraire, il n'est le plus souvent perçu que par l'observateur ou le juge.

Sans aucunement présupposer que les œuvres ainsi définies seraient normalement le produit d'une activité purement rationnelle, il est cependant permis de postuler que le travail de mise en forme dont elles sont le résultat obéit d'abord à certaines règles implicites ou manifestes, qui déterminent plus ou moins précisément la nature de l'œuvre et les procédures de la création. Cette détermination constitue, croyons-nous, une forme faible mais fondamentale de rationalité. L'irrationalité apparaîtrait quand la production de l'œuvre se situe ou se développe contre ou en dehors de ce cadre originaire, devenu éventuellement trop contraignant ou stérilisateur. Ce sont les modalités de cette

---

1. *Essai d'une philosophie du style*, 2ᵉ éd., 1988.

opposition qui nous intéresseront ici. Dans cette perspective, je distinguerais trois types significatifs d'irrationnel.

Le premier serait l'irrationnel comme *obstacle*. C'est alors dans l'objet créé — en prenant « objet » au sens large — qu'apparaît une opposition aux règles de la création même, leur application devenant contradictoire et impossible. Mais le savant ne se complaît jamais dans ce constat d'échec ; il poursuit son œuvre, et la rencontre de l'irrationnel n'est jamais en ce cas que le point de départ d'une reconquête de la rationalité. Les péripéties du progrès mathématique fourniraient de beaux exemples de cet irrationnel, positif parce qu'il appelle toujours en ce cas une *résolution*.

Nous qualifierons notre second type d'irrationnel comme *recours*. Il se manifeste dans la création, particulièrement dans la création artistique, lorsque les règles sont délibérément violées ou abandonnées, en vue d'atteindre des résultats nouveaux, inattendus. L'abandon du rationnel signifie alors moins un rejet du rationnel comme tel que le moyen de renouveler et prolonger l'acte créateur.

Le troisième type, que je nommerai l'irrationnel *par renoncement*, ou si l'on veut par abandon, est au contraire un véritable rejet du rationnel. Dans ce cas, le producteur de l'œuvre renie en quelque sorte le système originaire d'encadrement de sa pensée, et, en prenant le contre-pied, donne, sans contrôle, libre permission à sa fantaisie. Des exemples notoires de cet irrationnel nous seront fournis par certaines altérations d'une pensée originairement créatrice de savoir scientifique qui, un moment donné, s'affranchit de tout contrôle ; l'irrationalité consiste alors à prétendre maintenir les prérogatives et le statut des objets scientifiques antérieurement produits, tout en les enrichissant de propriétés qui contredisent ce statut même.

C'est cette triple distinction qui servira de fil conducteur à nos réflexions sur l'irrationnel dans les œuvres. Il convient cependant de proposer une autre classification, qui serait sans doute plus pertinente si nous voulions considérer une anthropologie des comportements et des mentalités irrationnels. Elle est du reste la contrepartie d'une classification de la rationalité que nous avons formulée ailleurs[2]. Elle distingue un irrationnel « épistémique », un irrationnel « technique » et un irrationnel « axiologique ».

L'irrationnel « épistémique » apparaît dans le procès même de connaissance, lorsque ce procès rencontre inopinément une propriété de son objet qui interdit de poursuivre ce processus tel quel. Il s'agit donc, dans ce domaine, d'un cas typique d'irrationnel comme obstacle, considéré dans l'*acte* de connaître. Mais il peut arriver aussi que le sujet connaissant ait recours délibérément à une contradiction de ce genre qu'il introduit lui-même dans l'objet et qu'il assume, au moins provisoirement, pour obtenir des résultats nouveaux. Il s'agit toujours alors d'un moment du travail de constitution de l'objet scientifique, et l'irrationnel ne qualifie nullement une attitude et un comportement pratique de l'acteur.

L'irrationnel « technique » se manifeste dans la *production d'effets*, et se révèle dès que peuvent être mises en lumière des procédures plus efficaces ou plus économiques. C'est de toutes les formes d'irrationalité la plus relative, en ce sens qu'elle n'a vraiment de sens que par opposition à des formes de production encore inconnues, et peut-être imaginaires. Elle peut fort bien correspondre à l'application d'un système de règles, d'un rituel, mais non associé à une connaissance contrôlable. Il en est ainsi le plus souvent lorsque, dans le domaine où s'exerce une technique, un savoir scientifique suffisamment établi fait défaut, sur lequel elle pourrait se fonder. On ne saurait pourtant en conclure que de telles pratiques irrationnelles ne peuvent obtenir des succès considérables, et bien souvent suffire au moins pour un temps aux besoins des hommes.

L'irrationnel « axiologique » enfin consiste en l'absence de cohérence d'un système de valeurs. Non pas nécessairement par contradiction logique des énoncés qui formulent ou formuleraient ce système, mais par impossibilité de les mettre en application simultanément. Un exemple classique et célèbre en serait

---

2. *Cf.* « Les trois aspects de la rationalité économique », *in* S. Galvan éd., *Epistemologia. Forme di razionalità pratica*, 1992.

fourni par l'interdiction du mensonge et le devoir de sauver son prochain qui sont mis en conflit dans l'opuscule de Kant *Sur un prétendu droit de mentir par humanité*. Il est du reste permis de se demander si cet état d'irrationalité axiologique n'est pas le lot de tout système de valeurs morales ou juridiques qui se voudrait universel. Quoi qu'il en soit, il s'agit bien là d'un irrationnel d'un autre genre que celui des deux premiers que l'on vient de proposer.

Est-il possible de combiner en quelque manière ce registre de classification de l'irrationnel avec celui que l'on a préalablement exposé ? On a déjà fait allusion à l'aspect d'irrationalité comme obstacle ou comme recours dans le cas de l'irrationnel épistémique. En vue de préciser par de nouveaux exemples le sens et les nuances de notre double recensement, plutôt que pour en systématiser inopportunément les distinctions, nous proposons donc un tableau à double entrée que nous allons brièvement commenter.

	ÉPISTÉMIQUE	TECHNIQUE	AXIOLOGIQUE
OBSTACLE	paradoxes (résolus)	difficultés (surmontées)	doctrines pragmatiques
RECOURS	concepts contradictoires	procédures empiriques	doctrines dogmatiques
RENONCEMENT	fausses sciences	pratiques mythiques	« Schwärmerei »

Dans la ligne « obstacle », nous trouvons :

1. Les paradoxes rencontrés en mathématique, par exemple, et résolus. Un cas typique est celui du nombre imaginaire suscité par la solution de certaines équations cubiques.

2. Les difficultés techniques non prévisibles (et en ce sens irrationnelles), et généralement, à long terme, surmontées.

3. Les incompatibilités de valeurs des doctrines éthiques, pragmatiquement surmontées[3].

Dans la ligne « recours » se trouveraient :

1. Les cas d'invention délibérée d'un concept contradictoire, comme la « fonction δ de Dirac » en physique quantique, irrationalité qui devait du reste être résolue par la théorie des distributions.

2. Les pratiques empiriques, au sens de tâtonnantes et non justifiées, obtenant des résultats éventuellement satisfaisants mais incertains et incompris.

3. Les problèmes rencontrés par les doctrines éthiques dogmatiques, se fondant sur des principes religieux ou métaphysiques étrangers à leur propre domaine fondamental.

La ligne du renoncement comporterait :

1. Les constructions faussement scientifiques faisant appel à des entités occultes et incontrôlables pour résoudre des problèmes posés par la pensée scientifique.

2. Les pratiques quelquefois efficaces mais qui renoncent à se justifier par des explications rationnelles, s'abandonnant à des explications mythiques ; telles nous apparaissent certaines techniques médicales en usage dans les civilisations traditionnelles. On voit que ce type d'irrationalité n'est autre que le correspondant exact sur le plan technique du type d'irrationalité épistémique précédemment indiqué.

3. Nous donnerions enfin comme exemple d'irrationalité axiologique par renoncement les doctrines éthiques ou juridiques exprimant ce que Kant appelle « Schwärmerei », que l'on peut traduire approximativement par « fanatisme mystique ». Il consiste

---

3. On sait que Kant, dans l'opuscule cité, maintient contre Benjamin Constant que la véracité « est un commandement sacré de la raison, absolument impératif » (trad. « La Pléiade », Paris, Gallimard, III, p. 438). Il résout donc « dogmatiquement », au sens de notre tableau, l'irrationalité axiologique. Benjamin Constant, admettant des cas où le mensonge est permis, la résolvait « pragmatiquement ».

« en son sens le plus général à entreprendre de dépasser les limites de la raison humaine[4] ».

Kant commente encore ainsi le terme dans *La Religion dans les limites de la raison* :

« Être persuadé de pouvoir distinguer les effets de la grâce de ceux de la nature (de la vertu), ou de pouvoir, par la dernière, produire en soi la première, c'est la Schwärmerei[5]. »

On voit bien sur ces divers exemples que les classes proposées se chevauchent et se recoupent et qu'il ne saurait être question de les présenter comme donnant un encadrement rigide aux formes de l'irrationnel. Nous bornant dans ce livre à examiner l'irrationnel dans les œuvres, nous pensons néanmoins pouvoir prendre pour guide la distinction entre l'irrationnel comme obstacle, comme recours et comme renoncement.

On ne saurait se dissimuler cependant les restrictions qu'impose ce parti pris, ni celles, supplémentaires, découlant du petit nombre des espèces d'œuvres que nous prendrons pour exemples, empruntées seulement aux domaines de la création scientifique et esthétique, avec une prédominance du premier. Nous laisserons de côté, entre autres, faute de compétence, le domaine de la pensée religieuse, pourtant si exceptionnellement riche de relations entre le rationnel et l'irrationnel. Même ainsi bornée, l'analyse m'a paru cependant digne d'être entreprise, dans l'esprit d'un *rationalisme ouvert* et dynamique, en vue de reconnaître et de délimiter le rôle positif de l'irrationnel.

On ne manquera pas de constater que cette notion d'irrationnel ne saurait comporter de définition formée par la conjonction de certains traits uniformément assemblés. Certes, dans quelques-uns des domaines que nous allons considérer, l'irrationalité pourra être décrite comme un concept bien délimité de ce type. Ce qui est assurément le cas de la notion prototype d'irrationnel mathématique par quoi nous commencerons cette étude. Mais on vérifiera par après que l'irrationnel dont il est ici question n'est pas, en général, définissable comme un concept scien-

---

4. *Kritik der reinen Vernunft*, 4, trad. « La Pléiade », II, p. 712.
5. Trad. « La Pléiade », III, p. 208.

tifique, univoquement déterminé par une constellation de caractères. C'est bien cependant un concept, et non point seulement une *image*, mais c'est un concept philosophique, espèce de concept dont nous avons tenté par ailleurs d'élucider la nature et la fonction[6]. Nous nous bornerons ici à rappeler deux aspects majeurs de tels concepts.

Ils se rapprochent, pour une part, de ce que Wittgenstein a nommé « ressemblances de famille ». On sait que dans les *Recherches philosophiques*, à propos de la notion de « jeu », mais aussi de celles de « langage » et de « proposition », il insiste sur le fait qu'on ne saurait rien trouver qui soit commun à toutes les espèces de jeu :

> « Ne dis pas : il doit y avoir quelque chose qui leur soit commun, sinon on ne les appellerait pas des "jeux". Mais *regarde* plutôt si quelque chose est commun à tous. Car si tu les examines tu ne verras rien qui soit commun à *tous*, mais tu verras des ressemblances, des parentés, et vraiment toute une série[7]. »

Ces ressemblances diverses se chevauchent et se croisent comme celles que l'on rencontre entre les membres d'une même famille : « la taille, les traits du visage, la couleur des yeux, la démarche, le tempérament, etc., etc.[8] ». Ainsi en va-t-il des différentes réalisations d'un même concept philosophique tel que l'« irrationnel ».

Cependant, il est un autre aspect de tels concepts, plus positif, et complémentaire du premier, sur lequel je voudrais insister. C'est que le concept philosophique est essentiellement un *méta*-concept. C'est-à-dire qu'il se situe à un niveau supérieur à celui des concepts qui se rapportent directement à des expériences et à des objets. Il est, en un certain sens, opératoire par rapport à ceux-ci et les domine non par une plus grande généralité de contenu, mais par la mise en évidence d'une fonction. Un concept philosophique, en tant que métaconcept, désigne une

---

6. *Pour la connaissance philosophique*, 1988, chap. 7 et *passim*.
7. *Philosophische Untersuchungen*, I, § 66.
8. *Ibid.*, § 67.

fonction commune, réalisée sous différentes formes, et en ce sens il ne saurait être réduit à une simple « ressemblance de famille ».

Il serait en ce cas illusoire de prétendre procéder dans l'examen d'un concept comme celui d'« irrationnel » à partir d'une définition stricte de son sens métaconceptuel. C'est pourquoi nous commencerons par en présenter une réalisation prototypique, et sans doute, au moins dans la pensée occidentale, historiquement originaire : la notion mathématique d'irrationnel.

PREMIÈRE PARTIE

L'IRRATIONNEL
COMME OBSTACLE

Chapitre premier

ORIGINES MATHÉMATIQUES
DE L'IRRATIONNEL

Ce que nous appelons ici « rencontre d'un obstacle », c'est le fait que le créateur d'une œuvre se voit contraint, *pour continuer son travail*, d'effectuer des opérations impossibles, c'est-à-dire interdites par les règles antérieurement applicables et appliquées, ou qui heurtent des croyances ou des savoirs qu'il admet par ailleurs. De telle sorte que si l'œuvre se poursuit, c'est sans que soit *compris* le succès de sa réalisation.

La notion d'obstacle a dans ce cas pour noyau une incapacité à concevoir la cohérence entre des présupposés ou des règles d'action dans le domaine de la connaissance spéculative, ou de la technique, ou de la pratique morale, et le déroulement effectif, réussi, de cette action. L'intérêt principal de cette contradiction me semble alors que la rencontre de l'obstacle appelle et apparemment obtient toujours sa résolution. Telle serait la forme à tous égards la plus haute de ce que nous avons appelé le *travail* humain.

Deux questions se posent alors au philosophe : en quoi consiste vraiment l'obstacle ? En quoi consiste la résolution, c'est-à-dire que signifie donc la victoire du rationnel ?

C'est dans le *travail* des mathématiciens grecs de l'Académie que semble être pour la première fois apparu, et avoir été surmonté avec précision, l'obstacle irrationnel. Dans ce chapitre, nous examinerons donc ce cas particulier, mais exemplaire, d'émergence, et la nature de sa résolution.

Le contexte

1.1. Il convient de noter tout d'abord que je donne ici un sens assez lâche au mot « Académie ». L'ancienne Académie s'achève traditionnellement avec Polémon, mort vers 270 av. J.-C., et Cantor. Mais je considère ici *l'esprit mathématique* né dans l'école de Platon, et qui se poursuit en fait dans le Lycée d'Aristote et même au-delà ; la période de l'histoire des mathématiques concernée se situe donc entre les pythagoriciens et les tenants de l'école d'Alexandrie, de la fin du Ve au début du IIIe siècle. Platon y apparaît comme personnage éponyme plutôt que comme acteur véritable. On peut en effet, par parenthèse, se poser la question : Platon est-il mathématicien ? Mügler[1] lui attribue une activité mathématique effective et pense qu'il considérait la mathématique comme une *fin* de la réflexion métaphysique. Mais Platon lui-même dit dans *Le Politique* (259 e) que le philosophe est l'organisateur, le maître d'œuvre et non le producteur des travaux mathématiques : ἀρχιτέκτων γέ πᾶς οὐκ ἐργατικὸς ἀλλ' ἐργατῶν ἄρχων.

Il n'en est pas moins vrai, toutefois, que la mathématique a une place de choix dans l'entourage et dans la postérité de Platon, et que les grands noms de la mathématique académique, étroitement liés à l'école, sont Théodore, Théétète, Eudoxe, auxquels on peut certainement joindre Euclide. On observera du reste, peut-être non sans surprise, que la coupure entre une mathématique proprement académique et une mathématique postérieure n'est pas de nature philosophique : la philosophie du Lycée se démarque certes profondément de celle de l'Académie, dont pourtant elle procède, mais la mathématique qui se fait autour d'Aristote et immédiatement après lui ne diffère pas

---

1. *Platon et la recherche mathématique de son époque*, Strasbourg-Zürich, P. H. Heitz, 1948.

essentiellement de la mathématique antérieure par des traits philosophiques. À ce propos, un problème intéressant mériterait d'être examiné : la philosophie de l'objet mathématique influence-t-elle véritablement la *pratique* mathématique, qui pourtant, dans une certaine mesure, semble bien la refléter ? La réponse affirmative de Szabo[2] ne me semble pas décisive : il assure que la philosophie éléate aurait inspiré la mathématique comme science déductive, la mathématique ne devenant alors rien d'autre qu'une « branche de la dialectique », et l'éléatisme ayant deux descendants : la sophistique et la mathématique. Nous aurons l'occasion, chemin faisant, de nuancer une thèse aussi abrupte.

Revenons à la délimitation d'une mathématique de l'Académie. La coupure à laquelle nous faisions allusion, comment se marque-t-elle dans cette pratique ? Fowler[3] lui donne improprement le nom d'« arithmétisation », mais il a raison sur le sens. Il s'agit en effet, me semble-t-il, de *l'importance prise par les calculs de mesure grâce à une généralisation de la notion d'* ἀριθμος, de nombre entier. Ce qui fait alors l'unité d'une mathématique de l'Académie pourrait être résumé par trois traits : l'assimilation d'une tradition pythagoricienne, arithmético-géométrique ; la fixation, et même la ritualisation, d'une méthode de démonstration, dont nous n'aurons pas à parler ici ; la mise en évidence du problème central que constitue l'établissement d'un rapport entre deux concepts dits « naturels » : celui de nombre entier et celui de grandeur, en particulier de grandeur géométrique.

Cette unité est à la fois celle d'un *style* — d'une manière d'aborder le problème de la mesure des grandeurs, d'une attitude à l'égard d'un donné intuitif et d'une réglementation du discours démonstratif —, et celle d'un contenu, magistralement défini dans l'œuvre euclidienne, au moment où va se clore cette époque ; c'est ainsi, par exemple, que les problèmes de quadrature, sans être ignorés de cette mathématique (Hippocrate, au

2. « Anfänge der Euklidischen Axiomensystem », *in* Becker éd., *Zur Geschichte der Griechieschen Axiomensystem*, Darmstadt, 1965.
3. *The Mathematics of Plato's Academy*, Oxford, 1987.

milieu du Ve siècle est un précurseur), ne deviendront un thème central qu'après Archimède, en un autre temps. Ce style et ce contenu, on ne prétendra pas du reste les décrire comme fixes et achevés, mais plutôt dans leur formation, dans la transition qui s'y manifeste vers une mathématique alexandrine qui, quant à elle, représente à bien des égards, comparée à la mathématique en développement qui nous occupe, une sorte d'« académisme » au sens usuel du terme, que l'on dépouillera ici de toute connotation péjorative, pour signifier seulement l'achèvement heureux et la fixation d'un style.

1.2. En vue de mettre en évidence les conditions d'apparition de l'irrationnel dans cette mathématique platonicienne, nous en exposerons brièvement trois aspects particuliers.

Tout d'abord, le développement d'une *algèbre géométrique*. Ce trait est, à mon sens, fondamental pour une caractérisation du style mathématique qu'incidemment nous essayons de décrire, car il constitue une première tentative, incomplète, de *mise en rapport du nombre et de la grandeur*. L'algèbre géométrique, telle que nous la présente le livre I, proposition 44, et la développent les livres II et VI d'Euclide, introduit des opérations arithmétiques sur des grandeurs géométriques. La valeur des aires servira à représenter la *multiplication* de valeurs de longueurs ; l'« application des aires » pourra figurer des *divisions* de valeurs de grandeurs. Cette formulation est à dessein assez vague, car on voudrait souligner justement le caractère encore imparfait de cette coordination des grandeurs géométriques et des valeurs numériques qui leur sont attribuées.

Nous rappellerons donc sur un exemple simplifié la procédure de l'*application des aires*. Soit une aire S, représentée par un carré, et un segment de droite u ; construire un rectangle d'aire égale à S ayant pour côté le segment. Sous cette forme réduite et particulière, on voit bien qu'en termes modernes l'opération a pour effet de *diviser* la grandeur S (qui est une aire) par la grandeur u (qui est un segment). La solution dans ce cas consiste à décrire un carré d'aire S et à prolonger un côté par le segment u. On complète alors le rectangle construit sur ce côté prolongé en tirant la diagonale DE. La solution est le rectangle S', dont l'un des côtés est égal à u, l'autre étant l'inconnue recherchée, égale, en termes modernes, à S/u (fig. 1).

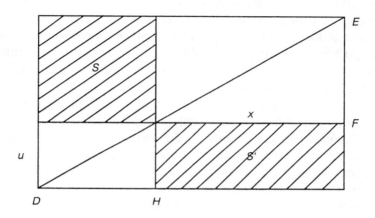

fig. 1

aire HF = S' = S = u.x
x résout le problème de la division
de la mesure de S par la mesure de u.

Que cette procédure soit bien utilisée pour réaliser géométriquement des rapports entre grandeurs, c'est ce que montrerait entre autres la proposition 30 du livre VI, où le problème posé est de diviser une droite en moyenne et extrême raison, c'est-à-dire de telle manière que le plus petit segment soit au plus grand comme celui-ci est à la droite entière. Mais le raisonnement euclidien — comme l'indique son nom : παραβωλή (ou ἔλλειψις) τῶν χωρίων, comparer, égaler (ou retrancher) des aires — fait intervenir exclusivement des équivalences d'aires. Sous sa forme générale, il consiste à « appliquer selon un angle donné à une droite donnée un parallélogramme égal à un triangle donné » (I.44) ; et, plus généralement encore, on demande que le parallélogramme appliqué ait une aire égale à celle d'un polygone donné, et déborde (ou soit en retrait) de la ligne donnée, d'un parallélogramme semblable à un parallélogramme donné (VI.29).

Sous cette forme générale, comme sous la forme simplifiée, la procédure suppose la solution d'un problème préalable : construire un parallélogramme d'aire égale à celle d'un triangle donné, et d'angle donné (I.42) ; ensuite, la démonstration de l'équivalence des aires des compléments « gnomoniques » dans un parallélogramme, c'est-à-dire des deux parallélogrammes intérieurs opposés déterminés par des parallèles aux côtés se coupant sur une diagonale.

On montre aisément que l'application des aires donne une solution géométrique à des problèmes qui, en termes modernes, correspondent à des équations du second degré. Mais s'agit-il véritablement d'une *algèbre* ? Oui, en ce sens qu'une opération multiplicative et son inverse sont en effet appliqués à des grandeurs selon une procédure générale. Mais ce calcul géométrique ne *concerne pas directement des grandeurs homogènes* : il passe, pour déterminer des longueurs, par l'intermédiaire des aires. Cette situation empêche que l'on puisse parler sans métaphore d'une algèbre. C'est bien d'une géométrie qu'il s'agit, et même d'une géométrie encore *morphologique,* en transition vers une géométrie métrique. Les sommes, les différences, les produits, les divisions de grandeurs et leurs *rapports* mêmes sont essentiellement *figurés.* Par ailleurs, on constate que ce qui est considéré de façon essentielle ce sont ces *rapports* de grandeurs ; lorsque les grandeurs sont mesurées par des entiers, la notion ne fait pas problème. Il n'en est pas de même dans le cas contraire, et la question n'est pas alors posée — au niveau de l'« algèbre géométrique » — de la possibilité d'une mesure des grandeurs. Deux problèmes distincts qui, même s'ils semblent occultés dans le mécanisme de l'application des aires, sont cependant apparus à ce propos, et dont le traitement est un trait dominant du style mathématique que nous voulons décrire et de la conception de l'obstacle irrationnel dont nous voulons présenter la naissance et le traitement. C'est d'une part celui de l'*approximation* des rapports de grandeurs par des nombres, d'autre part celui du *statut théorique* de ces rapports, en particulier dans le cas où les grandeurs sont dites « incommensurables ». Ce sont les deux points principaux que nous devrons développer dans la dernière section de ce chapitre. Mais il convient au préalable d'examiner quelques aspects de la conception du nombre qui, du reste, leur servira d'introduction.

1.3. Trait probablement pythagoricien, l'opposition du pair et de l'impair joue encore un rôle essentiel dans la conception académique du nombre, comme il apparaît dans différents textes platoniciens, et en particulier dans le *Gorgias*. En 405 d, Platon distingue, parmi les disciplines mathématiques, la géométrie, le tric-trac, l'arithmétique et la logistique. Or, arithmétique et logistique sont plus précisément définies en 451 b. La première concerne le pair et l'impair : περι τὸ ἄρτιον καὶ περιττον. La seconde — λογιστικὴ — concerne *le même sujet*, mais du point de vue du « comportement des pluralités, soit en elles-mêmes, soit par rapport aux autres » : καὶ πρὸς ἀυτα καὶ πρὸς ἄλληλα πῶς ἔχει, πλῆθους ἐπισκοπεῖ. Dans un scholie de ce passage, Olympiodore dit que la logistique traite de la *matière*, l'arithmétique des *espèces* du pair et de l'impair. Quelle que soit l'interprétation de cette distinction, il semble en tout cas erroné de considérer la logistique comme étant originairement une *pratique* du calcul par opposition à une *théorie* arithmétique. Peut-être serait-il plus correct de dire que la première concerne les rapports entre les nombres, et par conséquent envisagera, au cours de la période qui nous intéresse, l'*évaluation* des λόγοι ; alors que la seconde, remontant à un fonds plus ancien et s'occupant plutôt de la nature des nombres, a d'abord été une théorie de la duplication, étroitement associée à l'idée de parité. Les historiens soulignent l'importance d'une tradition égyptienne, où la multiplication d'un entier est ramenée à l'addition des produits de celui-ci par celles des puissances de 2 successives en lesquelles peut toujours se décomposer le multiplicateur : si $M = 2^0 + 2 + 2^2 + 2^3 + ...$, le produit $m \times M$ se calculera comme somme : $m + 2m + 4m + 8m + ...$ Platon, on le sait, donne un sens métaphysique à la genèse du nombre par duplication, et Aristote, discutant Platon (*Métaphysique*, M.1081 b), indique à ce propos une distinction particulièrement intéressante entre la « dyade première » et la « dyade indéterminée » (δυάς ἀορίστη) ; il semble que cette distinction corresponde essentiellement à celle d'un nombre objet et d'un nombre opératoire, la dyade déterminée opère sur la dyade indéterminée — principe « femelle » — et l'informe.

1.4. Disons un mot du rapport du calcul et de la science des nombres. S'il est bien vrai que pas plus la logistique que l'arithmétique ne sont originairement des disciplines *pratiques* de calcul, les techniques de calcul contemporaines, quoique tout à fait distinctes des mathématiques académiques, ne laissent pas d'avoir eu une influence importante, positive et négative, sur le développement d'une science des nombres. Tout d'abord, les méthodes de numération babylonienne — de position sexagésimale — et égyptienne — par quantièmes —, pour manipuler ce que nous appelons aujourd'hui des fractions, étaient connues des calculateurs grecs, qui utilisent cette dernière. Aussi bien ont-ils des noms techniques pour le tout auquel s'ajoute un quantième (ἐπιμόριος), comme par exemple : hémiole (pour 1+1/2), épitrite (pour 1+1/3)... et des noms pour le tout plus le complément d'un quantième au tout (ἐπιμερής) : $1 + \dfrac{n-1}{n}$, ou $1 + \dfrac{n}{n+1}$. Or, les techniques égyptiennes de multiplication par duplication appliquées aux quantièmes conduisaient le calculateur à distinguer les quantièmes de *nom pair*, comme 1/6, que l'on double aisément par division du dénominateur, et les quantièmes de *nom impair*, comme 1/3, dont il faut rechercher le double comme somme de quantièmes de noms pairs : $(1/3) \times 2 = 1/2 + 1/6$. Cette décomposition, qui n'est pas en général univoque, a pu conduire le calculateur, qui recherche les quantièmes les plus petits, à des considérations proprement arithmétiques sur l'abondance d'un nombre en diviseurs et par voie de conséquence aux notions proprement théoriques de nombres parfaits, abondants, déficients. En revanche, la pratique des quantièmes devait freiner la formation du concept général de fraction, puisque n'apparaissent dans les calculs que les seules fractions de numérateur unité. Ainsi, dans cette perspective, *seuls des rapports à l'unité jouent un rôle, et non pas des rapports entre entiers quelconques ou même entre grandeurs mesu-*

rées par des entiers. C'est cette notion plus générale qui se trouve exploitée dans la théorie des médiétés (μεσόται).

1.5. De source peut-être encore égyptienne, cette théorie fait alors apparaître l'idée de rapports d'entiers, mais étroitement associée à une figuration géométrique par des rapports de longueurs, et à des applications physiques qui en sont peut-être l'origine, à l'occasion d'une détermination de la longueur des cordes d'un instrument donnant une gamme musicale. (Platon, *Épinomis*, 991 a 5). De là peut-être le mot employé pour désigner les intervalles entre deux rapports : διαστήματα. La définition la plus précise des médiétés est tardive (Théon de Smyrne, sans doute IIe siècle de notre ère), mais l'historien Michel a montré que les différentes médiétés étaient déjà attestées à l'époque de Platon. Pour construire ces médiétés, dit Théon,

« on prend, entre deux termes (ὅροι) homogènes inégaux, un troisième homogène tel que l'excès du premier, le plus grand, sur le moyen soit à l'excès de ce moyen sur le plus petit, comme le premier terme est à lui-même, ou à l'un des deux autres, ou encore comme le plus petit est à l'un des deux autres[4] ».

On a donc, avec a > x > b :

$$\frac{a-x}{x-b} = \frac{a}{b} = \text{ou } \frac{a}{b} \text{ ou } \frac{a}{x},$$

qui sont respectivement les médiétés arithmétique, géométrique, harmonique[5]. En renversant les rôles de a et b, Michel montre que l'on obtient onze rapports distincts, tous attestés dans les textes à différentes époques.

Il est clair que cette notion de « moyenne » introduit déjà celle de rapport entre « termes », même s'il est encore la plupart du temps pensé indépendamment du *nombre* et figuré par des constructions de grandeurs géométriques comme il apparaît clairement dans l'exposé pourtant très tardif de Pappus (IVe siècle de

---

4. *Exposito*, II. 54.
5. On retrouve aisément les définitions usuelles : $x = \frac{a+b}{2}$; $\frac{2}{x} = \frac{1}{a} + \frac{1}{b}$; $x = +\sqrt{ab}$.

notre ère) où l'on présente sur une même figure la moyenne arithmétique, la moyenne géométrique et la moyenne harmonique entre deux segments (fig. 2). Néanmoins, on trouve, attribuée à Archytas (deuxième moitié du IVe siècle av. J.-C.), une proposition qui montre que la mathématique des médiétés était sur la voie d'une problématique des relations du λόγος et des nombres, c'est-à-dire d'une conception générale du rationnel et de l'irrationnel : Boèce rapporte en effet qu'Archytas avait montré qu'entre une grandeur et son épimore, il n'y a pas de moyenne géométrique, exprimable par un rapport rationnel, c'est-à-dire d'entiers.

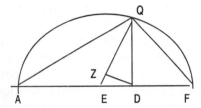

Entre les segments AD et FD,
AE est moyenne arithmétique
QD est moyenne géométrique
QZ est moyenne harmonique

Les moyennes selon Pappus
fig. 2

Mais c'est à propos de problèmes concernant des grandeurs, non des *mesures* de grandeurs par des *nombres*, qu'Archytas envisageait incidemment de telles questions. Le problème posé par la constitution régulière d'une gamme se ramène alors en effet à la décomposition du rapport d'octave, qui est celui d'une longueur à son double, en intervalles épimores, que nous noterions $\frac{n+1}{n}$, considérés comme consonants ; ce qui donne d'abord la quinte 3/2 et la quarte 4/3. Ainsi la gamme d'Archytas constitue-t-elle une décomposition complète de l'octave où interviennent les intervalles épimores de ton majeur (9/8), de ton mineur (10/9), de demi-ton majeur (16/15). Le problème plus général de la décomposition, de toutes les manières possibles, de la quarte en épimores par Archytas donne en outre les trois solutions :

Enharmonique : 4/3 = 28/27 x 36/35 x 5/4.

Diatonique : 4/3 = 28/27 x 8/7 x 9/8.

Chromatique : 4/3 = 28/27 x 243/244 x 32/27.

On voit que, dans la théorie des intervalles musicaux, le concept de rapport a pris toute son autonomie, ainsi que l'idée de *composition multiplicative* des rapports, sans que soit néanmoins posée explicitement et de façon essentielle la question de l'approximation de leurs valeurs, leur représentation par des couples d'entiers étant alors suffisante[6]. Mais c'est justement parce que les pythagoriciens avaient déjà découvert que cette représentation d'un λόγος de deux grandeurs par un couple d'entiers n'est pas toujours possible que le problème théorique central de la mathématique académique est apparu.

La notion de λόγος, la mesure des grandeurs et l'irrationnel

Le trait fondamental de la mathématique de l'Académie est en effet la position et la solution du problème de la mesure des grandeurs, en utilisant les nombres, c'est-à-dire évidemment les entiers, et ceci jusqu'à ce que se fasse jour de façon encore incertaine une idée nouvelle du nombre. En ce sens, même si l'attribution de cette tentative à Platon en personne est discutable, le mot de Knorr s'applique très justement à notre période « académique » : « L'effort pour articuler la relation des nombres et des grandeurs semble toujours être à la base de la classification platonicienne des disciplines mathématiques[7]. »

C'est en tout cas cet effort, considéré dans le développement de la pratique mathématique et de la philosophie des mathématiques principalement entre Platon et les alexandrins, que nous allons essayer d'interpréter dans notre perspective du traitement de l'obstacle de l'irrationnel.

---

6. Pour une application à l'architecture, voir L. Frey, « Médiétés et approximations chez Vitruve », *Revue d'archéologie*, 2, 1990, p. 285-330. Mais aux époques, très postérieures, de l'architecture hellène dont s'inspire Vitruve, c'est justement la question de l'*approximation* de rapports irrationnels par des suites de couples d'entiers qui est dominante.

7. *The Evolution of Euclid's Elements*, 1975, p. 92.

2.2. Nous comparerons tout d'abord trois définitions du λόγος, du rapport entre grandeurs et du rapport entre nombres, qui appartiennent toutes les trois à l'époque considérée et dont la pluralité montre bien le cheminement vers une conception tout à fait générale encore incomplètement unifiée, et vers la solution de la relation du λόγος à l'ἀριθμός.

En premier lieu, Euclide au livre VI définit une « analogie » entre quatre *nombres* : le premier *est le même multiple, ou la même partie* (τὸ αὐτὸ μέρος) *ou les mêmes parties* (τα αὐτα μέρη) du second que le troisième du quatrième. L'expression « être la même partie », réciproque de « être un multiple », signifie que l'un « mesure » l'autre. L'expression « avoir les mêmes parties » (VII, déf. 4) signifie que les deux nombres ne se « mesurent pas », ne sont pas multiples l'un de l'autre, qu'ils sont des nombres différents d'une même partie aliquote. On reconnaît ici le reflet de la technique de calcul par quantièmes. En outre, cette dernière situation appelle deux remarques. Tout d'abord, on voit qu'elle correspond évidemment à nos fractions, mais sans que jamais de telles entités soient thématisées : la relation définie dans le texte est essentiellement *opératoire* et des *objets numériques* nouveaux tels que nos fractions n'apparaissent jamais. D'autre part, le cas d'incommensurabilité n'est pas envisagé puisqu'il s'agit de relations entre *entiers* et non entre grandeurs.

La seconde définition que nous voulons rappeler est celle d'Aristote. Dans les *Topiques* (158 b 29), il nous dit que deux *grandeurs* sont dans le même rapport que deux autres si elles ont même ἀνταναίρεσις. Ce mot, dont le sens propre serait « destruction mutuelle », est donné par Alexandre dans son commentaire (vers 200 apr. J.-C.) comme synonyme de ἀν νθυφαίρεσις (soustraction alternée) et présenté par lui comme définition normale pour les Anciens de l'égalité de rapports. Il s'agit alors d'une véritable définition constructive, *valable à la fois pour des entiers et pour des grandeurs*. On en trouve l'exposé dans Euclide (VII.1 et 2), comme procédure arithmétique pour trouver le PGCD de deux nombres, et en X.1 et 2 pour montrer que deux grandeurs sont commensurables. Rappelons-en le sens sur un schéma. Soit à comparer les deux nombres n et p :

$n > p$	
p mesure n ➤	◄ p ne mesure pas n
p est le PGCD de n et p	reste de la division par p, $r_0 = n - ap < p$
➤	◄
r_0 mesure p :	r_0 ne mesure pas p :
r_0 est le PGCD	reste $r_1 = n - br_0 < r_0$
➤	◄
r_1 mesure r_0	r_1 ne mesure pas r_0
r_1 est le PGCD, etc.	

L'algorithme *s'arrête nécessairement* lorsque $r_i = 0$ puisque les restes r_i qui sont des entiers décroissent strictement. Si l'avant-dernier r_i est 1, les deux nombres n et p sont premiers entre eux. Si l'avant-dernier $r_i \neq 1$, c'est le PGCD de n et p.

La procédure est appliquée aux *grandeurs* dans le livre X et c'est alors qu'apparaît le cas d'incommensurabilité, lorsque l'*algorithme n'a pas de fin*. En X.1, Euclide reproduit un théorème préparatoire vraisemblablement eudoxien : si l'on retranche d'une grandeur plus de sa moitié, et de même du reste, on obtiendra, par itération, une grandeur aussi petite qu'on voudra. Et la proposition X.2 définit ainsi les grandeurs incommensurables : « Si, en soustrayant continuellement de la plus grande la plus petite de deux grandeurs inégales, le reste ne mesure jamais le reste précédent, alors les deux grandeurs sont incommensurables (ἀσύμμετρα). » On comprend aisément cette formulation abrégée en se reportant à la description plus précise de l'algorithme arithmétique, dont elle est l'exact correspondant. Avoir

même ἀνταναίρεσις veut donc dire, pour deux couples de
nombres ou de grandeurs, avoir même suite de restes. On voit
que la notion de commensurabilité est la transposition aux grandeurs de celle de multiple (πολλαπλάσιος, VII, déf. 5), les
entiers y jouent toujours le rôle d'*opérateurs* : une grandeur est
contenue un tel *nombre de fois* dans une autre, avec ou sans
reste. Et dans le cas de la commensurabilité, la notion de λόγος
s'applique même sans changement aussi bien aux grandeurs
qu'aux nombres ; néanmoins, *jamais les nombres ne sont alors
identifiés à des grandeurs.*

Je rappellerai enfin une troisième définition de la notion de
λόγος, empruntée encore à Euclide (V, déf. 3) : λόγος ἐστι
δύο μεγεθῶν ὁμογενῶν ἤχατα πηλικότητα ποιὰ
σχέσις, le rapport de deux grandeurs *de même espèce* (une
longueur et une surface n'ont point entre elles de rapport) est
une « certaine qualité de relation selon la taille ». Une telle définition, dont la traduction est sujette à caution, n'est évidemment
pas mathématiquement productive. Son véritable sens est en
réalité donné axiomatiquement par les définitions 4, 5 et 7 du
même livre. La première n'est autre que l'*axiome d'Archimède*
posé comme condition de sens : des grandeurs sont dites avoir
un rapport si l'on peut trouver un multiple de l'une qui dépasse
l'autre. La seconde donne les conditions d'*égalité* de deux
rapports entre quatre termes : a est à b comme c est à d si et
seulement si les équimultiples de a et c sont en même temps
égaux, inférieurs ou supérieurs à des équimultiples quelconques
de b et d. La dernière enfin donne la condition d'un *ordre* entre
rapports : le rapport de a à b est plus grand que celui de c à d si
et seulement si l'on peut trouver deux entiers m et n tels que
$ma > nb$ et $mc > nd$. Cette très belle détermination axiomatique
de la notion de λόγος est tout à fait générale et indépendante de
la commensurabilité. On voit encore que les entiers y apparaissent exclusivement comme *opérateurs*. Mais on observera
d'autre part que la définition de l'égalité des rapports n'est pas
finitiste — on ne peut la vérifier qu'en testant la condition pour
tous les équimultiples des termes — et que même la définition de

l'ordre n'est pas proprement constructive puisque aucune règle ne nous est donnée pour découvrir le couple d'entiers m et n.

Les trois définitions que nous venons de relever et qui appartiennent toutes à notre période académique renvoient sans doute, quant à leur origine, à des couches historiques différentes de la formation des mathématiques helléniques ; mais cette intéressante question n'est pas de notre ressort ici. Nous nous bornerons à formuler en trois points la question épistémologique qu'elle pose. En premier lieu, quelle est, de ces trois présentations, celle qui correspond le plus adéquatement à la conception des mathématiques caractéristique de l'Académie ? Pour Fowler, c'est la définition par ἀνθυφαίρεσις car elle permettait, selon lui, aux mathématiciens grecs de ne pas être gênés par la découverte des irrationnels, et en quelque sorte de minimiser le scandale. Cet argument ne nous convainc pourtant pas complètement, eu égard aux efforts déployés par ces mathématiciens non pour éluder, mais pour *domestiquer* en quelque manière l'irrationalité, en démontrer l'origine, et classer les espèces de rapports irrationnels. En second lieu, question justement suggérée par l'importance de l'algorithme d'anthyphérèse, quelle relation y a-t-il dans cet état des mathématiques entre le calcul et la théorie ? En troisième lieu enfin, par quelles voies s'introduit officiellement l'irrationnel et se trouve-t-il institué comme concept majeur de la mathématique ? Et surtout, comment conduit-il à une extension de l'idée de *nombre* ? Ce sont ces trois interrogations que nous voudrions examiner dans le reste de ce chapitre.

La découverte de l'irrationalité de certains rapports de grandeurs est un épisode célèbre de l'histoire des mathématiques. Je voudrais cependant en retracer brièvement le cours et surtout en commenter les sens. J'insisterai d'abord, rendant justice à la thèse de Fowler, sur la distinction entre un aspect proprement « arithmétique » au sens d'une théorie des nombres et un aspect calculatoire de l'irrationalité ; j'examinerai ensuite le progrès de la découverte de Théodore à celle de Théétète.

2.3. Il s'agit alors de la découverte de l'incommensurabilité de la diagonale et du côté du carré, un peu avant le temps de Théodore (selon Knorr), vers 410-403 ; pour d'autres, elle remon-

terait aux pythagoriciens (selon von Fritz), ou à Hippasos de Méta-
ponte (selon Heller).

La démonstration donnée dans la proposition 117 du
X^e livre d'Euclide est sans doute une interpolation. Elle repose
sur la théorie du pair et de l'impair, et pourrait donc attester
d'une origine pythagoricienne, le raisonnement ayant été reformulé à l'époque euclidienne en des termes dont témoigne Aristote dans les *Analytiques premiers* (41 a 29). Rappelons-en le
schéma. On considère un demi-carré, triangle rectangle dont les
côtés AB = BC sont mesurés par l'entier a. Si la diagonale AC du
carré, hypoténuse du triangle, était mesurée par l'entier d, qu'on
peut toujours alors supposer premier avec a, le rapport des
carrés AC^2, AB^2 serait donc égal à celui des carrés des nombres d^2
et a^2 ; on aurait par ailleurs, en vertu du théorème de Pythagore,
AC^2 = 2AB^2 et par conséquent, en vertu de l'égalité des rapports
des carrés des mesures des segments aux carrés des nombres,
d^2 = 2a^2. Or, si d^2 est pair, d est pair, et par conséquent *a, qui est
premier avec lui, est impair*. Mais d étant pair, d^2 est divisible par
4, et a^2, qui est égal à sa moitié, est divisible par 2, ce qui entraîne
que *a lui-même est pair*, ce qui contredit la conclusion précédente. On a donc établi l'impossibilité pour la diagonale et le côté
du carré d'avoir le même rapport que deux entiers ; ce sont des
grandeurs incommensurables entre elles. Une telle démonstration par l'absurde, d'une ingéniosité et d'une élégance qu'on ne
se lasse pas d'admirer, demeure pourtant tout à fait non constructive au sens des Modernes, en ce qu'elle n'est corrélative
d'aucun algorithme de calcul concernant le λόγος dont elle
établit l'irrationalité.

2.4. L'aspect calculatoire des questions d'incommensurabilité s'introduit au contraire par la recherche de procédés
d'approximation de tels rapports au moyen de *suites indéfinies*
de couples d'entiers, qui généralisent donc la notion de rapport
commensurable représenté par un couple unique. Caveing[8] fait
très justement remarquer à ce propos la différence qu'il y a

8. *La Constitution du type mathématique de l'idéalité dans la pensée
grecque*, 1982.

entre l'approximation *indéfinie par accident* des calculs babyloniens — due au choix arbitraire de la base sexagésimale — et l'approximation *essentiellement indéfinie* des calculs grecs de rapports incommensurables. On le comprendra aisément en comparant la valeur sexagésimale approchée du quotient rationnel — 2 : 35 = 3/60 + 25/60^2 + ... — et sa valeur exacte en quantièmes dans le style des Anciens : 1/21 + 1/105. De fort bonne heure sans doute, les mathématiciens grecs ont recherché des procédures de calcul de λόγοι qui non seulement révèlent leur irrationalité, mais encore fournissent des valeurs rationnelles approchées. L'allure générale de tous ces algorithmes est celle d'un calcul par récurrence, c'est-à-dire dans lequel une valeur approchée déjà trouvée sert de point de départ au calcul de la suivante, selon une procédure uniforme indéfiniment répétable. La convergence, qu'il faudrait avoir démontrée, ne l'est en général qu'avec beaucoup moins de soin qu'elle n'est établie par un Archimède, par exemple lorsqu'il s'occupe avec ses quadratures de propriétés proprement théoriques des grandeurs. Nous en donnerons quelques exemples typiques.

D'abord, la règle d'Archytas sur les médiétés, dont le principe peut s'exprimer par un théorème sur l'ordre des trois moyennes entre deux grandeurs a et b :

a > moyenne arithmétique > moyenne géométrique > moyenne harmonique > b ; et par un second théorème, itératif, assurant que la moyenne géométrique des moyennes arithmétique et harmonique est égale à la moyenne géométrique des extrêmes a et b. Appliqué aux extrêmes 2 et 1, on obtient ainsi une suite de nombres rationnels (c'est-à-dire de couples d'entiers) approchant de plus en plus la valeur du rapport de la moyenne géométrique de 2 et 1 (soit $\sqrt{2}$) à l'unité, ou encore de la diagonale du carré à son côté :

2	3/2(M.a)	$\sqrt{2}$?	4/3(M.h)	1
etc.	17/12(M.a)	$\sqrt{2}$?	24/17(M.h)	

Ensuite, Héron d'Alexandrie (entre 150 et 200 apr. J.-C.), en un temps où le style calculatoire domine déjà, il est vrai, propose une approximation des racines carrées libérée de toute interprétation géométrique. Nous la citerons cependant, car son aspect récurrent très caractéristique est plus évident que dans l'exemple précédent : si a_n est une valeur approchée de $\sqrt{N}$,

$$a_{n+1} = \frac{1}{2}\left(a_n + \frac{N}{a_n}\right)$$ en est une meilleure.

Enfin, je m'arrêterai plus longuement sur un algorithme connu dès l'époque de Platon mais désigné d'après le nom d'un géomètre postérieur de plusieurs siècles : on dit « les nombres de Théon » ou les nombres « latéraux et diagonaux ». On en proposera une approche d'abord arithmétique, puis, selon la reconstitution ingénieuse et convaincante de Fowler[9], une approche géométrique explicitement fondée sur l'anthyphérèse.

Les nombres de Théon sont des suites de paires de nombres dont le carré de l'un (le nombre diagonal) est égal au double du carré de l'autre (le nombre latéral) *à une unité près*, successivement en plus et en moins. Les rapports de tels nombres donnent des valeurs de plus en plus approchées du rapport de la diagonale au côté du carré, soit en termes modernes de l'irrationnelle $\sqrt{2}$. L'algorithme consiste en deux règles récurrentes pour déterminer le nombre latéral c_n à partir des nombres latéraux et diagonaux immédiatement précédents, c_{n-1} et d_{n-1}, et le nombre diagonal d_n à partir du nombre latéral de même rang c_n et du nombre latéral c_{n-1} immédiatement précédent :

$c_n = d_{n-1} + c_{n-1}$
$d_n = c_{n-1} + c_n$, d'où $d_n = 2c_{n-1} + d_{n-1}$.

On part de $d_0 = c_0 = 1$, comme si l'on prenait, selon l'expression de Proclus (Ve siècle apr. J.-C.) qui décrit la procédure, le côté et la diagonale du carré comme deux « unités » primitives. Le calcul donne les suites :

d : 1 3 7 17 41...

---

9. *Op. cit.*

c : 1 2 5 12 29...

On a bien en effet : $3^2 = 2.2^2 + 1$, puis $7^2 = 2.5^2 - 1$, etc., avec les valeurs successives du rapport : d : c : : 1 : 1, 3 : 2, 7 : 5... qui sont valeurs approchées de $\sqrt{2}$.

Une telle procédure purement arithmétique, dont on voit bien intuitivement qu'elle doit successivement donner des valeurs par excès et par défaut du rapport, puisque la relation de Pythagore est satisfaite chaque fois à une unité près, pour des nombres n de plus en plus grands, a-t-elle été découverte et justifiée en liaison avec les connaissances géométriques des Anciens et par application de l'algorithme définitoire du λόγος, l'anthyphérèse ? Fowler le pense et reconstitue un raisonnement selon lequel le rapport des deux longueurs en cause, côté et diagonale, est effectivement représenté par une suite d'entiers calculés comme le nombre de fois que la plus grande longueur contient la plus petite, conformément à la procédure euclidienne. Il construit d'abord une figure géométrique (fig. 3) où deux carrés successifs ont des côtés et des diagonales dont les relations sont déterminées par les règles de Théon :

$$c_1 = c_0 + d_0,$$
$$d_1 = 2c_0 + d_0.$$

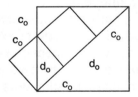

La même construction peut être renouvelée sur le petit carré c_0 de façon à construire le carré c_{-1}, etc.

fig. 3

On détermine ensuite le reste de la division euclidienne de d_1 par c_1 :

$d_1 = c_1 + c_0$, $c_0 < c_1$ avec le quotient 1.

Puis selon l'algorithme d'anthyphérèse, on cherche le quotient de c_1 par le premier reste c_0. On a :

$c_1 = d_0 + c_0 = 2d_{-1} + 3c_{-1} = 2c_0 + c_{-1}$, $c_{-1} < c_0$, avec le quotient 2. Les termes de rang −1, non figurés originairement, sont extrapolés grâce à la similitude par construction des carrés successifs de la figure.

On cherche donc ensuite le quotient du premier reste c_0 par le deuxième reste c_{-1}. Mais ce calcul nous ramène à l'anthyphérèse antérieure $c_1 : c_0$ en raison toujours de la similitude. L'approximation est donc donnée par la suite périodique des quotients : 1, 2, 2, 2,... On ne s'étonnera pas de constater que l'algorithme est exactement celui des fractions continues, et l'on pourrait le noter :

$$1 + \cfrac{1}{2 + \cfrac{1}{2 + \cfrac{1}{2 + \ldots}}}$$

les couples de nombres de Théon étant alors donnés par les réduites successives : 1, 3/2, 7/5...

La conjecture de Fowler, très séduisante, ne peut malheureusement être démontrée par aucun des textes que nous connaissons. Euclide, par exemple, ne donne pas de procédures de calcul. Mais le principe de cette procédure est certainement en accord avec l'esprit de la mathématique académique, et il a le grand mérite de souligner un trait essentiel de ce style : les λόγοι, en aucune manière, ne sont alors considérés comme des *espèces de nombres*, comme il peut arriver dans les exposés très postérieurs ; ce sont des *entités opératoires*, représentées au moyen de couples (pour les rapports rationnels) ou de suites indéfinies d'entiers (pour les irrationnels), lesdits entiers jouant alors pleinement leur rôle d'opérateurs sur des grandeurs.

2.5. Revenons-en à la découverte et au traitement conceptuel de l'existence de rapports irrationnels entre des grandeurs. Il s'agit bien alors de la rencontre d'un obstacle à la mesure des rapports de grandeurs. Ce qui est *démontré*, c'est que certaines grandeurs n'ont pas entre elles de λόγος, de « ratio », de « raison » exprimable par un couple d'entiers. Une fois connu ce fait, l'une des préoccupations essentielles de la pensée mathématique à l'époque platonicienne fut de délimiter le phénomène et de fixer ses causes. On a déjà vu, par anticipation, quelques aspects calculatoires du traitement de l'obstacle. J'insisterai maintenant sur les deux étapes essentielles de la découverte, qui ne nous sont connues malheureusement que par ouï-dire, principalement par un passage du *Théétète* de Platon.

La première fut atteinte par Théodore.

« Théodore nous avait expliqué, avec les figures (ἔγραφε), quelque chose de ce qui concerne les puissances (πέρι δυνάμεῶν), nous faisant voir à propos de celles de 3 pieds et de 5 pieds que, en longueur (μήκει), elles ne sont point commensurables avec celles de 1 pied, les prenant ainsi une à une jusqu'à celles de 17 pieds. Mais je ne sais comment cela se fit, il s'arrêta à cette dernière[10]. »

Il s'agit donc de grandeurs qui sont les côtés « en puissance » des carrés d'aires triple, quintuple, etc., de l'aire unité. Théodore aurait apparemment donné une démonstration géométrique, il aurait examiné la question cas par cas, et aurait été arrêté par une difficulté (ἐνέσχετο) avec le nombre 17.

On peut s'interroger sur deux points principaux. Premièrement, pourquoi Théodore a-t-il procédé cas par cas pour établir que les côtés d'un carré dont l'aire serait égale à un nombre non carré parfait de fois celle du carré unité sont incommensurables avec le côté unité ? L'idée d'une démonstration générale — celle de Théétète — ne lui vient donc pas à l'esprit. On peut conjecturer la raison suivante : c'est qu'au temps de Théodore, la corrélation entre nombre et grandeur ne s'est pas encore parfaitement opérée : chez Aristote encore, les nombres entiers ne sont pas à proprement parler des grandeurs. Or, d'après le texte platoni-

---

10. *Théétète*, 147c-148b, trad. Léon Robin.

cien, Théodore raisonne essentiellement sur des grandeurs figu-
rées par des aires ; ce sont les adjectifs τρίποδος, πεντέποδος
qui les désignent, non les entiers eux-mêmes qui les mesurent.
L'assimilation des grandeurs à des nombres — d'abord explicitement aux entiers qui éventuellement les mesurent, puis à des
espèces nouvelles de nombres qui seront identifiés aux λόγοι,
rationnels ou irrationnels —, est justement l'une des difficiles
conquêtes qui ne commencera vraiment d'aboutir qu'à la fin de
la période académique.

Deuxièmement, pourquoi Théodore a-t-il été arrêté par le
côté du carré d'aire dix-sept fois égale à l'unité ? Cette question,
qui n'a cessé de préoccuper les historiens, est intéressante dans
la mesure où sa solution pourrait permettre de préciser le sens
de la découverte de Théodore et mieux fonder la réponse à la
question précédente. Je me bornerai à indiquer l'esprit de deux
des solutions récentes les plus ingénieuses et les plus plausibles.

Celle d'Itard, dans son commentaire sur les livres arithmétiques d'Euclide[11], repose uniquement sur une arithmétique du
pair et de l'impair, inspirée de la démonstration, rapportée par
Aristote, pour $\sqrt{2}$: on montrera que, si le rapport des deux carrés
était un entier non carré parfait, le pair serait égal à l'impair. La
procédure considère les nombres selon leurs propriétés de divi-
sibilité. Soit le rapport entier N entre les deux carrés de mesures
p^2 et q^2, p et q premiers entre eux. Supposons N de la forme 2i,
avec i impair. On aura $p^2 = 2iq^2$. Si p^2 est pair, p est pair et donc
q impair ; p^2 est alors multiple de 4, et q^2 devant alors être pair,
q l'est donc aussi, ce qui contredit la conclusion précédente. On
raisonne symétriquement avec p^2 impair. On a donc éliminé,
comme valeurs possibles de N, tous les nombres de la forme 2i
avec i impair (tous les nombres congrus à 2 modulo 4). Itard
élimine de cette manière des familles de nombres, parmi lesquelles tous les non-carrés parfaits inférieurs ou égaux à 15. Mais la
méthode échoue pour 17, qui ne conduit à aucune impossibilité.
La conjecture est certes ingénieuse et intéressante. Toutefois, on

---

11. 1961, p. 33-39.

peut lui reprocher de ne faire en aucune manière intervenir la géométrie, de s'en tenir à des considérations arithmétiques et d'introduire pour certains lemmes des notions arithmétiques de congruence probablement anachroniques.

La solution de Knorr[12] est en revanche arithmético-géométrique. Elle utilise les triplets d'entiers pythagoriciens mesurant les côtés et l'hypoténuse d'un triangle rectangle dont un côté est de carré donné, et fait état de leurs propriétés générales, comme par exemple l'impossibilité d'un triangle pythagoricien rectangle isocèle ayant ses trois côtés impairs, et la forme générale plus haut citée des triplets, selon que l'un des côtés est pair ou impair. Knorr considère la construction en triplets pythagoriciens d'un triangle dont le carré d'un des côtés serait le nombre A ; il s'agit de montrer que ce côté ne peut être mesuré par un rationnel $\sqrt{A}$. Soit à construire un triangle rectangle pythagoricien de côtés $\dfrac{A-1}{2}, \dfrac{A+1}{2}$, le troisième côté ayant si possible la valeur rationnelle $\sqrt{A}$. Pour A = 3, par exemple, un des côtés sera mesuré par 1 et l'hypoténuse par 2. D'après Euclide V.14, l'hypoténuse étant paire, les trois côtés seront pairs ; mais le côté de carré A = 3 devrait alors être pair, ainsi que son carré A^2 : contradiction. Knorr examine ainsi différentes formes du nombre A qui lui permettent d'éliminer tous les nombres non-carrés parfaits jusqu'à 15. Pour 17, la commensurabilité de sa racine n'étant pas incompatible avec les conditions pythagoriciennes, la démonstration échoue. Solution également intéressante, surtout en ceci qu'elle fait intervenir des éléments très plausibles de géométrie ; toutefois, Knorr comme Itard utilise des considérations arithmétiques de congruence.

Quoi qu'il en soit de la méthode utilisée par Théodore, celle de Théétète, nous dit Platon, a consisté, au lieu de considérer séparément tous les nombres non carrés parfaits, à « les rassembler dans un genre unique » et à *introduire* justement la notion de nombre carré. Le dialogue ne nous apprend rien de plus. C'est le livre X d'Euclide, proposition 9, qui explicite le théorème et

---

12. *The Evolution of the Euclidean Elements*, 1975, chap. 3.

nous donne une démonstration : « Les carrés construits sur des
lignes commensurables ont entre eux le rapport qu'un nombre
carré a à un nombre carré. » Et réciproquement si des carrés
n'ont pas entre eux le même rapport que les *nombres* carrés,
leurs côtés ne sont pas commensurables. Rien ne nous garantit
que la démonstration d'Euclide ait été celle de Théétète, que
nous ignorons. Mais dans celle de l'auteur des *Éléments*, on
découvre assurément quelques-uns des traits essentiels du style
vers lequel a tendu la mathématique de l'Académie.

En premier lieu, la distinction entre rationnel et irrationnel
reçoit un sens unique pour tout λόγος, qu'il soit de nombres ou
de grandeurs. Les rapports de grandeurs sont *associés de façon
générale* à des rapports de nombres. C'est la proposition 5 qui
introduit l'idée de cette association : « Des grandeurs commensurables sont entre elles comme un nombre est à un nombre »,
car si des grandeurs sont commensurables, quelque grandeur
commune doit les mesurer, c'est-à-dire qu'il existe des entiers,
opérateurs de multiplication sur cette grandeur unité, qui produi-
ront ces grandeurs. Non pas, répétons-le, que les nombres soient
jamais dits par Euclide être des espèces de grandeurs : les mathématiciens académiques ne parviendront pas à ce niveau ultime
d'abstraction de la notion de grandeur. Mais on peut désormais
comparer des rapports de grandeurs à des rapports de nombres,
et l'incommensurabilité des grandeurs est ramenée à une incommensurabilité de nombres.

En second lieu, Euclide utilise dans sa démonstration le
concept de « raison double », διπλασίον λόγον, défini antérieurement au livre V, déf. 9. En termes modernes, il s'agit du
carré d'un rapport. « Quand il y a une analogie entre trois grandeurs, la première est dite avoir à la troisième un rapport double
de son rapport à la seconde. » C'est-à-dire que si a : c : : c : b, le
rapport a : b est dit « double » du rapport a : c ; en termes moder-
nes : $\frac{a}{b} = \left(\frac{a}{c}\right)^2$. Ce concept est important dans la mesure où il
met sur la voie d'un traitement des λόγοι comme des nombres ;
il convient toutefois de noter qu'il n'est pas introduit algébriquement, comme carré d'un rapport, mais géométriquement au

moyen de la moyenne proportionnelle entre grandeurs. Dans le même ordre d'idées, la démonstration de X.9 fait usage d'une théorie des carrés de nombres, qui invoque cette notion de rapport double, en particulier du théorème arithmétique VIII.11 : entre deux nombres carrés, il existe une moyenne proportionnelle et le rapport des deux carrés est le rapport double des deux nombres qui les ont engendrés. Géométrie et arithmétique demeurent donc encore associées, mais non pas confondues dans une théorie générale de la mesure des grandeurs au moyen de nombres. Même si, comme il y a tout lieu de le penser, les calculs commerciaux et pratiques manipulaient λόγοι et quantièmes comme des entités comparables à nos fractions, donc à des espèces de nombre, les mathématiques théoriques de l'Académie n'ont jamais sauté ce pas. Nous croyons pourtant pouvoir déceler des indices de l'explicitation prochaine d'une véritable *algèbre des grandeurs*, qui constitue un pas nouveau vers la solution de l'obstacle des irrationnelles.

Vers une vraie algèbre des grandeurs ?

3.1. Je me bornerai à relever deux indices, encore énigmatiques, de ce mouvement vers une algèbre des grandeurs. Certes, l'expression des mesures de grandeurs par des couples ou des suites de nombres (entiers), au moyen des λόγοι et de leur représentation approchée grâce à des algorithmes, est une conquête des mathématiciens de l'époque platonicienne. Cependant, jamais de telles mesures n'ont été considérées comme introduisant de nouvelles classes de « nombres » (rationnels et réels), qui pourraient être soumis aux mêmes opérations arithmétiques, transposées, que les nombres véritables. Mais il est bien vrai que l'on trouve déjà chez Euclide les marques d'un mouvement qui se réalisera plus tard, et atteindra sa complète réalisation pratique, sinon théorique, chez les alexandrins. Je mentionnerai donc deux de ces indices, en en soulignant le sens limité.

Le premier est la construction eudoxienne du livre V des *Éléments*. Les rapports entre grandeurs, commensurables ou non, généralisent déjà l'idée de nombre, en tant qu'ils sont, comme les entiers, des *opérateurs de mesure*. Mais, comme on l'a dit, les nombres (entiers) n'apparaissent pourtant pas comme des grandeurs particulières, alors même qu'on donne parallèlement un sens aux concepts de rapport entre grandeurs et de rapport entre nombres, à la faveur de l'algorithme d'anthyphérèse qui s'applique aux deux. On a déjà commenté les belles définitions axiomatiques du livre V, et l'on peut souligner que cette théorie munit le système des λόγοι d'une structure d'ordre dedekindien identique à celle des réels ; mais ce ne sont pas des *objets* soumis à un système algébrique complet d'opérations comme les nombres, ils ne préludent en aucune manière au concept d'*anneau* ou de *corps*.

En effet, l'addition de deux rapports n'est pas définie et n'a pas de sens ici, sinon indirectement par l'intermédiaire de la représentation d'un rapport par une grandeur, après avoir choisi une grandeur unité. Le produit est introduit, mais seulement comme composition de deux rapports au moyen de la représentation géométrique de la moyenne proportionnelle. Toutes les autres opérations concernent des combinaisons additives ou soustractives des *termes* (donc portent sur des grandeurs et non sur les rapports eux-mêmes) dans une proportion.

Le second indice apparaît, me semble-t-il, dans la classification euclidienne des irrationnelles algébriques au livre X, classification apparemment compliquée, et qui commence à la proposition 21. Comme le disait au début du XVIIᵉ siècle Simon Stevin, cité par Heath[13] :

> « La difficulté du dixième livre d'Euclide est à plusieurs devenue en horreur, voire jusqu'à l'appeler la croix des mathématiciens, matière trop dure à digérer, et en laquelle n'aperçoivent aucune utilité. »

On peut donc se demander quel est le but de cette classification, son utilité. Nous proposons de lui reconnaître deux finalités. Tout d'abord, préparer la construction des lignes servant à la

---

13. *Euclid's Elements*, vol. 3, p. 9.

géométrie des polygones au livre XIII, ce qui revient en termes modernes à étudier différents types d'équations réductibles à des équations quadratiques. En second lieu, étudier et classer *qualitativement* des irrationnelles que j'appellerai *non théététiennes*, c'est-à-dire, en termes modernes, irréductibles à des racines simples, bien qu'on puisse conjecturer qu'une partie de la théorie du livre X fût déjà connue de l'Athénien.

Pour tenter de justifier notre hypothèse sur le sens de l'entreprise euclidienne, examinons d'un peu plus près ce dernier point. Notons tout d'abord que le vocabulaire du livre X est mieux spécifié que celui des livres antérieurs où il était question d'irrationnelles. Sans entrer dans le détail d'une exégèse, on peut constater que le mot ῥητή (exprimable) désigne maintenant la ligne choisie comme étalon de mesure, ainsi que toute ligne commensurable avec cet étalon (X, déf. 3). De ce point de vue, la rationalité est donc clairement déterminée comme propriété relative au choix arbitraire d'une ligne rationnelle. Quant au terme ἄ λογος (irrationnel), il désigne une ligne incommensurable ou de carré incommensurable (αἱ μὲν μήκει μόνον αἱ δέ καί δυνάμει), de sorte que sera « rationnelle » une ligne même incommensurable mais de carré commensurable (déf. 4). La première ligne ἄ λογος est la « médiale » (μέση), qui est moyenne proportionnelle entre deux lignes de carrés seulement commensurables (X, 21). Soit a la ligne étalon, k et t des entiers, ou des nombres rationnels, non-carrés parfaits, une médiale serait de la forme : $\sqrt{a\sqrt{k}\ a\sqrt{t}}$, soit $\sqrt{\sqrt{kt}}$. Le théorème 21 démontre que cette ligne est de carré irrationnel, comme la notation moderne le montre immédiatement.

Euclide introduit ensuite des combinaisons additives et soustractives de lignes exprimables mais incommensurables, comme la binomiale et l'apotome ($a\sqrt{k} \pm a\sqrt{t}$). L'intérêt de ces dénominations se manifeste par exemple au fait que, dans une division en moyenne et extrême raison, le plus grand segment est un apotome, le plus petit un « premier apotome » (différence entre deux médiales de carrés seulement commensurables, et de produit rationnel). Heath, en étudiant les douze espèces d'irrationnelles euclidiennes, montre qu'elles correspondent algébriquement aux solutions réelles et positives de l'équation

$$x^2 \pm 2arx \pm br^2 = 0$$

ou de l'équation

$$x^4 \pm 2ar^2x^2\ br^4 = 0,$$

selon l'espèce d'irrationalité des coefficients.

Du reste, Euclide ne s'intéresse pas tant à des résultats de calculs qu'à la nature, à l'espèce d'irrationalité des résultats.

Le livre X apparaît donc comme une ébauche d'algèbre des irrationnelles, utilisant des additions et des multiplications mais centrée sur la caractérisation des facteurs et des résultats *quant à la rationalité et au type d'irrationalité algébrique*. En un sens, il s'agit donc d'une recherche des conditions d'expression par radicaux des solutions d'équations algébriques qui anticipe curieusement le point de vue d'Abel et de Galois.

3.2. Dans les pages précédentes, on a tenté de présenter la rencontre des irrationnelles comme celle d'un obstacle qui s'oppose à la mesure des grandeurs géométriques, c'est-à-dire à l'expression de leurs rapports par des nombres entiers. Un aspect important de l'histoire des mathématiques platoniciennes fut de formuler avec précision la nature de cet obstacle et de donner des moyens de le surmonter. Ces moyens sont de deux sortes : les uns, techniques, fournissent des approximations rationnelles des rapports irrationnels, les autres, théoriques, inaugurés avec l'invention d'Eudoxe transmise par Euclide, établissent un statut axiomatiquement défini pour les entités λόγοι. Mais la solution complète n'est pas encore atteinte, car les termes concrets sur lesquels portent ces λόγοι sont soit des grandeurs, soit des nombres, sans que l'on parvienne alors à assimiler les seconds à une espèce d'une catégorie plus générale de grandeurs. Corrélativement sans doute, les entités λόγοι n'apparaissent encore que comme des *opérateurs* plutôt que comme des *objets*. Ils prolongent bien en ce sens la notion primitive d'entiers comme multiplicateurs, mais ne sont pas, à la différence de ceux-ci, conçus simultanément comme des *objets* véritables sur lesquels porteraient les mêmes opérations, pour ainsi dire de second niveau, que sur les entiers mêmes. Progressivement, au cours des siècles, cette conception se fera jour, d'abord dans les faits de manipulation pratiqués dans l'algèbre des Arabes puis des Occidentaux. Mais ce n'est guère que du XIXᵉ siècle que l'on peut dater la résolution complète de l'obstacle originaire, lorsque Cantor et Dedekind explicitèrent la nature de l'objet « nombre réel ». L'irrationalité n'apparaît plus dès lors comme obstacle, mais comme la condition la plus générale du rapport des grandeurs, spécifiable selon divers régimes opératoires, par exemple en « algébrique » et en « transcendante », mais toujours corrélative de ces systèmes opératoires qui définissent et déterminent ces rapports de grandeurs.

L'usage ordinaire et philosophique a cependant conservé le mot d'irrationnel, en étendant le sens au-delà de la situation originaire de non-représentabilité d'un rapport par un λόγοι d'entiers. Gardant présent à la pensée ce point de départ, nous allons pouvoir montrer sur d'autres exemples quelques-uns des sens qu'a pris dans les œuvres de l'esprit la notion d'irrationalité comme obstacle, et quelques-unes des figures de la rationalisation qui les résout.

Chapitre II

LES IMAGINAIRES

Notre second exemple d'obstacle « irrationnel[1] » rencontré et surmonté dans une œuvre sera de nouveau emprunté au travail des mathématiciens.

La rencontre de l'irrationnel comme obstacle et l'histoire de sa résolution sont en effet particulièrement significatives dans le cas des nombres dits « imaginaires ». D'abord dénommés « impossibles », ils se présentent comme résultats d'opérations algébriques, impossibles en effet selon les règles antérieurement admises de l'Algèbre, mais ils sont néanmoins représentés par des symboles vides et manipulés dans des calculs avec une assurance de plus en plus grande malgré l'irrationalité patente de ces applications. Progressivement, des règles spécifiques de manipulation sont implicitement ou explicitement introduites, et des tentatives d'interprétation de ces nouveaux objets se succèdent avec des réussites diverses. Ils ne sont définitivement et officiellement intégrés qu'au XIXe siècle — par Gauss — dans un univers de nouveaux nombres dits « complexes » qui restaure *a parte post* la rationalité.

---

1. Il est bien clair que dans cette section nous ne prenons plus « rationnel » au sens originaire de « nombre rationnel », mais au sens plus général que nous lui donnons dans ce livre.

Les opérations impossibles

1.1. C'est comme résultats d'opérations interdites — extractions de racine carrée de nombres négatifs — qu'apparaissent les nombres dits d'abord « impossibles » par Chuquet dans son *Triparty en la science des nombres* (1484) puis « imaginaires » par Descartes[2]. Les géomètres italiens du XVIe siècle, sans doute Scipio del Ferro de Bologne le premier, puis Tartaglia (*Quesiti ed inventioni diversi*, 1546) et Cardano (*Ars magna de rebus algebraicis*, 1545), découvrent la formule permettant de résoudre par radicaux l'équation du troisième degré $x^3 + ax = b$, forme à laquelle ils savent réduire toute équation cubique. Or, cette formule contient par deux fois la racine carrée de l'expression $b^2 + \dfrac{4a^3}{27}$. C'est Cardano qui, dans une lettre du 4 août 1439 à Tartaglia, fait remarquer qu'il est impossible d'appliquer la formule quand l'expression est négative, *casus impossibilis*. L'équation a pourtant alors des solutions. Au reste, Cardan, dans son *Ars magna*, tentera d'interpréter ces racines impossibles par une espèce de « fausse supposition » dans l'énoncé d'un problème, à la façon dont on interprétait alors les solutions négatives. Soit, par exemple, à diviser 10 en deux parties, dont le produit soit 40. L'équation quadratique $x^2 - 10x + 40 = 0$ qui exprime cette « supposition » n'a que des racines impossibles : $5 \pm \sqrt[2]{-15}$. Mais si l'on additionne ou multiplie les deux valeurs, les parties impossibles disparaissent, *dimissis incruciationibus*, (« effectuées les multiplications » ou, peut-être, « résolus les affres de pensée ») et l'on obtient bien 10 pour la somme, 40 pour le produit : première remarque en faveur de l'utilité des

---

2. « Au reste, tant les vrayes racines que les fausses [négatives] ne sont pas toujours réelles ; mais quelquefois sont imaginaires ; c'est-à-dire qu'on peut bien toujours en imaginer autant que j'ay dit en chasque équation, mais qu'il n'y a quelquefois aucune quantité, qui corresponde à celles qu'on imagine, comme encore qu'on en puisse imaginer trois en celle-ci : $x^3 - 6x\,x + 13x - 10 = 0$, il n'y en a toutefois qu'une réelle, qui est 2... » (*La Géométrie*, 3e livre, p. 453, 1637, Adam et Tannery, VI, 1996).

« impossibles » dans les calculs mais qui n'empêche pourtant pas Cardano d'affirmer qu'une racine impossible

> « est en vérité sophistique, puisqu'on n'a pas le droit d'exercer sur elle les opérations comme dans le cas des quantités purement négatives et des autres, ni de rechercher ce qu'elle est (*nec venari sit quid sit*)[3] ».

C'était aussi l'avis de Bombelli dans son *Algebra* (1572), connue de Cardan, qui pourtant établit un calcul purement symbolique sur les radicaux apparaissant dans le cas irréductible des équations cubiques[4]. Il donne à ces radicaux impossibles, qui ne sont ni des nombres positifs ni des nombres négatifs, les noms de « piu di meno » quand il faut les ajouter, et « meno di meno » quand il faut les retrancher : soit les opérations $(+\sqrt{-})$ et $(-\sqrt{-})$ portant sur la partie réelle sous le radical. Il formule alors les huit règles de multiplication de ces opérateurs, par exemple :

> « piu di meno via piu di meno fa meno »

c'est-à-dire : $(+\sqrt{-}) \times (+\sqrt{-}) = -$, ou

> « piu via meno di meno fa meno di meno »,

soit : $(+) \times (-\sqrt{-}) = (-\sqrt{-})$[5].

1.2. Néanmoins, pendant tout le XVIIe et le XVIIIe siècle, les mathématiciens n'hésiteront guère à effectuer sur ces grandeurs impossibles les opérations de l'algèbre, et s'en excuseront de moins en moins. Il est vrai que le même Bombelli avait invoqué plutôt, à l'instar de Cardano, le fait que, dans ces calculs, ces quantités s'éliminent. Mais ce ne sera pas principalement cette circonstance qu'invoqueront les géomètres postérieurs.

---

3. Cité par M. Cantor, *Vorlesungen über die Geschichte der Mathematik*, II, chap. 65.

4. *In* E. Bortolloti, *L'Algebra, Opera di Rafael Bombelli di Bologna (libri IV e V)*, Bologne, 1929.

5. M. Serfati, *in* « Tartaglia *versus* Cardan » (« Philosophie et mathématique », *Séminaire de l'ENS* 96, 1992, note 89), fait remarquer à juste titre que ces symboles ne représentent pas des nombres « imaginaires » (« beaucoup plus sophistiques que réels », dit Bombelli), mais plutôt des opérateurs. Le géomètre italien leur confère cependant le statut d'entités mathématiques, et ses règles de multiplication équivalent exactement à la table du groupe multiplicatif des racines quatrièmes de l'unité : $(1, -1, i, -i)$. C'est la grande originalité du géomètre bolonais, ce qu'a bien vu Lagrange, qui le loue.

On trouve au contraire sous la plume du Français Albert Girard en 1629 *(Invention nouvelle de l'algèbre)* cette admirable justification de tels calculs :

« On pourrait dire : à quoi servent ces solutions qui sont impossibles ? Je réponds pour trois choses : pour la certitude de la règle générale, et qu'il n'y a point d'autres solutions, et pour son utilité[6]. »

Dans l'expression, « la certitude de la règle générale », on peut voir que l'un des aspects essentiels d'une dialectique interne des concepts mathématiques est pressenti, à savoir la tendance à compléter les systèmes d'objets en vue de restituer la rationalité d'application des règles. C'est la réussite de ce mouvement que consacrera le grand Gauss dans le court texte de 1831 que nous citerons bientôt. Mais l'invocation à l'utilité exprime parfaitement le sens prochain de l'histoire des imaginaires. Sans qu'il y ait véritablement progrès dans l'interprétation de ces objets impossibles, ils se trouvent impliqués de plus en plus étroitement dans les calculs : le cas de De Moivre est à cet égard exemplaire.

Dans l'article des *Philosophical Transactions*[7], il a l'idée géniale d'utiliser une analogie avec les équations trigonométriques, sans il est vrai en reconnaître pleinement la profondeur, puisqu'il n'en tire qu'un procédé de calcul. Toutefois, il manifeste une avance essentielle dans l'intelligence des imaginaires en posant que toute expression tirée par des opérations algébriques d'une expression $a + \sqrt{-b}$, b positif, est de la forme : $x + \sqrt{-y}$, y positif. Il introduit donc implicitement l'idée que de telles expressions, quoique absurdes, constituent une classe nouvelle de « nombres », fermée au moins pour les opérations algébriques.

Il se propose en effet dans l'article cité d'extraire la racine cubique de « la binomiale impossible $a + \sqrt{-b}$ » et *supposant* alors qu'elle est de la forme

---

6. Cité par M. Cantor, *op. cit.* II, chap. 76.
7. 1739, n° 451, vol. 40, p. 463-478. « De reductione radicalium ad simpliciores terminos, seu de extrahenda radice quacunque data ex binomio $a + \sqrt{+b}$ vel $a + \sqrt{-b}$ epistola ».

$x + \sqrt{-y}$, il ramène par calcul algébrique le problème à la solution des deux équations :
$$4x^3 - 3mx = a, \ y = m - x^2, \text{ avec } m = \sqrt[3]{a^2 + b}.$$

C'est alors qu'il compare la première équation, mise sous la forme $4 \ (x/r)^3 - 3 \ (x/r) = c/r$, à l'équation trigonométrique de trisection de l'angle $4 \cos^3 A/3 + 3 \cos A/3 = \cos A$, d'où il tire les trois valeurs de A/3, puis les trois valeurs correspondantes de y.

« De là une triple valeur de la racine cubique de la binomiale $a + \sqrt{-b}$ qui doit maintenant être accommodée à des nombres »,

c'est-à-dire, en termes modernes, qu'ont été calculées les valeurs x et y des composantes réelles et imaginaires de cette racine.

1.3. On voit donc que non seulement les opérations de l'algèbre sont appliquées sans inquiétude aux imaginaires, mais encore qu'apparaît comme objet normal, outre l'imaginaire $\sqrt{-b}$, l'expression composée $a + \sqrt{-b}$. À peu près dans le même temps, Leonard Euler va donner une forme canonique aux relations découvertes par De Moivre en démontrant algébriquement la formule
$$(\cos x \pm i \sin x)^n = \cos nx \pm i \sin nx.$$
Mais il s'approche davantage encore d'une interprétation trigonométrique des imaginaires, découvrant par des développements en série la relation entre les fonctions sin, cos et l'exponentielle. Il écrit en effet dans l'*Introductio in Analysis Infinitorum*[8] :
$$\cos v = \frac{e^{iv} + e^{-iv}}{2} \ \text{ et } \sin v = \frac{e^{iv} - e^{-iv}}{2i}.$$
Un peu plus tard, Roger Martin, dans un ouvrage pédagogique[9], affirme : « Rien n'empêche donc de mettre les imaginaires au rang des nombres. » Mais la raison qu'il en donne, il est vrai, est seulement qu'on peut les multiplier par des nombres ordinaires...

Ainsi a-t-on vu justifier par l'usage l'introduction d'objets qui sont les résultats d'opérations « impossibles ». Leur caractère

---

8. 1748, vol. 1, chap. 8.
9. *Éléments de mathématiques à l'usage des Écoles nationales*, 1781.

irrationnel n'en subsiste pas moins, malgré leur assimilation de plus en plus étroite aux nombres « réels », que les calculs d'une part, et quelques idées pionnières d'autre part, mettent en lumière dès le XVIIe siècle.

1.4. C'est pourtant l'apparition d'une nouvelle « opération impossible » qui va accélérer et rendre pour ainsi dire inéluctable l'interprétation rationalisante des imaginaires. Il s'agit d'une opération relevant de l'Analyse et non plus seulement de l'Algèbre : la définition d'un logarithme des quantités négatives (et plus tard, naturellement, imaginaires même).

Les logarithmes ont été créés d'abord comme auxiliaires de calcul par Napier (*Mirifici logarithmorum canonis descriptio*, 1614) et par Briggs (*Logarithmorum chilias prima*, 1618, et *Arithmetica logarithmica*, 1624, qui sont des tables), à partir de la correspondance (de l'homomorphisme) entre une progression géométrique et une progression arithmétique, déjà vue par Nicolas Chuquet dans son *Triparty* (1484). Très rapidement, ils sont intégrés au nouveau calcul de l'infini, lorsque Nicolas Mercator montre, dans sa *Logarithmotechnia* (1668), que le logarithme d'un nombre x > 1 est égal à l'aire comprise entre une branche d'hyperbole équilatère, l'axe des x et une parallèle x = 1 à l'axe des y. Il en déduit un développement de log (1 + x) :

$x - x^2/2! + x^3/3! - \dots$

La question du logarithme des nombres négatifs surgit indirectement dans la correspondance entre Leibniz et Jean Bernoulli de mars 1712 à juillet 1713[10] à propos de l'ordre relatif des nombres positifs et négatifs. Antoine Arnauld, dans ses *Elementa nova geometriae*, qu'il communique à Leibniz, considérant le rapport de −1 à +1, dit que la proportion 1 : −1 = −1 : 1 ne saurait avoir de sens, puisque −1 est plus petit que 1, le rapport du plus grand au plus petit étant alors égal au rapport du plus petit au plus grand. Leibniz, en 1712[11], approuve, en notant qu'on doit appeler « imaginaire » en pareil cas un rapport

---

10. Leibniz, *Mathematische Schriften*, III, 2.
11. *Ibid.*, V, « Observatio quod rationes sive proportiones non habeant locum circa quantitates nihilo minus... », p. 387-389.

qui n'a pas de logarithme, et celui-ci n'en a point, car
$\log(-1/1) = \log-1 - \log 1 = \log-1$, puisque $\log 1 = 0$; or il
n'y a pas de logarithme (réel) du nombre -1, négatif. Il ne pourrait en effet être positif, car il devrait alors être le logarithme
d'un nombre plus grand que 1. Ni non plus négatif, car il correspondrait à un nombre positif plus petit que 1. Il ne saurait
davantage être égal à 0 dont le logarithme est $-\infty$. Reste donc
que le logarithme de -1 ne peut être réel mais imaginaire :
« *Superest ut sit non verus sed imaginarius.* » Leibniz ajoute que
si un tel logarithme existait comme nombre « vrai », il devrait
être le double du logarithme du nombre imaginaire
$\sqrt{-1} = (-1)^{1/2}$, « ce qui est contradictoire ». On voit que pour
Leibniz, d'une part, la notion de nombre désigné désormais
comme « imaginaire » a largement étendu son sens originaire de
résultat d'une opération *impossible*. En fait, il envisage bien
l'existence symbolique de tels nombres, qui ne sont pas de
« vrais » nombres « quoique dans le calcul ils puissent être introduits utilement et avec sûreté ». À propos de logarithmes de
quantités négatives ou de quantités elles-mêmes imaginaires,
rencontrés par lui et par Bernoulli dans les calculs, il parle dans
une lettre à celui-ci de « logarithmes imaginaires[12] ». Mais il
semble bien, d'autre part, donner à l'expression imaginaire un
sens essentiellement négatif. Il leur applique à tous ce qu'il dit
des rapports de -1 à $+1$, et aussi bien des angles de contact
euclidiens, qui « sont plus petits que tout angle rectiligne », et
même des infiniment grands et infiniment petits de sa propre
Analyse : « sunt tolerabilitatis », on les peut tolérer car

> « Ils ne supportent pas la rigueur, mais ont pourtant un grand
> usage dans le calcul et dans l'art d'inventer[13]... ».

---

12. « On peut avoir recours, dans les équations de l'Analyse, correctement et utilement aux imaginaires non moins qu'aux réels... C'est pourquoi
il est permis que les logarithmes et les exponentielles deviennent imaginaires, ce qui ne nuit en rien à l'Analyse. Et les imaginaires qui entrent dans
la valeur des réels se détruisent virtuellement par compensation... » (*Ibid.*,
III, 2, p. 705).
13. *Ibid.*, V, p. 388.

Il cherche cependant, plutôt qu'à les utiliser avant de les éliminer, à donner un statut, quoique encore vague, à ce qui n'était originairement que le résultat d'opérations impossibles, mais sans vraiment parvenir à donner une forme canonique à ces nouveaux objets, à partir de la racine carrée de l'unité négative.

Quant à la position du correspondant de Leibniz, Jean Bernoulli, elle consiste à reconnaître l'existence de logarithmes de nombres négatifs, *mais en leur attribuant des valeurs réelles*. Il pense le montrer en différentiant log $(-x)$: d $\log(-x) =$ $-dx/-x =$ dx/x = d log x. Log $(-x)$, ayant même différentielle, serait ainsi égal à log x[14]. Il justifie cette thèse paradoxale par une figure représentant la courbe logarithmique x = log y et sa « compagne », symétrique par rapport à l'axe des x, comme les deux branches d'une hyperbole : une même abscisse x correspondrait alors à l'ordonnée positive y et à l'ordonnée négative $-y$ de même valeur absolue. Dans leur discussion, qui se poursuivit donc de mars 1712 à juillet 1713, Leibniz récuse cette étrange hypothèse d'un doublement de la courbe logarithmique, et il objecte entre autres que, s'il y a des logarithmes possibles (réels) de nombres négatifs, il y aura des logarithmes possibles (réels) de nombres « impossibles », qui seront moitié de logarithmes de nombres négatifs et donc réels[15]. Or il postule qu'un logarithme de nombre imaginaire ne saurait être réel.

Bernoulli ne rejette cependant pas l'existence du logarithme des nombres négatifs, mais il maintient au contraire que l'opération donne un résultat réel. Afin de contrebattre les objections de Leibniz, et particulièrement celle que nous venons de citer, il introduit, pour définir le logarithme d'une racine carrée, une distinction assez sophistique entre la division par 2 du logarithme du nombre et la moyenne proportionnelle entre l'unité, positive ou négative, et ce nombre :

---

14. Lettre à Leibniz du 25 mai 1712, *op. cit.*, III, 2, p. 886-887.
15. En effet, soit le nombre réel a logarithme de x, réel positif, qui serait aussi égal à log$-x$. On aurait log$\sqrt{-x} = 1/2$ log$-x = 1/2$ logx = a/2 réel.

« *Dimidiationem logarithmi non dare, (nisi per accidens), loga-rithmi radices, sed medii proportionalis inter unitatem (affirma-tivam aut negativam) et numerum propositum*[16]. »

$\text{Log}\sqrt{2}$ est bien la moitié de $\log 2$; mais $\log\sqrt{-2}$ ne serait pas la moitié de $\log -2$, car si l'on a bien $1/\sqrt{2} = \sqrt{2}/2$, il serait faux que $-1/\sqrt{-2} = \sqrt{-2}/-2$.

Ce refus du caractère imaginaire des logarithmes de nombres négatifs ne l'empêche pourtant pas, d'ailleurs, de les manipuler symboliquement comme tels avec succès dans ses calculs. Mais il assure que les éléments imaginaires disparaîtront en fin de compte des résultats. Par exemple, pour déterminer la relation entre les tangentes $x = \text{tg } \theta$ et $y = \text{tg } n\theta$ de deux angles dont l'un est multiple de l'autre, il est amené à intégrer l'expression $\dfrac{dx}{x^2 + 1}$ qu'il décompose en $\left(\dfrac{i\,dx}{x-i} - \dfrac{i\,dx}{x+i}\right)$, qui s'in-tègre en effet au moyen de « logarithmes imaginaires » $i\,[\log(x - i) - \log(x + i)]$, et de même pour y ; de sorte qu'il obtient $n\,[\log (x - i) - \log (x + i)] = \log (y - i) - \log (y + i)$; en passant aux nombres, il vient $\left(\dfrac{x - i}{x + i}\right)^n = \dfrac{y - i}{y + i}$. Et quand on effectue les multiplications « croisées », les imaginaires disparaissent :

« *Nec obstat quod* $\sqrt{-1}$ *quantitas impossibilis in illa reperiatur : ea enim in applicatione ad speciale quod libet exem-plum reperietur in singulis aequationis terminis, et ideo per divi-sionem tolletur*[17]. »

On pourra noter par parenthèse que ce calcul donne l'équiva-lence de l'arc tangente et d'un logarithme « imaginaire », puisque $\int dx/x^2 + 1 = \text{arc tg } x$, et aussi, comme le montre le calcul de

---

16. Lettre du 7 juin 1713, *ibid.*, p. 909.
17. « La présence de la quantité impossible $\sqrt{-1}$ n'est pas un obstacle : en effet dans l'application à tout exemple elle apparaîtra dans chacun des termes d'une équation, c'est pourquoi elle s'éliminera par division » (« *Angulorum arcuumque sectio indefinita* », 1712, Johannes Bernoulli, *Opera I*, p. 512-513).

Bernoulli, $= i \log \frac{x - i}{x + i}$. Mais Bernoulli, dans un mémoire de
1702 où il indiquait le même calcul, loin d'en tirer un argument
en faveur de l'« existence » des imaginaires, terminait ainsi :

> « On voit que les logarithmes imaginaires se doivent prendre
> pour des secteurs circulaires réels : parce que la compensation
> qui se fait de ces grandeurs imaginaires, ajoutées ensemble, les
> détruit, de manière que la somme en devienne toute réelle[18]. »

L'impossibilité de l'opération logarithme, qui a tout spécialement occupé Leibniz et Jean Bernoulli, ne conduit donc pas
vraiment, ni chez l'un ni chez l'autre, à constituer le nouveau
système d'objets que seront les nombres complexes. L'obstacle
est, il est vrai, fort bien surmonté pratiquement, surtout par
l'habileté calculatrice du second, mais à la faveur d'une élimina-
tion finale des symboles « impossibles ». Pour l'autre, l'existence
légitime de nouveaux objets est certes entrevue, conformément
au génie du philosophe de Hanovre, mais non pas la solution
décisive qui donnerait une existence mathématique, un statut et
une forme générale à de tels objets.

C'est Leonard Euler qui peu de temps après parachève ce
cycle essentiellement opératoire de l'introduction des imaginaires, à partir, justement, du problème des logarithmes de
nombres négatifs. L'expression la plus claire s'en trouve dans un
mémoire de l'Académie de Berlin pour l'année 1749[19]. À vrai dire,
Euler fait d'abord ressortir les difficultés, les irrationalités, que
soulève la manipulation de tels objets : « Il est clair, écrit-il dans
son *Algebra*, que les racines carrées de nombres négatifs ne
peuvent point être comptées parmi les nombres possibles », car
on ne sait les comparer à 0 selon la grandeur... Il adopte toutefois le point de vue de Leibniz contre celui de Jean Bernoulli et

---

18. « Solution d'un problème... », *op. cit.*, p. 400.
19. « De la controverse entre Mrs Leibniz et Bernoulli sur les logarithmes des nombres négatifs et imaginaires » (tome V, p. 139-179).

reconnaît donc, sans les admettre vraiment au rang des nombres, une certaine existence aux imaginaires[20].

Il expose en détail le « sentiment de Mr Bernoulli », pour qui le logarithme d'un nombre négatif existe, et est le même que celui du nombre positif correspondant, et le « sentiment de Mr Leibniz », pour qui le logarithme d'un nombre négatif est « imaginaire », « puisqu'il ne saurait être réel, c'est-à-dire positif ou négatif[21] ». Mais Euler soulève après Leibniz une objection dirimante contre Bernoulli. Si $\log(a) = \log(-a)$, $\log(-1) = \log(1) = 0$, et $\log(\sqrt{-1}) = 1/2 \log(-1) = 0$. Or Bernoulli lui-même a montré que le quotient $\dfrac{\log\sqrt{-1}}{\sqrt{-1}} = \pi/2$. Il en conclut : « Posons que le sentiment de Mr Bernoulli est faux. »

Ce n'est pas que le « sentiment de Mr Leibniz » ne souffre à son tour de considérables difficultés. Par exemple, si l'on refuse d'admettre avec Bernoulli $\log(-1) = 0$, et que l'on pose $\log(-1) = \omega \neq 0$, comme $-1 . x = x/-1$, on aura par conséquent : $\omega + \log x = \log x - \omega$, c'est-à-dire $\omega = -\omega$... Mais Euler considère pourtant, en fin de compte, le « sentiment de Mr Leibniz comme mieux fondé[22] ».

Le cœur du problème, il le voit bien, est la position de $\log(-1)$ soit comme égal à 0, soit comme « imaginaire ». Or, Euler découvre et démontre que « toutes les contradictions qu'il semble impossible de lever », tant chez Bernoulli que chez Leibniz, ne sont qu'« apparentes », et « ne viennent que d'une seule idée peu juste », à savoir qu'à chaque nombre ne correspond qu'un seul logarithme. Car, selon lui, « en vertu de la définition, il répond à chaque nombre une infinité de logarithmes[23] », mais qui sont des valeurs « imaginaires ».

---

20. Il n'est pas sans signification, de ce point de vue, de rappeler que c'est Euler qui, selon Moritz Cantor, introduisit le symbole spécial « i » pour l'expression imaginaire $\sqrt{-1}$, dans le quatrième volume, seconde édition, des *Institutiones calculi integralis*, Saint-Pétersbourg, 1792-94, art. 143-144.
21. Euler, « De la controverse... », *op. cit.*, p. 149.
22. *Ibid.*, p. 153.
23. *Ibid.*, p. 156.

L'intuition fondamentale d'Euler est donc que le logarithme est en réalité une fonction multiforme. En effet, si l'on pose $x = (1 + u)^n$, avec u infiniment petit et n infiniment grand, on aura $\log x = nu$. Mais on a $u = \sqrt[n]{x} - 1$ et donc $\log x = n(\sqrt[n]{x} - 1)$, où la racine nième, si $n = \infty$, en vertu de la théorie des équations algébriques, a *une infinité de valeurs*, et par conséquent le logarithme... Euler calcule alors log –1 comme prenant non pas une seule valeur imaginaire, selon l'intuition de Leibniz, mais l'infinité des valeurs imaginaires $(2k - 1)\pi \sqrt{-1}$, avec k entier ou nul. Il pose et résout le problème général de déterminer toutes les valeurs qui correspondent au logarithme d'un nombre positif ou négatif quelconque, et d'une « quantité imaginaire ». Il donne dans les deux premiers cas, respectivement, $\log a = A \pm 2 \lambda\Pi\sqrt{-1}$ et $\log(-a) = A \pm (2\lambda + 1)\pi\sqrt{-1}$ où A est le logarithme réel de la quantité positive a, et λ un entier quelconque. Pour le cas du logarithme d'une quantité imaginaire, Euler rappelle que la forme générale de cette quantité est $a + b\sqrt{-1}$, a et b réels, thèse énoncée par d'Alembert dès 1746[24] et entrevue moins généralement par de Moivre. Mais il introduit parallèlement la forme trigonométrique $r\,e^{i\theta}$. Pour calculer $\log (a + b\sqrt{-1})$, il pose en effet :

$a / \sqrt{(a^2 + b^2)} = \cos\phi$ et $b / \sqrt{(a^2 + b^2)} = \sin\phi$, de sorte que $a + b\sqrt{-1}$ devient

$c(\cos\phi + \sqrt{-1}\sin\phi)$, avec $c = \sqrt{(a^2 + b^2)}$. Il obtient ainsi l'expression du logarithme de la grandeur imaginaire $a + \sqrt{-1}$ sous la forme :

$\log c + \log(\cos\phi + \sqrt{-1}\sin\phi)$, avec $\phi = \arccos a / \sqrt{(a^2 + b^2)}$.

Le second terme est calculé en prenant les développements du sinus et du cos, dont la somme donne le développement de e. On a en définitive :

$$a + \sqrt{-1} = \sqrt{(a^2 + b^2)}\ e^{\,\phi\sqrt{-1} + 2\kappa\pi}\ \text{et}$$

---

24. *Histoire de l'Académie des sciences de Berlin*, 1746, p. 183.

$$\log(a + b\sqrt{-1}) = \log\sqrt{(a^2 + b^2)} + (\phi + 2\ k\pi)\sqrt{-1}\ , \quad \text{avec} \quad \phi$$

$$= \text{arc } \cos a / \sqrt{(a^2 + b^2)}.$$

Euler a donc non seulement donné forme au logarithme d'une expression négative ou « imaginaire », mais en outre définitivement obtenu la double expression générale de ces quantités, pourtant encore non interprétées comme de *vrais* nombres.

L'interprétation géométrique

2.1. Parallèlement à cette appropriation complète, mais pour ainsi dire « aveugle », d'un calcul, des tentatives d'interprétation ont eu lieu. Il s'agit de *donner un sens* à ces objets symboliques qui fonctionnent si bien dans les calculs, mais ne se rattachent point aux objets naturels de l'algèbre et de l'analyse. La réticence à les accepter demeure du reste très forte jusque dans le dernier quart du XVIIIe siècle ; ainsi Gauss lui-même, dans son texte fondateur de 1831, les dit « *noch immer wenig eingebürgert als nur geduldet* », « encore peu intégrés et seulement tolérés[25] ». De même, le mathématicien italien Daviet de Foncenex écrit en 1759 :

> « Les imaginaires n'ont aucune représentation géométrique. En quelque sens qu'on les prenne, on ne peut en retirer aucune utilité. On doit s'efforcer autant que possible de les éliminer des équations finales[26]. »

En 1829 encore, l'un des introducteurs quasi inconnu d'une représentation géométrique, John Warren, se croit obligé de

---

25. *2te Abhandlung über die biquadratischen Resten. Theoria residuorum biquadraticorum. Commentatio secunda*, 2 avril 1831 (Gauss, *Werke* II, 1876, p. 175).
26. Cité par M. Cantor, *op. cit.*, V, p. 307.

réfuter l'objection qui consiste à dénoncer « la non nécessaire connexion de l'algèbre et de la géométrie[27] ».

C'est pourtant une représentation géométrique comme grandeur à deux dimensions figurée dans un plan qui va permettre de dissiper le halo d'irrationalité qui enveloppe les imaginaires et de faire comprendre le succès de leur calcul. Nous prendrons d'abord un curieux, maladroit, mais intéressant exemple d'interprétation géométrique qui remonte au XVIIe siècle, celui de John Wallis[28].

2.2. Le mathématicien d'Oxford remarque d'abord que les quantités négatives elles-mêmes ont fait problème, « puisqu'il n'est pas possible qu'une grandeur soit moins que rien, ou un nombre plus petit que le nombre nul[29] ». Cependant, la difficuté a été levée en distinguant deux sens de mouvement sur une ligne, ou des gains et des pertes. Mais supposons une surface carrée *négative* de –1 600 perches ; n'en aura-t-elle pas moins un côté ? On le notera : $\sqrt{-1600} = \sqrt{(40 \times -40)}$, et l'on interprétera le signe $\sqrt{}$ comme signifiant *la moyenne proportionnelle* entre une quantité positive et une quantité négative : de même que $\sqrt{(40 \times 40)}$ est moyenne proportionnelle entre 40 et 40, de même $\sqrt{(40 \times -40)}$ serait moyenne proportionnelle entre 40 et – 40.

Mais cette interprétation algébrique trouve tout son sens si on la transpose en géométrie. On voit alors que la moyenne proportionnelle entre deux segments, portés respectivement l'un à partir de l'extrémité d'un diamètre d'un demi-cercle et l'autre dans le prolongement du premier vers l'autre extrémité, est la demi-corde perpendiculaire élevée de l'extrémité du premier segment. Sa représentation et sa mesure n'offrent point de difficulté. Que si au lieu de porter le premier segment vers l'intérieur on le porte vers l'extérieur, en sens *négatif*, et

---

27. « Considération sur l'objection soulevée contre la représentation géométrique des racines carrées de quantités négatives », *Philosophical Transactions of the Royal Society*, Londres, 1829, p. 244.
28. J. Wallis, *Algebra*, 1673. Texte traduit des chapitres 56, 57 et 58 *in* D. E. Smith, *A Source Book in Mathematics*, vol. 1, Dover, 1959. Nous citerons d'après cet extrait.
29. *Ibid.*, p. 46.

l'autre segment vers l'intérieur, en sens *positif*, leur moyenne proportionnelle sera représentée par le segment de tangente issue du point extérieur et limité au cercle. De sorte que « quand $\sqrt{+b}$ signifie un sinus, $\sqrt{-b}$ signifie une tangente du même arc[30]... ». Pour admettre le bien-fondé de cette analogie, il faut comprendre que Wallis considère, peut-être confusément, les segments comme des *vecteurs*. On a en effet (fig. 1) $H'T^2 = H'A \cdot H'B$; $H'T$ est la moyenne proportionnelle entre les deux segments $H'A = AH$ et $H'B$, et non entre les deux segments AH et HB. Mais on peut supposer que Wallis, considérant les vecteurs $AH' = -AH$, grandeur négative, et AB et HB, grandeurs positives, pourrait écrire :

$$H'T^2 = AH'.(AH' + AH + HB) = -AH.(AH - AH' + HB)$$
$$= -AH.HB.$$

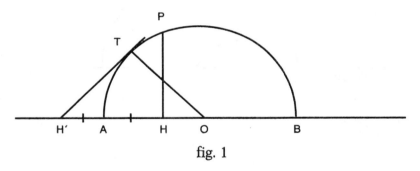

fig. 1

Manœuvre peu convaincante, mais qui ferait apparaître le sens profond de la représentation wallisienne de l'imaginaire $\sqrt{-a.\,b}$.

Elle est représentée par un vecteur de module $\sqrt{(+a.\,b)}$ mais porté *sur un axe oblique* (celui de la tangente) par rapport au vecteur HP qui représente $\sqrt{(+a.\,b)}$.

L'autre exemple géométrique proposé par Wallis est plus explicite en ce sens. On considère un triangle PAB dont on donne le côté PA, l'angle au sommet APB, et par conséquent la hauteur

---

30. *Ibid.*, p. 49.

PC. On demande de trouver la longueur du côté AB et la position du sommet B.

Si le côté PB est plus grand que la hauteur PC (fig. 2), on a

$BC^2 = PB^2 - PC^2$, grandeur positive, et $BC = \sqrt{(PB^2 - PC^2)}$, qui détermine deux points B et B' symétriques par rapport à C : $AB = AC - BC$ et $AB' = AC + BC$. Et si l'on marque le point A' tel que $CA' = CA$, la somme des segments de la droite $ACA' - AB + BC + CB' + B'A'$ – est le double de AC.

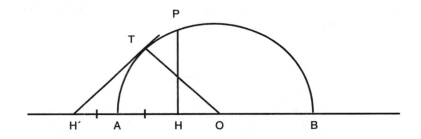

fig. 2

Mais si $PB < BC$, les égalités précédentes donnent $BC^2 = PB^2 - PC^2 < 0$ et AC est racine d'une quantité négative. Wallis continue cependant d'écrire :

$$AB = AC - \sqrt{(PB^2 - PC^2)} \text{ et } AB' = AC + \sqrt{(PB^2 - PC^2)},$$

les racines étant alors des imaginaires. Cette « impossibilité algébrique » traduit alors l'« impossibilité géométrique du cas considéré, et que le point B ne peut être, comme on le supposait, sur la ligne de base $AC^{[31]}$ ». Il faut donc prendre le point B en dehors de cette ligne (fig. 3).

---

31. *Ibid.*, p. 50.

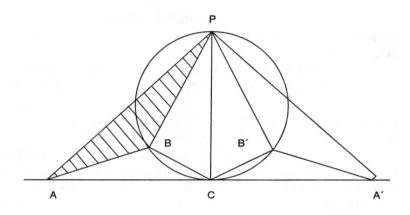

fig. 3

Notant A′ le point tel que CA′ = AC , on a dès lors deux trian-
gles PAB et PA′B′ qui répondent à la question, si ce n'est que la
« hauteur » PC est menée non sur leurs bases réelles CB et CB′
mais sur la base supposée AC. En outre, la ligne *brisée*
ABCB′A′ *se projette* sur la base AC comme le double de AC, de
même que dans le cas « possible ». De telle sorte que

> « tandis que dans le cas des racines négatives il faut dire que
> le point B peut être trouvé comme on le supposait sur AC, vers
> la droite ou vers la gauche [du pied de la hauteur], mais sur la
> même ligne. Il faut dire ici, dans le cas d'un carré négatif, que
> le point B ne peut être trouvé, comme supposé, sur la ligne AC,
> mais au-dessus de cette ligne dans le même plan[32] ».

On voit qu'ici encore les segments représentatifs, dans la ligne
brisée AB, BC, CB′, B′A′, sont ajoutés comme des vecteurs. Tel
est bien, me semble-t-il, le ressort encore à demi caché d'une
représentation géométrique des imaginaires, qui apparaîtra clairement et consciemment dans les essais définitifs de C. Wessel,
J. R. Argand et enfin C. F. Gauss.

---

32. *Ibid.*, p. 51.

Mais l'idée de cette représentation fut à plusieurs reprises proposée, indépendamment des deux initiateurs principaux que nous allons présenter : dès 1786, selon Élie Cartan[33], par un « mathématicien modeste », H. D. Trudel ; et dans une communication de 1806 à la Royal Society de Londres par l'émigré français Amédée Quentin Buée, qui interprète le signe –1 comme représentant une « qualité » (géométrique) de l'unité, à savoir la perpendicularité par rapport à l'axe de l'unité réelle[34].

Plus tard, dans deux communications de 1829, John Warren montre, indépendamment de Wessel et Argand, que « toutes les droites d'un plan issues d'un point donné dans n'importe quelle direction peuvent être algébriquement représentées à la fois en longueur et en direction[35] », et il en tire une représentation géométrique des quantités de la forme $a + b\sqrt{-1}$ et des opérations algébriques qui s'y appliquent[36]. Il comprend même parfaitement que cette représentation est corrélative d'une nouvelle algèbre, comportant d'« autres définitions et principes fondamentaux [...] qui s'étendraient à toute classe de quantités auxquelles seraient applicables les opérations de l'algèbre[37] ».

2.3. L'arpenteur danois Caspar Wessel publie en 1798 un article dans les *Mémoires de l'Académie de Danemark* pour l'année 1799, traduit en français et vraiment connu du public seulement en 1898[38].

Le but de Wessel est double. Il veut, d'une part, comme il est dit dans le titre même de l'essai, fournir une représentation « analytique », c'est-à-dire algébrique, des segments de droite

---

33. In *Encyclopédie des sciences mathématiques* de Molk, édition française, I.5.

34. « Mémoire sur les quantités imaginaire », *Philosophical Transactions of the Royal Society*, Londres, 1806, p. 28.

35. *Philosophical Transactions...*, p. 242.

36. « On the geometrical representation of the powers of quantities whose indices involve the square root of negative quantities », *ibid.*, p. 339.

37. Premier article cité : « Considération... », p. 241.

38. « Sur la représentation analytique de la direction », en danois, *in Mémoires de l'Académie royale de Danemark*, 1799. Nous utilisons la traduction partielle du danois dans D. E. Smith, *A Source Book in Mathematics* II, p. 55-66.

dans le plan, compte tenu de leur direction, mais aussi, du même coup, élucider et supprimer l'impossibilité de certaines opérations :

« Nous ferons en sorte, comme il sera prouvé plus loin, non seulement que toutes les opérations impossibles [de l'algèbre] puissent être évitées — et nous découvrirons le jugement paradoxal que quelquefois le possible doit être cherché par des moyens impossibles —, mais aussi que la direction de toutes les lignes du même plan peuvent être exprimées aussi analytiquement que leur longueur [...][39] ».

À cet effet, il définit ce qu'en termes plus modernes on appellerait « un espace vectoriel » et « une algèbre ». L'addition des « lignes », qu'elles soient colinéaires ou « indirectes », et leur produit par des nombres (réels) sont exposés. Mais il définit également le « produit » de deux lignes formé « à partir d'un des facteurs de la même manière que l'autre est formé à partir de la ligne positive ou absolue prise comme égale à l'unité ». Ce qu'il explique ainsi : « En ce qui regarde la longueur, le produit sera à l'un des facteurs comme l'autre à l'unité » ; « le produit, en ce qui concerne sa direction, sera dans le plan de l'unité et des facteurs, et divergera d'un facteur par autant de degrés, et du même côté, que l'autre facteur diverge de l'unité, de telle sorte que l'angle du produit ou sa divergence par rapport à l'unité devienne égale à la somme des angles des directions des facteurs[40]. » C'est-à-dire que ce « produit » consiste à multiplier les modules et à ajouter les arguments angulaires, pris par rapport à la direction unité. C'est donc une *algèbre*[41] définie sur les vecteurs. Wessel en donne du reste immédiatement la table

---

39. *Ibid.*, p. 56.
40. *Ibid.*, 4, p. 60.
41. Rappelons qu'une algèbre est un anneau (possédant une addition et une « multiplication » interne) à opérateurs extérieurs (ici les opérateurs constituent le corps des réels). Avec l'addition, cette opération externe définit en outre une structure d'espace vectoriel (ou de module) sur le corps (ou l'anneau) de base.

de multiplication, en appelant ε le vecteur unité perpendiculaire à l'unité positive. Le produit de ε par lui-même, selon la règle énoncée plus haut, l'amènera donc dans la position du vecteur −1 faisant avec l'unité positive un angle de deux fois $\pi/2$. D'où la formule $\varepsilon^2 = -1$, et « l'on voit donc que ε est égal à $\sqrt{-1}$ ».

La table complète se présente ainsi[42] :

	+1	−1	ε
+1	+1	−1	ε
−1	−1	+1	−ε
ε	ε	−ε	−1

Wessel en déduit l'expression d'une ligne quelconque de longueur unité, ou « rayon », issue de l'origine et faisant un angle v positif avec la direction de la ligne unité +1, comme somme vectorielle de ses projections sur les deux lignes unités +1 et ε : $\cos v + \varepsilon \sin v$, et l'expression d'une ligne de longueur r par $r(\cos v + \varepsilon \sin v)$[43]. Il en dérive une représentation des quantités que nous appelons complexes. Par exemple :

$\sqrt[3]{(4\sqrt{3} + 4\sqrt{-1})}$ « dénotera une droite de longueur 2 et faisant avec l'unité absolue un angle de 10° ». En effet $(4\sqrt{3} + 4\sqrt{-1}) = 8(\sqrt{3}/2 + \sqrt{-1}/2)$ représente une droite de longueur 8 faisant avec l'axe des unités positives un angle de cosinus égal à $\sqrt{3}/2$, soit 30°. La longueur de la droite résultante est la racine cubique de 8 et son angle de divergence est le tiers de 30°. Par où l'on voit que la représentation de Wessel concerne aussi bien les nombres réels (les lignes d'angle 0 ou $2k\pi$) que les nombres imaginaires.

Wessel, en développant $(1 + x)^m$, retrouve la représentation eulérienne (voir ici même § 1.4.) sous la forme $e^{ma + mb\sqrt{-1}}$. C'est-

---

42. *Ibid.*, 15, p. 60.
43. *Ibid.*, 7, 8.

à-dire que le nombre, réel ou complexe, $(1 + x)^m$ est représentable par un vecteur de longueur e^{ma} et d'angle mb. Le nombre e^a est la longueur du vecteur $1 + x$; le nombre b, la valeur de l'angle qu'il fait avec l'unité $+ 1$ [44]. « La direction des lignes d'un même plan peut donc être représentée encore d'une autre façon, à l'aide des logarithmes naturels », dont la base est e. Ainsi voit-on, ici encore, comment la représentation de Wessel concerne non seulement les imaginaires mais aussi bien les nombres réels, c'est-à-dire que les résultats d'opérations impossibles se trouvent enfin implicitement intégrés comme espèce particulière d'objets au sein d'une catégorie plus générale qui embrasse les objets classiques, résultats des opérations « possibles », à savoir les nombres réels.

Quelques années plus tard et tout à fait indépendamment, le teneur de livres parisien d'origine genevoise Jean Robert Argand dissipe exactement de la même façon l'irrationalité des imaginaires. Il publie en 1806 son *Essai sur une manière de représenter les imaginaires*[45]. Il a lui aussi l'idée d'une représentation à deux dimensions, et considère les directions, les sens et les grandeurs des rayons d'un cercle.

« Étant données deux directions opposées, l'une pour les valeurs positives, l'autre pour les valeurs négatives, il en existait une troisième telle que la direction positive fût à celle dont il s'agit comme celle-ci est à la direction négative[46]. »
C'est donc la direction perpendiculaire à la direction positive. Mais la manière dont elle est définie la présente comme une *moyenne proportionnelle* : $\overline{KA}$ est à $\overline{KE}$ ce que $\overline{KE}$ est à $\overline{KI}$, en notant les directions par surlignement des rayons (fig. 4).

Argand retrouve donc la formulation
$\overline{KA}.\overline{KI} = \overline{KE}^2 = +1 . -1 = -1$. « $\overline{KE}$ est ce qu'on exprime par $\sqrt{-1}$, $\overline{KN}$ par $-\sqrt{-1}$. » L'idée générale est alors celle d'une *moyenne proportionnelle* entre des « lignes en direction » quel-

44. *Ibid.*, 16.
45. Nous citerons d'après la 2ᵉ édition de 1876, qui comporte en appendice des lettres ou articles de J. F. Français, F. Servois et Argand.
46. *Ibid.*, p. 6.

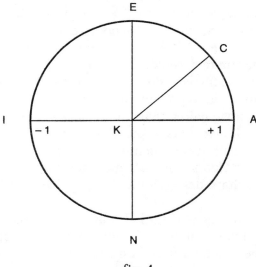

fig. 4.

conques. $\overline{KC}$ est moyenne proportionnelle entre $\overline{KA}$ et $\overline{KE}$ si l'angle AKE est divisé par $\overline{KC}$ en deux parties égales, la relation entre deux lignes étant mesurée par leur angle et $\overline{KA}$ est alors à $\overline{KC}$ comme $\overline{KC}$ est à $\overline{KE}$. Argand définit aussi la somme vectorielle de deux lignes en faisant coïncider « un point de départ » et un « point d'arrivée ». Il a donc établi, comme Wessel, une algèbre sur les « lignes en direction », et note que ces lignes « sont exprimées » par des nombres réels lorsqu'elles sont parallèles à la direction choisie comme positive ou négative, et par des nombres imaginaires lorsqu'elles lui sont perpendiculaires. De sorte qu'en vertu de l'addition vectorielle, une ligne quelconque sera « exprimée » par un nombre de la forme $\pm a \pm b\sqrt{-1}$, a et b réels positifs.

Argand considère clairement les lignes figurant +1 et $+\sqrt{-1}$ comme des *unités*, et propose même de ne pas noter le facteur $\sqrt{-1}$ en le remplaçant par un symbole propre, écrivant ~a au lieu de $a\sqrt{-1}$, puisque l'unité ordinaire + 1 n'est pas non plus écrite devant a. Mais il insiste surtout sur « l'avantage des constructions géométriques » offert par sa présentation[47], et dans une lettre aux *Annales de Gergonne*, à propos d'une discussion avec Servois[48], il se rallie même à une interprétation très minimaliste de son invention : « simple emploi d'une notation particulière[49] » qu'il utilise en effet pour simplifier les calculs en géométrie sphérique. Il avait pourtant parfaitement compris et exprimé la nature des nouveaux objets, pour lesquels il rejette explicitement les dénominations « imaginaire » et « impossible ».

2.4. C'est cependant le grand Carl Friedrich Gauss qui exposera dans toute sa profondeur le sens et la portée de cette solution, qu'il nous dit posséder depuis 1799, mais qu'il ne développe explicitement que dans les dernières pages de sa *Theoria residuorum biquadraticorum*[50]. Il s'agit bien pour lui de dissiper l'irrationalité introduite par les imaginaires, car il commence par citer les difficultés analogues suscitées originairement par la rencontre des solutions fractionnaires et négatives, dans le domaine des objets qui ne sont que discrètement énumérables ou n'ont pas d'opposés. Mais dans le cas des imaginaires,

> « on leur refuse encore inconditionnellement un substrat pensable, sans pourtant vouloir mépriser le riche tribut que ce jeu de symboles paie finalement au trésor des relations entre grandeurs réelles[51] ».

Le caractère numérique est alors défini par Gauss comme la possibilité d'un *ordre*, qui donne un sens au plus et au moins : c'est à partir d'un élément, du reste quelconque, d'une *suite* (*Reihe*), que les nombres réels se définissent. Il envisage des objets qui ne pourraient être ordonnés dans une seule suite infi-

---

47. *Ibid.*, p. 60.

48. Qui ne veut reconnaître bien malencontreusement dans l'interprétation d'Argand « qu'un masque géométrique appliqué sur des formes analytiques dont l'usage immédiat [lui] semble plus simple et plus expéditif » (*ibid.*, Appendice, p. 103).

49. *Ibid.*, Appendice, p. 91.

50. « Des lecteurs attentifs en retrouveront aisément les traces dans l'écrit sur les *Équations* paru en 1799 et dans le mémoire pour le prix sur la transformation des surfaces » (*Theoria residuorum*, 1831 p. 175. *Op. cit.*, *in* Gauss, *Werke* II).

51. *Ibid.*, p. 175.

nie, mais seulement dans des « suites de suites » ou « ce qui revient au même, des objets qui forment une variété (*Mannigfaltigkeit*) à deux dimensions ». On aurait alors dans une suite double le passage de +1 à −1 dans une première suite, mais aussi de + i à −i dans une autre suite. C'est alors que Gauss suggère une représentation intuitive spatiale[52] de ces relations,

> « et le cas le plus simple, si aucune raison n'est donnée par avance, serait d'ordonner les objets par quadrillage en prenant un plan infini divisé en carrés par deux systèmes de parallèles orthogonales, et d'assigner des symboles aux points de croisement. Chacun de ces points a quatre voisins, et si l'on désigne par +1 la relation d'un point A à l'un des voisins, la relation notée −1 à un autre voisin ira de soi[53] ».

Et de même pour les relations qu'on nommera +i, et −i, avec les deux autres voisins. Le choix de la rangée et de la colonne, se croisant en un point, qui seront considérées comme principales, et de la direction qui sur chacune sera prise comme positive, est arbitraire. Mais on voit encore, poursuit Gauss, que

> « si l'on veut prendre pour +1 la relation antérieurement prise pour +i, on devra nécessairement prendre pour + i la relation antérieurement prise pour −1. Ce qui signifie, dans le langage des mathématiciens, que +i est moyenne proportionnelle entre +1 et −1, ou correspond au symbole $\sqrt{-1}$; nous ne disons pas à dessein *la* moyenne proportionnelle, car − i peut également y prétendre[54] ».

On voit donc que se trouve ici reprise, comme chez Argand, l'idée wallisienne de la moyenne proportionnelle : la « relation » i (ou − i) serait à la relation +1 comme cette même relation +1 serait à − i (ou + i). L'expression doit sans doute s'entendre à la fois au sens algébrique d'une proportion — i / 1 = 1 / −i — et au sens géométrique, les « relations » unitaires +1, −1, + i, − i représentant, comme chez Wessel, les *rotations* d'angles 0, π,

---

52. Gauss renvoie ici dans une note à Kant, mais en critiquant sa conception de l'espace comme simple forme de la perception.
53. *Ibid.*, p. 177.
54. *Ibid.*

$\pi/2$, $3\pi/2$, la rotation $\pi/2$ qui fait passer de +1 à i étant la
même que celle qui fait passer de i à −1. L'important en tout cas
est que Gauss exprime clairement que cette représentation légitime les nombres imaginaires et étend le champ des nombres :
    « Ici se trouve complètement justifiée la démonstrabilité d'une
    signification intuitive de $\sqrt{-1}$, et il n'est besoin de rien de plus
    pour introduire ces grandeurs dans le domaine des objets de
    l'arithmétique[55]. »
Ainsi se trouve dissipée la « mystérieuse obscurité » des imaginaires, « malencontreusement désignés comme grandeurs
impossibles[56] ». Et Gauss, soulignant la généralité du processus, pose alors la question de savoir si « des relations entre
choses formant une variété *à plus de deux dimensions* n'introduisent pas en arithmétique générale encore d'autres espèces
de grandeurs [...][57] ». Ainsi le grand Gauss a-t-il explicitement
rassemblé en une même pensée deux formes de rationalisation
déjà latentes : la rationalisation par représentation intuitive
dans un espace et la rationalisation abstraite par formulation
de règles de composition algébriques.
    2.5. La découverte quasi simultanée par plusieurs mathéma-
ticiens d'une solution au problème des imaginaires paraît dépen-
dre non d'événements extrinsèques mais d'une certaine
maturation des *concepts* mêmes qui s'y rapportent. De l'idée
négative de résultats fictifs d'opérations impossibles, on était
passé dès le XVIIe siècle au désir d'une interprétation positive de
ces objets impossibles, orientée déjà par Wallis vers une repré-

---

55. *Ibid.*
56. *Ibid.*, p. 175.
57. *Ibid.*, p. 178.
On sait que W. R. Hamilton construira de tels objets formant une algèbre à quatre dimensions. De même que les complexes, les *quaternions*
forment un corps mais ce corps n'est plus, comme celui des réels et celui
des complexes, commutatif. Ils ne sont donc plus, dans le même sens
analogique, des « nombres » (W. R. Hamilton, *Lectures on Quaternions*
(1853) et *Elements of Quaternions* (1866). Voir Granger, *Essai d'une philosophie du style*, 2e éd., Paris, Éditions Odile Jacob, 1988, chap. IV). C'est
Weierstrass qui démontrera l'inextensibilité du corps des complexes sans
perte de certaines propriétés.

sentation spatiale. Mais avant que ne prenne vraiment forme
cette conjecture, il a fallu que l'obstacle soit pratiquement,
opératoirement, surmonté, par l'extension et la généralisation
des calculs. Non seulement l'objet « impossible » $\sqrt{-1}$ est de plus
en plus admis comme symbole dans les manipulations algébriques, mais encore il est introduit dans la nouvelle analyse, associé de façon alors surprenante aux fonctions trigonométriques,
et reconnu comme combinable avec les objets « réels » sous la
forme générale $a + b\sqrt{-1}$, a et b réels. Il faut cependant attendre
d'Alembert pour que soit explicitement formulée et généralisée
cette semi-légitimation, et que soit énoncée une règle générale de
différentiation d'une fonction de cette nouvelle variable :
$df(x + iy)\, d(x + iy) = dp + idq$, p et q fonctions réelles de x et y
réels[58].

Mais la levée complète de l'obstacle que constitue l'irrationalité n'aura lieu que lorsque les nouveaux objets seront intégrés dans un univers où ils se trouvent directement associés à
un système opératoire, et même jusqu'à un certain point *définis*
comme opérateurs. Tel est bien le sens que nous avons reconnu
aux essais de Wessel et Argand et aux pages décisives de Gauss.
Tantôt cet aspect opératoire est présenté géométriquement par
des rotations dans le plan, tantôt algébriquement comme
composition d'éléments selon une table de multiplication.
Désormais, comme le disent Gauss et Argand, il faut abandonner la désignation de grandeurs et d'opérations impossibles et
imaginaires. Les efforts répétés, et comme nous le notions en
quelque sorte d'abord aveugles, ont été féconds. La résolution
de l'irrationalité primitive ouvre un champ immense, d'une part
à une analyse des complexes que développera Cauchy, d'autre
part à une nouvelle « arithmétique » selon l'expression gaus-
sienne. Ouverture dont le génie de Gauss lui-même a pressenti
qu'elle débouchait sur des univers de « nombres » hétérodoxes,
représentables dans des espaces abstraits à plus de deux dimensions. Et c'est la nouvelle algèbre des Dedekind, des Kummer et

58. Mémoire de 1744 publié dans *Histoire de l'Académie de Berlin*,
année 1746, p. 195.

des Dirichlet qui en éclairera la portée et en développera extra-ordinairement les conséquences. Mais plus tard, l'aspect « géométrique » de cette rationalisation réapparaîtra lorsque l'analyse des complexes aura recours à la topologie des espaces abstraits où ces nouveaux objets sont définis, tant l'algébrique et le géométrique nouveau style sont ici fondamentalement inséparables.

2.6. Si nous comparons l'obstacle irrationnel des imaginai-res avec celui du précédent chapitre, nous voyons que l'« air de famille » consiste essentiellement ici en l'impossibilité, découlant de règles préalablement admises, d'effectuer certaines opéra-tions, c'est-à-dire la non-existence dans le domaine des objets sur lesquels on opère, d'éléments qui en seraient les résultats. Mais dans le cas de la découverte par les Anciens des irrationnelles arithmétiques, cette rencontre est déjà en elle-même un progrès de la connaissance, à savoir la *démonstration* de cette impossibi-lité. L'obstacle est surmonté d'abord, techniquement et théori-quement, par l'usage de l'anthyphérèse et la construction d'une théorie eudoxienne des λόγοι. Cependant, le noyau dur de l'obstacle irrationnel subsiste, tant que les résultats d'opérations de mesure « impossibles » ne sont pas réintégrés aux côtés des nombres entiers ou fractionnaires comme les objets les plus généraux d'un calcul.

Ce qui caractériserait notre second exemple, c'est alors la pluralité des opérations « impossibles », d'abord purement algé-briques comme dans le premier cas, puis empruntées au domaine de l'Analyse. Mais c'est aussi qu'une certaine légitima-tion des pseudo-objets qui en sont les résultats fictifs n'est nulle-ment atteinte presque dès l'origine. La validité finale de la formule de Cardan définissant les *trois* racines d'une équation cubique demeure longtemps un pur mystère... Mystère qui n'empêche pas les mathématiciens, pendant plusieurs siècles, de produire avec succès des calculs où apparaissent, puis disparais-sent, les pseudo-objets dénommés alors « imaginaires ». Cepen-dant, la solution complète, ici encore, n'est énoncée que lorsque les pseudo-objets obtiennent un statut par un mouvement qui n'est pas de simple généralisation des objets « réels », mais présente la mise en œuvre de ce que Cavaillès appelait

« thématisation[59] ». La rationalité est obtenue en s'élevant à un niveau qui domine celui des objets primitifs, en thématise les formes opératoires, et constitue à partir d'elles de nouveaux objets, dans un nouvel espace. Les objets primitifs apparaissent alors non pas tant comme des cas particuliers, que comme les « projections » des nouveaux dans l'espace ancien. Telle serait, dans le domaine du travail mathématique, l'une des figures les plus complètes de la solution d'obstacles « irrationnels ».

---

59. Voir sur ce point Granger, *Pour la connaissance philosophique, op. cit.*, chap. 3, § 2.1-2.7.

Chapitre III

LA PERSPECTIVE

Une nouvelle espèce d'obstacle irrationnel

1.1. On peut s'étonner qu'un des chapitres d'une étude consacrée à l'obstacle de l'irrationnel porte sur la perspective. Il convient donc d'expliquer brièvement cette apparente anomalie. Nous avons voulu montrer sur un exemple la diversité des figures que peuvent prendre les obstacles rencontrés par la raison, au sens le plus large, dans son activité créatrice. Il s'agit ici essentiellement de la peinture, et l'obstacle considéré est la difficulté de représenter, sur la toile à deux dimensions, les objets perçus par l'artiste avec leur profondeur. On voit bien que l'irrationalité en question est fort différente de celle qu'oppose à la démarche du mathématicien ou la mesure d'une grandeur quelconque par un nombre, ou la formulation d'un sens pour des opérations arithmétiques originairement impossibles. Ce qui est alors en question, ce n'est plus exactement l'impossibilité d'abord reconnue d'étendre l'application d'une activité de pensée au-delà des objets du domaine pour lequel elle avait été conçue ; c'est plutôt l'impossibilité naturelle de transposer une vision d'objets de perception, spontanément saisis, en un sens intuitif, comme tridimensionnels, à une représentation artificielle à deux dimensions, apparemment destinée, en première hypothèse, à remplacer la première.

1.2. Je dis bien « en première hypothèse », car le but d'une telle représentation ne saurait être aussi simplement désigné. Certes, l'art du peintre a souvent visé, et quelquefois vise encore, cette substitution des apparences aux réalités, justement par le moyen d'artifices qui tendraient à surmonter l'obstacle. C'est précisément ce que Platon, dans *Le Sophiste*, reprochait à l'art. Il opposait alors une activité de reproduction à l'identique, qu'il nommait εἰκαστική, « art de copier », à l'activité proprement artistique qu'il nommait « mimétique », « art de simuler la copie », εἰκὸς ἐοικέναι, en créant un simulacre, un phantasme[1]. Si les artistes, dit Platon, par la voix de l'Étranger d'Élée,

> « reproduisaient les beautés avec leurs véritables proportions, tu sais que les parties supérieures seraient plus petites, et plus grandes les parties inférieures, puisque nous voyons celles-là de loin, celles-ci de près[2] ».

Ce sont donc ces procédés de représentation des apparences que le Philosophe dénonce à nouveau dans *La République* : « La peinture a-t-elle en vue d'imiter le réel tel qu'il est, ou bien d'imiter l'apparent tel qu'il apparaît[3] ? » La représentation sur la toile du peintre est donc ici essentiellement définie par Platon comme créatrice d'*illusions*, par opposition à d'autres productions artificielles, comme par exemple celle du menuisier, et ce sera encore, quoique en un sens nullement péjoratif, le point de vue tout moderne de Francastel : « Les peintres sont créateurs d'illusions, et non imitateurs du réel[4]. » Quoi qu'il en soit, la représentation sur une surface, illusoire ou authentique, du réel perçu dans l'espace, n'en suscite pas moins un problème qui est celui pour lequel nous voulons examiner les manières dont il a été posé et résolu.

1.3. Au reste, la spécificité de ce problème qui retient maintenant notre attention ne vient pas tant des solutions découvertes pour surmonter l'obstacle que des différentes manières de le comprendre et de le poser, variables au cours du temps, et c'est

---

1. 235 d-236 c.
2. 236 a 1.
3. X, 598 b.
4. *Peinture et Société*, p. 109.

principalement les exposés des théoriciens et artistes qui devront fonder notre analyse.

Les premiers théoriciens du Quattrocento italien qui se posent explicitement le problème de la représentation des objets réels dans l'espace bidimensionnel du tableau n'envisagent nullement les artifices qu'ils inventent ou codifient comme producteurs d'illusion. Sans doute, l'obstacle qui s'oppose à la figuration de la totalité des aspects de l'objet est-il insurmontable. Mais l'ambition du peintre doit être de « montrer ce qui se voit[5] ». Le premier théoricien de la perspective appelle alors « signe » (signio) pictural « toute chose qui soit sur la surface de façon que l'œil puisse la voir[6] ». Mais cette présence à la vue loin d'être seulement une apparence, au sens où l'entendait Platon, est une élucidation de la réalité. Comme le dira Jean Pélerin Viator : « Chose ou magnitude visible est aucunement regardée pour être conçue et comprise[7]. » L'obstacle à la représentation de la chose mérite donc bien d'être considéré comme une rencontre d'un irrationnel. Il y a une impossibilité rationnelle, mathématique, de transporter sur la toile à deux dimensions *tous* les aspects visibles de l'objet tridimensionnel. Mais la solution perspective va consister à rationaliser une présentation de l'apparence, non comme phantasme, mais comme « *quello si vede* », ce qui véritablement se voit, en tant que rendant *pensable* la chose.

Solutions pratiques et solution théorique

2.1. Tous les historiens de la peinture ont insisté sur le fait que le problème de la représentation de la profondeur avait d'abord été résolu « empiriquement ». John White a montré différentes étapes de cette évolution non théorique, la difficulté étant perçue d'abord par l'artiste comme celle de faire voir *tous* les aspects de l'objet[8]. Il note que les peintres, y renonçant tout

---

5. Alberti, *Della pittura*, manuscrit vers 1435, Mallè, 1511, p. 55.
6. *Ibid.*
7. *De artificiali prospectiva*, texte en langue vulgaire, Brion Guerry, 1509, p. 186.
8. *The Birth and Rebirth of Pictorial Space*, Londres, 1957.

d'abord, se contentent de figurer de front une seule face. Puis, ils juxtaposent simplement la représentation de deux faces, l'une frontale et l'autre latérale. Ensuite, ils figurent la face latérale en raccourci, avec des horizontales fuyantes, ce que White appelle « figuration frontale raccourcie » *(foreshortened frontal setting)*. Ils figurent enfin deux faces latérales raccourcies, offrant une vision d'angle monumental *(oblique setting)*. L'idée est évidemment de présenter les surfaces non parallèles au tableau comme fuyantes, mais plusieurs de ces procédés peuvent être combinés par l'artiste dans le même tableau. White cite en exemple des œuvres de Lorenzo Monaco (fin du XIVe siècle), dans lesquelles les tours lointaines sont dessinées rapetissées et selon la méthode de l'oblique, les bâtiments plus proches, qui remplissent le cadre, étant en raccourci frontal. Ainsi peut-on voir chez un Duccio, au début du Trecento, un espace intérieur représenté comme clos, cependant que des lignes de fuite pour les surfaces non parallèles au tableau, intérieures ou extérieures à cet espace, convergent, mais vers des points différents. Progressivement, les peintres du Nord, Flandre et Bourgogne, ont découvert de leur côté, par tâtonnement, à peu près les modes de représentation dont les Italiens institueront la théorie, et que le Lorrain Jean Pélerin Viator ramènera plus tard à la construction mathématique italienne[9]. On a du reste pu remarquer (non sans quelque exagération) que, même après que les Alberti et Piero della Francesca eurent mis en forme et expliqué les procédés de la perspective linéaire, « les œuvres où ils sont systématiquement appliqués sont en nombre infiniment réduit[10] ».

Aussi bien Dürer, en 1525, dans la dédicace de son petit traité de perspective[11], juge-t-il que le travail des maîtres anciens « a été fait avec habileté, mais au lieu d'être fondé sur un principe, il a été réalisé simplement selon leur goût[12] ».

---

9. *Op. cit.*

10. Francastel, *La Figure et le Lieu*, p. 241.

11. *Underweysung der Messung mit dem Zirckel...*, 1525, in Panofsky, *The Life and Art of Albrecht Dürer* (1945) et W. M. Conway, *Literary Remains of Albrecht Dürer* (1889).

12. *In* Conway, p. 212.

2.2. Or, les initiateurs du nouveau mode de représentation de l'espace, peintres et théoriciens, le plus souvent l'un et l'autre, du milieu du Quattrocento au début du XVIe siècle italien, revendiquent la nécessité de fonder la solution qu'ils proposent sur des *principes*. Il faut, dira Jean Pélerin dans la version en langue vulgaire qu'il a lui-même écrite, « avoir connaissance des principes[13] ». Et Alberti, dans son ouvrage fondateur écrit dans le premier tiers du Quattrocento mais imprimé seulement en 1511, dit même que « la peinture est connaissance scientifique[14] ». Les créateurs d'une perspective linéaire ont donc bien conscience que le problème posé par la représentation des objets sur le plan du tableau est de nature scientifique, géométrique, et que l'obstacle à surmonter est bien en ce sens une irrationalité qu'il faut réduire. C'est pourquoi le même Alberti peut écrire à la fin de son ouvrage : « J'affirme que le peintre doit apprendre la géométrie[15] ». Mais il affirme cependant dans le premier livre, avec non moins d'insistance, qu'il « parle comme peintre », et non comme mathématicien[16], se proposant seulement « d'emprunter à la mathématique d'abord les choses qui appartiennent » à la matière du peintre.

Le mathématique et le symbolique

C'est que l'obstacle de la représentation plane comporte en vérité deux versants, qu'ont bien reconnus Panofsky puis Francastel. Les solutions qu'en ont proposées les artistes sont en effet d'une part de type géométrique, d'autre part de type symbolique.

Bien avant que des règles de perspective linéaire aient été essayées, puis codifiées, les peintres *organisent* l'espace plan de leur tableau de façon à représenter non pas un espace tridimensionnel perçu mais une *composition d'objets* dont la figure, la taille et la position dépendent de valeurs symboliques. Ainsi

---

13. *Op. cit.*, p. 171.
14. *Della pittura, op. cit.*, p. 15.
15. *Ibid.*, p. 104.
16. *Ibid.*, p. 55, 62.

Francastel peut-il montrer le rôle structurant de la représentation d'instruments traditionnels ou de personnages mythiques
qui donnent en quelque sorte à l'espace de la toile une profondeur, mais une profondeur d'imaginaire. C'est en ce cas que
prend son plein sens la formule générale de Francastel : « Une
peinture ne représente pas le monde sensible, mais signifié[17]. »
Ce n'est donc pas le problème de représenter l'espace tridimensionnel sur un plan qui est alors posé comme déterminant. Tout
au plus l'artiste s'arrange-t-il pour présenter plusieurs plans
échelonnés, leur échelonnement étant simplement signifié par
les recouvrements qu'ils impliquent et par les différences de taille
et de valeurs colorées des objets qui leur appartiennent. Chaque
motif est traité essentiellement pour lui-même, sans que la représentation de l'espace en tant que *contenant universel homogène
séparable de ces contenus* soit pris comme source du problème et
de sa solution. Tout au plus figure-t-on des lieux imaginaires
faits de la juxtaposition de plusieurs lieux partiels non reliés dans
un espace commun. On en trouvera en particulier des exemples
remarquables dans les *Très riches heures du duc de Berry* enlumi-
nées vers 1415 par les frères de Limbourg.

3.2. Une ère nouvelle commence justement avec la considération d'une « priorité de l'espace sur les objets » selon l'expression heureuse de Panofsky[18], et comme le comprend et l'exprime
déjà clairement, au début du XVIe siècle, Pomponius Gauricus
dans son *De sculptura* : « En outre, il est nécessaire que le lieu
soit antérieur au corps qui s'y loge, le lieu en effet sera figuré en
premier *(primo designabitur)*, ce qu'ils appellent le plan [du
tableau]. »

Pour les fondateurs de la perspective linéaire, la construction, c'est-à-dire la structuration de cet espace bidimensionnel
homogène de la représentation, on l'a déjà souligné, exige du
peintre que le problème soit *mathématiquement* posé. La difficulté est bien de formuler des règles géométriques permettant de
passer des formes dans l'espace vu aux formes dessinées dans le
plan du tableau, c'est-à-dire d'une figuration spontanée des appa-

---

17. *La Figure et le Lieu*, p. 11.
18. *La Perspective comme forme symbolique*, 1924, trad. 1975.

rences à une figuration réglée qui est alors souvent qualifiée par les contemporains de *démonstrative*. Piero della Francesca, parlant des lignes et points qu'il va présenter, écrit :

> « Ils ne sont pas apparents, sinon à l'intellect, et je dis que je traite de perspective avec des démonstrations, lesquelles je veux qu'elles soient comprises par l'œil[19]. »

La représentation perspective doit donc, aux yeux des fondateurs italiens, parler à la fois à l'esprit et à l'œil. Le trait le plus frappant des apparences spontanées — l'irrationalité majeure que doit affronter la pensée picturale — est la diminution des objets éloignés dans l'espace réel. Les artistes empiriques se donnaient souvent pour règle de diminuer arbitrairement d'un tiers les longueurs à chaque degré d'éloignement... Il faut donc que le peintre se donne des règles qui, par une construction géométrique sur la toile, déterminent et *expliquent* en un certain sens ce phénomène de perception. Le même Piero della Francesca, au troisième livre de sa *Perspective*, écrit :

> « L'intellect ne pouvant juger par lui-même de la mesure [des objets], c'est-à-dire quelle est la grandeur des plus proches et quelle est la grandeur des plus éloignés, je dis donc que la perspective est nécessaire, qui distingue toutes les quantités proportionnellement [aux distances], en tant que vraie science, démontrant la diminution et l'accroissement de toutes quantités par l'usage des lignes[20] »

c'est-à-dire par une construction de géométrie. Le problème ici explicitement mis en avant est celui de la variation réglée des grandeurs représentées sur la toile en fonction de leur position dans l'espace, et Piero parle volontiers de « quantità » pour désigner les choses elles-mêmes, comme plus tard le fera Jean le Viator, disant que ce qui est l'objet de la perspective ce sont les « quantités des grandeurs » des figures[21]. On voit donc comment les théoriciens du Quattrocento se proposent de construire « un ordre optique superposable à un ordre intelligible[22] », non point par la disposition signifiante des objets, mais par la géométrie ; ce qu'avaient

---

19. *De prospectiva pingendi*, p. 65.
20. *Op. cit.*, p. 139.
21. *De prospectiva artificiali*, chap. 10.
22. Francastel, *La Figure et le Lieu*, p. 224.

du reste assurément, quoique partiellement, anticipé dans leurs œuvres les artistes les plus doués, comme Giotto mort en 1337, et plus complètement Brunelleschi mort en 1446 et Uccello mort en 1475, de même que les artistes flamands et bourguignons de l'Europe du Nord.

Le développement d'une perspective linéaire

Comment se présente chez les artistes théoriciens cette rationalisation géométrique de l'impossible représentation directe de l'espace dans le plan ? Nous emprunterons les éléments de cette solution à Alberti, Piero, Jean Pélerin Viator, Léonard et Dürer, dont les textes ont d'abord été connus en manuscrit, puis publiés pour la plupart dans les premières années du XVIe siècle[23]. Une référence très fréquente est faite alors à l'*Optique* d'Euclide, présentée comme un premier essai de la *science* nouvelle que veulent instituer ces auteurs. Cet ouvrage circulait à Venise et en Italie du Sud, ainsi qu'une version latine fautive datant du XIVe siècle. Connu des Arabes, il avait été utilisé par Al Hazen, dont l'optique traduite par Gérard de Crémone fut imprimée plus tard, en 1572, à Bâle. Mais le projet euclidien est en réalité bien différent de celui des perspectivistes, et il importe de commenter cette différence pour comprendre le sens et la portée de la perspective linéaire des Italiens. On en est du reste conscient dès cette époque, puisque la « perspective » d'Euclide est qualifiée de « naturelle », alors que la science nouvelle est une perspective « artificielle ». Ce sera le titre même du livre de Jean Pélerin Viator, destiné à être souvent réimprimé jusque dans le XVIIe siècle.

4.2. L' ὀπτιχή d'Euclide est en fait une *théorie de la vision*, et nullement un traité de la représentation de l'espace sur un plan. Il est clair que les deux points de vue se recoupent partiellement ; mais on ne saurait trop marquer la différence de leurs orientations. Euclide veut constituer une science, à mi-chemin entre une géométrie et une physiologie, de la formation des

---

23. Le livre de Piero ne sera cependant imprimé qu'en 1899.

images visuelles. Il tente d'expliquer ce qu'on voit et non de fournir les moyens de suggérer ce qui est, par une figuration plane de la profondeur.

Son traité[24] est présenté à la manière des *Éléments* : il commence par sept définitions (῎Οροι) puis énonce et démontre une cinquantaine de propositions. Mais l'analogie n'est que très partielle : quelques démonstrations sont de style géométrique en effet, faisant la plupart aussi appel à l'*expérience* visuelle. Quant aux sept définitions préliminaires, ce sont plutôt des hypothèses ou postulats schématisant la conception euclidienne du *phénomène* de la vision, en tant que rapport de l'œil aux objets vus et à la lumière. Nous en retiendrons deux points qui, adoptés ou non, ont eu une importance pour les théoriciens de la représentation picturale.

1 °. Les rayons lumineux sont définis comme « lignes droites émanant de l'œil » (τας απο τοῦ ὀμματος ἐξαγομένας, définition 1), qui forment un cône ayant sa base dans l'œil (définition 2), et qui s'écartent mutuellement à partir des rayons extrêmes (Φέρεσθαι διάστημα μεγεθῶν μεγάλων, définition 1). Il semble que cette divergence doive être entendue comme l'existence d'intervalles entre les rayons successifs partis de l'œil et embrassant l'objet, ce qui expliquerait que, selon la proposition 1, nulle grandeur ne soit vue simultanément tout entière, car ne sont vues que les parties des objets touchées par les rayons (définition 3).

2 °. Les grandeurs sont perçues proportionnellement aux angles sous lesquels elles sont vues (définition 4). Euclide dit moins précisément que celles qui sont vues sous un plus grand angle paraissent plus grandes, celles qui sont vues sous un plus petit angle plus petites, et celles qui sont vues sous le même angle, égales. C'est une thèse fondamentale de la théorie géométrique de l'*Optique*. Euclide y joint une proposition apparemment d'origine empirique : les grandeurs vues sous des angles « plus nombreux » (ὑπο πλειόνων γωνιῶν) apparaissent plus distinctement (ἀχριβέστερα Φαίνεσθαι, définition 7). Sans

---

24. Euclide, *Opera omnia*, Teubner, 1845, et *L'Optique et la catoptrique*, traduction Ver Eecke, 1959.

doute Euclide se réfère-t-il ici à une multiplication des points de vue. Cette hypothèse, on le verra, sera justement rejetée par la perspective linéaire qui tend à assigner une place fixe à l'œil de l'artiste et à celui du spectateur. De même, la proportionnalité des grandeurs vues aux angles de vision n'est maintenue que dans l'usage qui est fait de l'axiome : à angles de vision égaux, représentations égales, comme le pose explicitement Piero en principe[25]. Mais les grandeurs vues sont en fait inversement proportionnelles à leur éloignement — virtuel — du point de fuite.

Les résultats euclidiens intéressants pour une théorie perspective sont en vérité peu nombreux. La proposition 6, par exemple, dit que des droites parallèles, à des distances inégales de l'œil, paraissent inégales, mais non pas proportionnellement à leur éloignement — réel — de l'œil (οὐκ ἀναλόγως, proposition 8), ce qui découle bien, qualitativement, de la proposition sur l'égalité des angles de vision. La construction d'Alberti et de ses successeurs montrera également que ces parallèles équidistantes doivent être représentées comme se rapprochant mutuellement, en même temps que décroît leur longueur apparente, à mesure qu'elles s'éloignent de l'œil. C'est justement la loi de cette « degradatio » qui est, sinon formulée, du moins manifestée par la procédure de la mise en perspective. Euclide note encore brièvement, à la proposition 36, que les roues des chars paraissent tantôt rondes, tantôt « oblongues » (παρεσμασμένοι), mais il ne précise pas la nature géométrique de la forme vue. C'est Pappus, dans ses *Collections mathématiques*[26], qui dira qu'il s'agit d'une ellipse. Euclide montre simplement que l'œil regardant un cercle situé dans un plan oblique par rapport au rayon visant le centre verra des « diamètres inégaux » (proposition 35).

On voit que l'*Optique* d'Euclide ne constitue ni une théorie purement mathématique de la vision ni un traité de la représentation plane des apparences. Elle jouera néanmoins pour les perspectivistes du Quattrocento le rôle convenu d'un modèle de

25. *De prospectiva pingendi*, livre II.
26. Vers 220 avant notre ère (Ver Eecke, II, p. 436-450).

mathématisation, dont ils se gardent du reste d'utiliser vraiment les contenus.

4.3. L'idée des perspectivistes, sans doute depuis Brunelleschi, dont nous ne connaissons les vues que par ce qu'en dit Manetti, ami d'Uccello[27], est de couper la pyramide des rayons issus de l'objet aboutissant à l'œil[28], la « *piramide visiva* » d'Alberti, par le plan du tableau (*la « intersegatione »*). La figure perspective de l'objet situé derrière le tableau sera donnée par les traces des rayons sur lui, soit qu'on les obtienne matériellement par le moyen d'instruments de visée — Dürer en a construit et dessiné —, soit qu'on donne une construction géométrique qui constitue justement cette *science* de la perspective dont parle et que décrit le premier Alberti.

Cette construction — la *costruzione legittima* — repose sur la méthode du « géométral », connue des architectes pour établir les plans d'un édifice par projection sur deux plans, l'un vertical (l'élévation), l'autre horizontal. L'artifice et l'invention des perspectivistes consistent alors essentiellement à dessiner le plan d'élévation rabattu sur le plan horizontal, qui est le plan même du tableau, et à reporter sur celui-ci les indications fournies séparément par le plan d'élévation et par le plan vertical, pour obtenir la chose vue.

L'intersection du tableau avec le plan horizontal où se trouve le peintre observateur est la *ligne de terre* ; le rayon issu de l'œil, parallèle à ce plan et perpendiculaire au tableau, coupe celui-ci en un point W nommé par Alberti « *punto centrico* », et par Pélerin « *point de fuite* », d'où l'on trace dans le plan du tableau une ligne parallèle à la ligne de terre, qui est la *ligne d'horizon*, dont la distance verticale à la ligne de terre est la hauteur de l'œil. Le point de fuite est le point du tableau où

---

27. *Vita di Filippo Brunelleschi*, Robertis et Taturli, 1976.

28. En ce qui concerne le sens physique de ces rayons, l'hypothèse euclidienne qui sert dans la construction n'est pas toujours prise à la lettre ; elle l'est apparemment de façon assez ambiguë par Léonard, qui écrit : « L'œil envoie à travers l'air sa propre image à tous les objets en face de lui et les accueille en soi, c'est-à-dire à sa surface, d'où l'intellect les prend, les juge et communique à la mémoire celles qu'il trouve plaisantes » (*Codice Atlantico*, 138. R.B. !). Pélerin la rejette au contraire : « lumière ne ist pas de l'œil » (*op. cit.*, p. 173).

paraît converger la représentation de toutes les lignes parallèles perpendiculaires au tableau : AA', CC', DD', BB'. Selon le rapport de la hauteur de l'œil à la largeur du tableau, on aura une perspective plongeante ou normale, ou contre-plongeante.

Soit l'objet constitué par un carré régulièrement quadrillé, disposé sur le plan horizontal avec sa base sur la ligne de terre ; il faut en figurer l'image sur le plan du tableau, rabattu comme on l'a dit sur le plan horizontal. Dessinons les lignes joignant les points de division de la base au point de fuite — AΩ, CΩ, DΩ, BΩ — qui sont les images sur le tableau des rayons parallèles perpendiculaires au tableau :

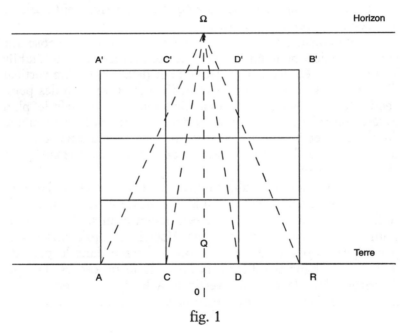

fig. 1

La partie du diagramme (fig. 1) au-dessus de la ligne de terre représente alors le plan du tableau rabattu sur le plan horizontal.

Figurons maintenant un plan vertical dont nous dessinons le rabattement à gauche sur le plan horizontal, avec l'œil situé en O', à hauteur de la ligne d'horizon (fig. 2). O'S est la distance de l'œil au tableau égale à OS hauteur de l'œil et SA la trace de

ce plan vertical sur le plan du tableau. Dessinons sur ce rabattement horizontal les rayons visuels latéraux joignant l'œil O' aux
divisions de la base du quadrillage. Ces rayons coupent l'image
verticale SA du tableau selon des segments AC', C'D', D'B' qui
représentent sur cette image verticale les segments correspondants AC, CD, DB... de la base du tableau. Car, selon le théorème 8
d'Euclide, ils sont vus respectivement sous les mêmes angles.

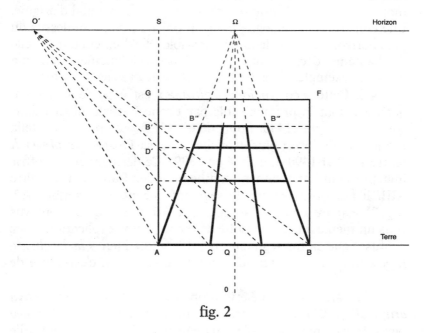

fig. 2

On a donc obtenu, d'une part, grâce aux lignes AΩ, CΩ, DΩ,
BΩ, la représentation sur le rabattement horizontal du tableau
des lignes parallèles issues de l'œil perpendiculaires au tableau,
et d'autre part, grâce aux points C', D', B'..., les représentations
sur le tableau des points C, D, B..., figurant aussi bien celles des
points correspondant aux mêmes divisions du côté BF du
carrelage ; les segments AC', C'D', D'B'... représentent donc,
sur la coupe verticale du tableau, les « éloignements » en profondeur des points du carrelage, vus par l'œil O' situé à la même
distance que O du tableau.

Si l'on mène des points C', D', B' des parallèles à la ligne de terre, elles couperont ainsi sur le rabattement horizontal du tableau les lignes AΩ, CΩ, DΩ, BΩ en des points qui seront, en éloignement et en distance latérale, les images perspectives des points du carrelage.

L'image perspective d'un tel carrelage recouvrant le tableau pourra servir de cadre et de repère à d'autres objets repérés par rapport à lui dans l'élévation et dans le plan horizontal d'origine. Une construction analogue pour un objet s'élevant au-dessus du plan horizontal est évidemment possible, elle donnera une échelle des hauteurs, décroissant elles aussi avec l'éloignement : on en a de beaux exemples dans les planches de Jean Pélerin Viator.

4.4. Cette « *costruzione legittima* » est exposée systématiquement pour la première fois par Leone Battista Alberti dans son *Della pittura* (1435, imprimé en 1511) puis par Piero della Francesca, de façon plus explicite, dans sa *Prospectiva pingendi* (entre 1470 et 1490, imprimé en 1899). Ce dernier veut en offrir une présentation vraiment mathématique. Dans son chapitre XIII, il fait observer que le segment que nous nommons AB' (fig. 2) « *apare equale* » au segment AB, parce qu'ils sont vus sous un même angle. Il résulte de même, d'une explication assez confuse, que notre segment B", B'" serait bien « *la larghezza [apparente] dal lato piu distante del quadrato* », c'est-à-dire de notre côté FG.

Plus tardivement, Pélerin proposera dans son *De prospectiva artificiali* (1505) une construction plus simple qui sera adoptée par Dürer comme la « voie plus courte » (*der nähere Weg*). Elle fait intervenir les « points de distance » qui sont sur la ligne d'horizon, de part et d'autre du point de fuite, et où convergent les images des diagonales des carrés du carrelage, droites évidemment respectivement parallèles (fig. 3).

Ces lignes diagonales font avec les rayons issus de Ω un angle de 45 °, et la distance de chacun des points de distance au point de fuite est la distance de l'œil au tableau. Le rapport entre cette distance et la largeur du tableau définit l'angle de vue de la représentation sur le tableau : Pélerin demande que la distance de l'œil soit le double de la largeur du tableau « ou voirement

plus ou aussi moins que ledit double selon le siège du fingent »,
c'est-à-dire selon la place de l'œil[29], ce qui correspond à un angle
optiquement confortable d'un peu moins de 30 °. Il est visible sur
la figure 4 que les intersections des lignes issues du point de
distance D et des rayons issus de Ω suffisent à déterminer les
éloignements et les distances des côtés du carrelage.

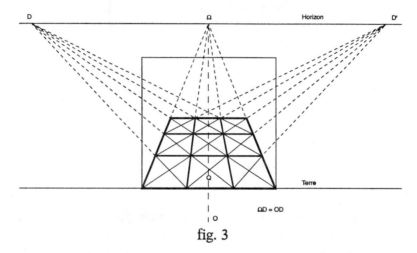

fig. 3

Mais le Viator ne se préoccupe guère d'explication ni de
démonstration. On voit bien que, malgré la protestation d'un
recours aux mathématiques, la géométrie de la perspective
linéaire est loin d'être dominée, en dépit de l'affirmation de
Dürer que la géométrie est « le vrai fondement de la peinture[30] »,
et que la perspective serait « le couronnement et la clef de voûte
du majestueux édifice nommé géométrie[31] ».

4.5. Le problème posé par la représentation sur le tableau
plan de l'espace perçu à trois dimensions que veut évoquer le
peintre — évoquer, et pas seulement montrer — comporte, nous
l'avons vu, un versant géométrique et un versant symbolique. Si

29. *Op. cit.*, p. 191.
30. *Underweysung der Messung...*, livre IV.
31. *Ibid.*, p. 260.

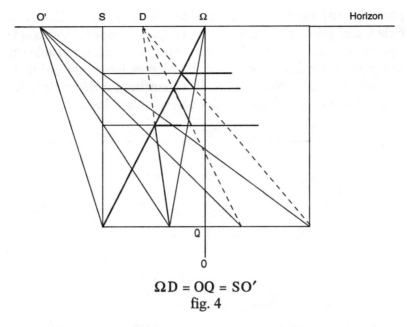

$\Omega D = OQ = SO'$
fig. 4

ce second aspect prend le pas sur le premier, l'espace du tableau n'est plus principalement construit comme figurant l'espace où peut se mouvoir le spectateur, mais comme un *espace de pensée*, un système de signes plastiques évoquant un monde de symboles. L'originalité du Quattrocento italien a bien été de mettre en exergue, au contraire, la construction d'un espace plan destiné à figurer l'espace tridimensionnel vécu. Le problème est bien alors de nature géométrique, et l'importance donnée à la mathématisation satisfait assurément en outre l'idéalisme platonisant de l'époque. Mais les solutions géométriques proposées — et en particulier celle de la perspective linéaire[32] — n'ont nullement été adoptées universellement et avec cohérence par les artistes. Car les solutions du problème de la représentation, même tenu en

_____

32. Il y en eut d'autres, moins répandues, suscitées le plus souvent par la répugnance des artistes à accepter les déformations qu'entraîne sur les marges, au-delà d'un angle de vision de 30 °, la *costruzione legittima*. Par exemple, les perspectives sphériques exposées par Léonard et Dürer.

son essence pour un problème de géométrie, sont en réalité de nature technico-esthético-mathématique. La rationalité qu'elles opposent à l'irrationalité originaire de la transposition de l'espace sur un plan est donc tout à fait complexe, alors que nous nous sommes seulement attaché à la solution de perspective linéaire. Cette restriction se justifierait cependant par le fait que l'aspect géométrique propre de la question continue d'être pris en compte aux XVIᵉ et XVIIᵉ siècles, et grâce au génie original d'un mathématicien praticien du dessin d'architecture et des constructions d'escaliers, cet aspect va donner lieu à un renouvellement de la géométrie même. C'est cet extraordinaire développement de la solution perspective par Girard Desargues (1591-1661) que nous voudrions examiner pour finir. Exceptionnel cheminement des essais pour surmonter un obstacle d'abord de nature esthétique et technique, conduisant à la constitution d'une rationalité mathématique nouvelle, à savoir le concept d'espace projectif. Mais on voit bien pourtant que le mouvement de dissolution de l'irrationnel est ici profondément le même que celui que nous décrivions dans les deux chapitres précédents.

La révolution arguésienne

5.1. Si la perspective linéaire des Italiens du Quattrocento avait bien donné lieu à des considérations de géométrie, tout particulièrement chez Albrecht Dürer, elle demeurait pourtant un ensemble de procédures graphiques réglant la représentation plane de l'espace. Mais, au XVIIᵉ siècle, des mathématiciens de métier, comme le Flamand Stevin ou comme l'Italien Del Monte, vont s'intéresser à la perspective en tant que discipline géométrique et lieu de démonstrations.

Cependant c'est assurément Girard Desargues qui représente le plus complètement et sous sa forme la plus créative le passage à la géométrie. Essayons tout d'abord de reconstituer et de comprendre, à travers ses écrits parfois sibyllins sur la perspective, son introduction de la *théorie* géométrique dans les procédures de construction de l'image perspective.

Desargues envisage de démontrer comment établir géométriquement, dans le plan du tableau, une *échelle* des longueurs qui apparaissent réduites en perspective, soit lorsque l'objet s'éloigne dans le sens perpendiculaire au tableau (échelle des éloignements), soit lorsqu'il s'éloigne dans le sens parallèle (échelle des distances). Considérons dans le premier cas, pour fixer les idées, un segment de droite perpendiculaire au tableau et de longueur réelle unité. Il s'agit de fixer sa longueur apparente en perspective, ou plus exactement les distances apparentes de ses différents points à son origine. On l'obtiendra au moyen d'une relation entre les longueurs réelles *qui se conserve en perspective entre les longueurs apparentes...* Cette relation est introduite par Desargues sous le nom d'« involution de quatre points ». Soient les deux couples A, B et A', B' de points alignés, A' entre A et B, B' en dehors de AB. Si le rapport des longueurs A'A/A'B est égal au rapport B'A/B'B, les deux couples sont dits « en involution », A' et A étant dits « accouplés » (ou aujourd'hui « conjugués »), ainsi que B' et B ; cette involution de quatre points se nomme aujourd'hui « division harmonique ». Or, Desargues *démontre* que, dans une perspective, cette propriété est invariante : elle subsiste entre les deux couples d'images.

Par ailleurs, si le point B' s'éloigne indéfiniment, son conjugué A' se rapproche indéfiniment du milieu du segment AB, car B'A/B'B tendant alors vers l'unité, A'A/A'B tend également vers 1, en supposant la variation des longueurs continue. Ainsi le correspondant involutif, par rapport à deux points A et B, d'un point à l'infini est le milieu du segment AB. Dans la perspective de cette involution, le conjugué par rapport aux images dans le plan du tableau de l'image du point à l'infini, c'est-à-dire du point de fuite dans le plan du tableau, situé à distance finie sur la ligne d'horizon, est donc l'image du milieu du segment réel.

En procédant de proche en proche par construction de l'image des conjugués des milieux des segments restants successifs, on obtiendra donc les perspectives des points d'abscisses réelles 1/2, 3/4, 7/8,..., $1 - \dfrac{1}{2^n}$, et l'on aura par conséquent une échelle des longueurs apparentes, dans le tableau, réduisant « au petit-pied » l'échelle normale des longueurs réelles.

Il pourrait donc sembler que la procédure de Desargues pour construire une image perspective soit de nature métrique, puisqu'il établit des échelles fournissant en somme les valeurs des coordonnées d'un point image, connaissant les coordonnées réelles données par un dessin géométral[33]. On ne peut manquer de remarquer, cependant, que l'établissement de ces échelles repose sur la propriété de conservation du rapport harmonique dans une projection perspective, et c'est là en effet le véritable nœud de la question, comme Desargues lui-même le souligne dans sa « proposition fondamentale de la pratique de la perspective », reproduite dans le traité d'Abraham Bosse (1648). Cette proposition démontre justement l'invariance d'une involution de quatre points, ou, en termes modernes, du rapport harmonique[34].

5.2. C'est que la recherche d'une méthode perspective simple est pour Desargues l'occasion d'un renouvellement du point de vue sur les objets de la géométrie. Et l'application la plus évidente et la plus féconde de ce renouvellement est présentée dans le *Brouillon Projet d'une atteinte aux événements des rencontres du cône avec un plan*[35] comme théorie des coni-

---

33. Voir par exemple la *Méthode universelle de mettre en perspective les objets donnés réellement ou en devis*, in Poudra, 1864, p. 1.

34. Soit un faisceau de droites OA, OB, OC, OD, issues du point O et coupant une transversale quelconque aux points A, B, C, D ; le rapport *anharmonique* des points A, B, C, D (ou des droites du faisceau) est $\dfrac{\overline{CA}}{\overline{CB}} \Big/ \dfrac{\overline{DA}}{\overline{DB}}$. S'il est égal à − 1, la division des quatre points est dite harmonique. Toute autre transversale coupant le faisceau est divisée selon le même rapport, c'est-à-dire que cette propriété est invariante pour une projection centrale, ou perspective, de centre O. Desargues ne considère pas le signe des segments mais, de manière équivalente quoique moins commodément, l'ordre des points.

35. Publié par Desargues à cinquante exemplaires, à Lyon en 1639. Nous citons d'après l'excellente édition procurée par R. Taton dans sa thèse complémentaire *L'Œuvre mathématique de Desargues*, Paris, PUF, 1951.

ques. Résumons en trois points ce que cette géométrie nouvelle — nommée plus tard « géométrie projective » et développée
par Monge (1746-1818), Brianchon (1785-1864) et Poncelet
(1788-1867) — doit à la pratique arguésienne de la perspective.

1 °. L'« équivalence » des *points* de l'objet et du tableau aux
rayons qui les joignent au centre de projection, qui dans la perspective est l'œil. On considérera donc des faisceaux de droites,
nommés « ordonnances de droites » par Desargues, comme
objets fondamentaux de cette géométrie du plan[36].

2 °. Le rapport des intersections d'une ordonnance de droites par un plan à ses intersections par un autre plan est tacite-
ment conçu par Desargues comme une *transformation*, dans la
mesure où il envisage leurs propriétés invariantes, comme le
montre explicitement la « proposition fondamentale » citée plus
haut. Et de même les propriétés générales communes à toutes les
« coupes de rouleau », les coniques, dont les différentes figures
ne sont que les transformations perspectives (ou plus généralement projectives) de celle du cercle. Comme il le dit dans sa lettre
à Mersenne du 4 avril 1638 : « Les mots exprimant une même
propriété doivent convenir et servir à chacune espèce de
coupes. » C'est-à-dire que les propriétés invariantes dans une
perspective devront avoir même expression, que la conique
considérée ait la forme d'une ellipse, d'une parabole, d'une
hyperbole ou d'un couple de droites.

Ce sont donc les propriétés « projectives » des figures qui
seront mises en évidence. Celle qui apparaît comme essentielle
dans le *Brouillon Projet* est l'involution de six points et ses dégé-
nérescences. Soient six points B, A, C, B', A', C' alignés et pris
par exemple dans cet ordre, et un point de la même droite appelé
« souche ». Il y a involution si l'on a la relation :
$OA \cdot OA' = OB \cdot OB' = OC \cdot OC'$, d'où résulte que, indépendamment du choix de la souche, sont vérifiées les quatre égalités

---

36. Cette équivalence essentielle, étendue aux objets de l'espace, sera
exploitée sous le nom de « dualité » par Brianchon et les géomètres du
XIXe siècle.

analogues à la suivante : $\dfrac{CA \cdot CA'}{C'A \cdot C'A'} = \dfrac{CD \cdot CD'}{C'D \cdot C'D'}$, *rapport égal à*

$\dfrac{OC}{OC'}$. Les points (A, A'), (B, B'), (C, C') forment des couples de conjugués. Le théorème principal de la théorie des coniques énonce alors qu'une conique quelconque passant par quatre points détermine sur toute transversale de son plan, et ses intersections avec les côtés du quadrilatère ayant pour sommets les quatre points, des couples en involution, le couple des intersections avec les diagonales appartenant aussi à cette involution[37].

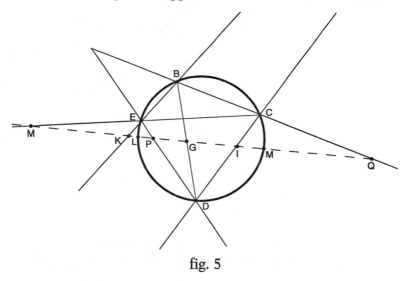

fig. 5

(M, L), (I, K), (P, Q) forment une involution,
à laquelle appartient aussi le couple (G, H).

Desargues pense chacun des couples de l'involution comme un point et son conjugué, ou « accouplé », l'involution même étant alors la transformation qui fait passer de l'un à l'autre et que suffit à définir la donnée de deux de ces couples. Le trans-

---

37. C'est que le couple des diagonales constitue lui aussi une conique, dégénérée.

formé d'*un point quelconque de la droite* sera dès lors déterminé par l'une des relations mentionnées ci-dessus, mais aussi par la construction d'un quadrilatère complet correspondant aux deux couples de points donnés, donc en un style purement projectif (fig. 6) :

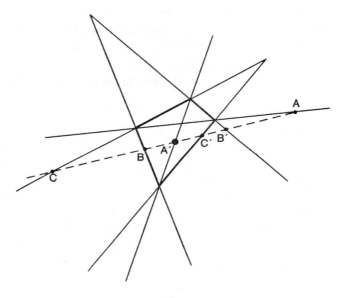

fig. 6

A' est le conjugué cherché de A (donné),
(B, B'), (C, C') donnés permettent de construire un quadrilatère.

Le géomètre démontre alors l'invariance de l'involution de six points dans une perspective, l'objet véritable étant bien la « ramée » des six rayons issus du point de projection plutôt que les couples de points, variables selon les transversales qui la coupent. Le cas particulier où un des couples est réduit à un point donne l'involution de quatre points, ou division harmonique, que trois points suffisent alors à déterminer.

3 °. Enfin, l'un des bénéfices les plus clairs, pour la nouvelle géométrie, des procédures de la perspective est l'assimilation des éléments rejetés à l'infini aux éléments à distance finie *qui*

peuvent en être les images. Ainsi, le point d'intersection de deux droites parallèles, rejeté à l'infini, sera représenté, sur le tableau, par un point, à distance finie, de la ligne d'horizon ; l'intersection de deux plans parallèles sera représentée par une droite à distance finie dans le tableau, par exemple la ligne d'horizon ; on nommera donc cette intersection « droite de l'infini ». Appliquée aux figures et à leurs projections, cette assimilation permet de donner un nouveau sens à tous les théorèmes où interviennent des intersections de droites et de plans. Dans le cas de l'involution de quatre points, on l'a vu, le rejet à l'infini de l'un des points amène son conjugué au *milieu* de l'autre couple, propriété apparemment métrique mais qui apparaît évidemment alors comme projective, utilisée par Desargues pour construire ses échelles perspectives.

5.3. Ainsi le problème de la représentation perspective amène-t-il Desargues à renouveler l'objet même de la géométrie, que Descartes — qu'il admire — venait de présenter comme détermination des points des figures au moyen de coordonnées métriques dans un référentiel. Certes, le géomètre lyonnais ne propose pas explicitement de substituer aux propriétés métriques des figures les seuls « événements » d'incidence : appartenance d'un point à une droite, d'une droite à un plan, intersection de droites et de plans[38]. Mais il donne le premier une conséquence de cette révolution géométrique avec sa théorie des coniques, objet du *Brouillon Projet*. Ses idées sont appliquées presque aussitôt par l'enfant génial Blaise Pascal (*Essai pour les coniques*, 1640) qui, seul peut-être en son temps, a vraiment compris Desargues. Puis par Philippe de La Hire (*Sectiones conicæ*, 1685) et Le Poivre (mort en 1610). Mais elles ne seront développées dans toute leur ampleur qu'au XIXᵉ siècle.

Nous voudrions faire remarquer cependant que l'invention géométrique arguésienne apparaît bien, de même que la solution technique du problème de la représentation perspective, comme

---

38. C'est Christian von Staudt (1798-1867) qui, à la suite de Poncelet (1788-1867), établira une géométrie projective libérée de toute considération métrique.

la résolution d'une rencontre de l'irrationnel. À coup sûr, la difficulté a été déplacée : il ne s'agit plus de l'impossible figuration plane de l'espace à trois dimensions. L'irrationalité, ou plutôt l'inintelligibilité que ressent ici Desargues, c'est l'assimilation des éléments infinis et infiniment petits[39] à des éléments à distance finie. Irrationalité très vivement ressentie, car le géomètre lyonnais la signale dès la première page du *Brouillon Projet* :

« La raison essaie à connaître des quantités infinies d'une part, ensemble de si petites que leurs deux extrémités opposées sont unies entre elles, et que l'entendement s'y perd, non seulement à cause de leur inimaginable grandeur et petitesse, mais encore à cause que le raisonnement ordinaire le conduit à en conclure des propriétés dont il est incapable de comprendre comment c'est qu'elles sont[40]. »

Il souligne à plusieurs reprises cette rencontre de l'« inimaginable », où « l'entendement est trop faible pour comprendre comment peut être ce que le raisonnement lui en fait conclure[41] », ou encore : « quand une transversale est à distance infinie, tout est inimaginable[42] ». Et enfin dans la conclusion de l'opuscule :

« En géométrie, on ne raisonne point des quantités avec cette distinction qu'elles existent ou bien effectivement en acte, ou bien seulement en puissance, ni du général de la nature avec cette décision qu'il n'y ait rien en elle que l'entendement ne comprenne[43] ».

Telle est pour Desargues la résolution de la dissonance entre l'« entendement », c'est-à-dire ici l'intuition rationnelle, et le « raisonnement », c'est-à-dire la démonstration rationnelle. Mais la solution ne sera complète et positive que presque trois siècles plus tard, avec la constitution axiomatisée du nouvel objet qu'est l'espace projectif.

---

39. C'est le cas par exemple de la dégénérescence de l'involution de quatre points avec un point à l'infini, où l'autre point du couple s'approche indéfiniment du point central.
40. *In* Taton, *op. cit.*, p. 99.
41. *Ibid.*, p. 136.
42. *Ibid.*, p. 157.
43. *Ibid.*, p. 179.

DEUXIÈME PARTIE

L'IRRATIONNEL
COMME RECOURS

Chapitre IV

L'IRRATIONNEL EN PHYSIQUE

Dans les trois chapitres qui suivent, l'irrationnel sera considéré, quand il apparaît dans la création d'une œuvre, non pas tant comme un obstacle que comme un *recours*. Un recours, c'est-à-dire un moyen indispensable pour résoudre un problème, pour obtenir des résultats valides, alors même que ce moyen comporte des suppositions inadmissibles qui choquent le bon sens, la logique usuelle, ou renient des théories déjà trop bien établies pour être rejetées sans dommage. Ce recours à l'irrationnel apparaît comme un détour jugé, provisoirement au moins, inéluctable, mais accepté le plus souvent à regret comme une démission et un scandale de la raison. Dans le domaine de la création scientifique, cette acceptation est rarement détachée, dans l'esprit des savants, de l'espoir qu'un progrès de la théorie fera comprendre et dissoudra l'incongruité des succès ainsi obtenus ; elle s'accompagne même positivement chez certains de tentatives opiniâtrement renouvelées pour obtenir les mêmes résultats sans suppositions irrationnelles. Ce sont principalement ces attitudes devant l'usage reconnu et le plus souvent regretté de l'irrationnel qui nous intéresseront ici, et tout d'abord dans le domaine des sciences physiques.

On a choisi d'examiner trois exemples remarquables de recours à l'irrationnel, propres à faire ressortir la diversité des situations épistémologiques, dont ils nous présentent un échantillonnage assez complet. Le premier exemple est celui du « calcul symbolique » de l'électricien Oliver Heaviside (1850-1925). Il nous montre une position extrême de recours tout à fait délibéré et pour ainsi dire sans remords à une irrationalité qui consiste essentiellement alors à ignorer les interdits et les obligations grâce auxquels les mathématiciens assurent la solidité de leurs objets de calcul. Et cela en vue d'une application plus aisée et supposée plus « naturelle » des mathématiques à certains phénomènes.

Le second exemple est emprunté à l'histoire récente de la physique, au développement plus ou moins bien admis d'une dualité onde-corpuscule des micro-objets. Le recours à cette dualité apparemment contradictoire des objets réels, au micro-niveau de la structure de la lumière et de l'atome, n'a pas été accepté de plein gré, quoique reconnu comme indispensable. Sans prétendre en refaire l'histoire, nous essaierons de présenter les divergences et les convergences sur ce point de plusieurs des héros fondateurs de la microphysique, dont Bohr, Planck, Einstein et Louis de Broglie. Ainsi devrait apparaître le rôle moteur complexe et paradoxal, dans l'édification d'une connaissance scientifique, d'un élément d'irrationalité.

Le troisième exemple enfin concerne l'usage en physique quantique d'un instrument mathématique originairement incorrect : la « fonction » δ de Dirac. Irrationalité qui se rattache au premier exemple, quoique en un tout autre style, car la fonction δ se trouve justement être l'un de ces objets mathématiques aberrants que le calcul symbolique ne craint pas de manipuler.

Le « calcul symbolique », ou l'irrationalité délibérée

1.1. Oliver Heaviside, anglais, était physicien[1], et avait été pour un temps employé dans une compagnie de télégraphie. Son

---

1. Il est connu pour avoir fait l'hypothèse, vérifiée, d'une couche ionisée dans l'atmosphère qui fait obstacle aux transmissions radio en les réfléchissant.

calcul symbolique est donc avant tout un outil d'électricien et non une théorie mathématique. Il est désigné tantôt comme « symbolique », tantôt comme « opérationnel ». La première qualification se rapporte assurément au sens du mot symbolique défini par le dictionnaire Robert comme « n'étant que le signe d'autre chose[2] ». Il peut en effet être présenté comme un jeu d'écriture efficace, mais dont les symboles ne doivent pas être pris au premier degré comme renvoyant aux objets légitimes d'une théorie mathématique. Le second adjectif, pris en son sens anglo-saxon, dont use Heaviside lui-même, met l'accent sur le fait que le calcul consiste en des procédures opératoires sur des symboles destinées à résoudre effectivement les problèmes de circuit que l'électricien se pose. Le calcul de Heaviside doit être pris dans cette double acception. La première, plus particulièrement continentale, remonte peut-être à une remarque de Leibniz[3] qui note l'analogie formelle entre la formule d'élévation d'une somme à la n^e puissance et la n^e différenciation d'un produit, ressemblance entre une opération algébrique et une opération d'Analyse, la même idée étant à l'origine du calcul opérationnel. Il est vrai que, bien avant Heaviside, le sens d'abord purement symbolique de cette analogie avait commencé à devenir opérationnel avec Lagrange, qui considère l'opérateur de dérivation d/dt comme un « symbole fictif » soumis aux règles de l'algèbre, et selon l'expression de N. Wiener[4] une « espèce d'unité hypercomplexe » entrant dans une table de multiplication. Il représente par exemple l'accroissement fini

$$\Delta f = f(x + h) - f(x)$$ d'une fonction f par $(e^{h\frac{d}{dx}} - 1)$, opérant sur

---

2. De même Cauchy dans son *Cours d'analyse* (1821) dit qu'est symbolique une expression « qui ne signifie rien par elle-même, ou à laquelle on attribue une valeur différente de celle qu'elle doit naturellement avoir » p. 173).

3. *Math. Schriften*, VII, p. 218-223, et III, p. 175, 181n., 191.

4. « The operational calculus », *in Math. Annalen* 95, 1925-1926, p. 557-584. Voir aussi sur ce point S. Pincherle : « Équations et opérations fonctionnelles », *in Encyclopédie des sciences mathématiques pures et appliquées*, II, vol. 5, fasc. I, p. 1-8.

f(x), et la n^e différence finie $\Delta^n f$ par la puissance n^e de cet opérateur : $(e^{h\frac{d}{dx}} - 1)$. Or, comme le note Wiener, l'espèce d'irrationalité que nous verrons acceptée par Heaviside apparaît déjà dans cet embryon de calcul symbolique lagrangien, avec l'insuffisante précision des objets opérés : la fonction f dans l'expression $\Delta^n(f)$ peut être quelconque, alors que son homonyme dans l'expression de l'opérateur ne peut être qu'analytique... Ce sont justement de telles précisions indispensables à la rigueur des calculs que Heaviside va délibérément négliger. Ce qui pour lui importe dans l'application des mathématiques à la physique, c'est qu'elle conduise commodément et sûrement à des résultats physiquement corrects. La mathématique, de ce point de vue, est « fondamentalement une science expérimentale comme les autres[5] » et il maintient, polémiquant avec les mathématiciens puristes de Cambridge, qu'« en traitant de problèmes physiques, il ne devrait y avoir en premier lieu aucune prétention à un formalisme rigoureux[6] », ou encore : « Nous travaillons par instinct, non selon des règles rigoureuses[7]. » La mathématique, dit-il, est « si simple », qu'on ne devrait jamais y rencontrer de l'inintelligible... « Cependant on en rencontre, et dans des directions variées (nombres négatifs, manipulation des séries divergentes...). Mais quand ces choses apparaissent dans la mathématique du physicien, celui-ci doit les examiner et en tirer le meilleur parti possible[8] », plutôt que de rechercher l'« intelligibilité » rigoureuse à tout prix. Le défaut de rigueur ne devrait donc pas être un obstacle à l'usage des mathématiques en physique.

1.2. L'idée motrice du calcul est que, moyennant un certain laxisme dans la définition de quelques-uns des concepts utilisés,

---

5. O. Heaviside, *Electromagnetic Theory* II, 1893-1912, rééd. Dover Books, 1950, p. 119.
6. *Ibid.*
7. *Ibid.*, p. 227.
8. *Ibid.*, p. 120-121.

un système différentiel d'équations linéaires du n^e ordre à coefficients constants[9] peut se ramener à un système d'équations algébriques de degré n. La détermination des intensités de courant dans les différentes branches d'un circuit électrique complexe, avec des boucles, des résistances, des capacités et des selfs, revient à la solution d'une telle équation différentielle. Si les solutions sont de la forme $I = Ae^{\lambda t}$, ce qui a toujours lieu quand le second membre, c'est-à-dire l'expression de la force électromotrice, est de la forme Be^{kx}, leurs dérivations se ramènent à une multiplication par λ ou λ^n : $dI/dt = \lambda Ae^{\lambda t} = \lambda I$, $\dfrac{d^n I}{dt^n} = \lambda^n I$, et l'intégrale $\int I dt$ à une division de I par λ. C'est cette circonstance qu'exploite Heaviside, en introduisant un symbole p représentant l'opérateur de dérivation, ses puissances successives pour les dérivations de différents ordres, et 1/p pour représenter un opérateur d'intégration.

Soit l'équation différentielle d'un circuit simple comprenant une résistance R, une self L, une capacité C, et une force électromotrice V(t) :

$L \, dI/dt + RI + \dfrac{1}{C} \int I dt = V(t)$. On écrira symboliquement, notant $\mathfrak{S}$ la solution en p de l'équation algébrique et $+\mathfrak{v}(p)$ la grandeur correspondant à V(t) dans cette équation : $Lp\mathfrak{S} + R\mathfrak{S} + \dfrac{1}{pC} \mathfrak{S} = \mathfrak{v}(p)$. De cette équation on tire :

---

9. On sait que la solution générale d'une équation différentielle linéaire homogène $y^{(n)} + a_1 y^{(n-1)} + \dots + a_n y = 0$, où les a_i sont des constantes, revient à celle de l'équation algébrique « caractéristique » $r^n + r^{n-1} + \dots + a_n = 0$. La solution de l'équation différentielle étant alors, si l'équation caractéristique n'a que des racines simples (r_k), la combinaison linéaire $\sum_1^n c_k e^{r_k x}$, où les c_k sont n constantes arbitraires. Les racines multiples r_q d'ordre q produisent des solutions de la forme $e^{r_q x} x^{q-1}$. D'autre part, la solution générale de l'équation différentielle avec second membre s'obtient en ajoutant à la solution générale de l'équation homogène une solution particulière de l'équation avec second membre.

$$\Im(p) = \frac{v(p)}{Lp + R + \dfrac{1}{pC}}.$$ On a donc une fonction algébrique $\Im$

en p *correspondant* à la fonction I en t cherchée. Tout le problème est alors de connaître la correspondance entre cette fonction en p et la fonction en t, ainsi que la correspondance entre V(t) et v(p). Or, la règle de traduction n'est découverte par Heaviside que par induction, c'est-à-dire en comparant la fonction en p avec la solution en t dans les cas où cette solution est connue par l'analyse ordinaire.

Par exemple, soit l'équation différentielle $\dfrac{d^2x}{dt^2} + x + 1 = 0$ dont une solution est x = cos−1. L'équation opérationnelle est $p^2X + X + \varphi(p) = 0$, où $\varphi(p)$ est l'expression en p correspondant à +1. On en tire $X = -\dfrac{\varphi(p)}{p^2 + 1}$, qui doit correspondre à la solution connue en t: cos t − 1. On a donc $X = \dfrac{-1}{p(p^2 + 1)} = \dfrac{p}{p^2 + 1} - \dfrac{1}{p}$, et l'on est amené à poser que $1/p = \varphi(p)$ correspond à 1 et que $\dfrac{p}{p^2 + 1}$ correspond à cos t, X étant bien alors l'image d'une solution particulière : x = cos t − 1.

D'une manière générale, Heaviside compare, pour les identifier, les développements de la solution classique connue selon les puissances de t, et, assez arbitrairement, le développement de la solution opérationnelle correspondante selon les puissances de 1/p. Pour l'équation $L\dfrac{dI}{dt} + RI = 1$, avec t > 0, on a $\Im = \dfrac{1}{pL + R}$ et $I = \left(1 - e^{\frac{R}{L}t}\right)$ dont les développements respectifs sont :

$$\Im = \left(\frac{R}{p}\right) - \left(\frac{R}{p}\right)^2 + ..., \text{ et } I = \left(\frac{R}{L}t - \left(\frac{R}{L}\right)^2\frac{t^2}{2!} + ...\right).$$

La correspondance s'obtient alors par substitution de $\frac{t^n}{n!}$ à $\frac{1}{p^n}$.

On voit que ces manipulations opératoires ne sont pas justifiées par des démonstrations.

Heaviside est en outre amené à considérer dans le fonctionnement des circuits électriques des fonctions très hétérodoxes pour représenter, d'une part, l'établissement instantané, à partir du temps 0 ou d'un temps t quelconque, d'une force électromotrice constante de valeur fixée, qu'il nomme fonction « échelon », d'autre part le choc infiniment court d'une force électromotrice au temps t = 0 ou à un temps quelconque, qu'il nomme fonction « impulsion ». De tels êtres présentent des discontinuités, ou même, comme le second, ne sont pas correctement définissables comme fonctions, car la valeur de l'impulsion devrait être infinie pendant un temps infinitésimal pour que son intégrale sur la période totale considérée ait une valeur finie non nulle, par exemple l'unité. Heaviside est néanmoins amené par le formalisme de son calcul symbolique à les dériver ou les intégrer, et à leur faire correspondre des fonctions en p ; pour l'impulsion unité c'est la constante 1, pour l'échelon unité — on l'a vu — c'est la fonction 1/p qui est apparue sans justification dans l'exemple précédent.

1.3. Il me semble que l'irrationalité par la mise en échec des règles de la mathématique ainsi exploitée par le calcul opérationnel comporte trois aspects.

Premièrement, le symbole p est à la fois un *opérateur* (de dérivation) et une *variable* (lorsque le développement de la solution opérationnelle en p lui assigne une valeur correspondante en t).

Deuxièmement, cette traduction de la solution en p en une solution en t est effectuée, comme le note Carson, « par la pure induction[10] ».

---

10. J.R. Carson, *Electric Circuit Theory and the Operational Calculus*, 1926, p. 28.

Troisièmement, sont introduits des êtres fonctionnels ou quasi fonctionnels qui ne peuvent être définis sans contradiction, et dont la dérivation et l'intégration, effectuées par Heaviside, sont classiquement dépourvues de sens.

Ces violations délibérées, non seulement de la rigueur mais de la cohérence mathématique même, n'empêchent cependant pas le calcul de produire des résultats ayant une signification physique. C'est ce paradoxe qui pousse J.R. Carson à en construire une théorie reposant sur la transformation de Laplace qui donne un sens à la correspondance entre fonctions opérationnelles en p et fonctions en t. Par ailleurs, et plus fondamentalement, la conception d'un nouvel être mathématique, la « distribution » de Laurent Schwartz, va réintégrer les objets aberrants de Heaviside dans l'univers des mathématiques rigoureuses, et permettre de définir sans laxisme leur dérivation et leur intégration. De cette légitimation radicale, nous nous réservons de parler à propos de la fonction δ de Dirac qui équivaut à l'impulsion de Heaviside. Bornons-nous donc à introduire pour lors le point de vue de Carson, de façon encore très intuitive, en remarquant que la transformation de Laplace[11] Lf' de la dérivée f' de f est

$$\int_0^\infty f'e^{-pt}dt = -f(0) + p\int_0^\infty fe^{-pt}dt = -f(0) + pLf,$$ obtenue en inté-

grant par parties. Si l'on suppose que f est à support positif et $f(0) = 0$, alors $Lf' = pLf$. De même, on calcule la transformée de

l'intégrale $\int fdt : \dfrac{1}{p}\int_0^\infty fe^{-pt}dt = \dfrac{1}{p}Lf$.

Substituant, dans une équation différentielle linéaire de courant, à ces opérateurs de dérivation et d'intégration leurs transformées en p, on obtient le premier membre de l'équation opération-

---

11. Rappelons que la transformation de Laplace consiste à associer à la fonction $\phi(t)$ la fonction du paramètre complexe p donnée par l'intégrale $\int_0^\infty e^{-pt}\phi(t)\,dt$.

nelle algébrique de Heaviside. On admettra alors que l'équation en p ainsi obtenue est encore valable si l'on substitue à la fonction de t, exprimant au second membre la tension électrique, sa transformée en p. Si l'on avait, par exemple, $K\dfrac{d^2I}{dt^2} + R\dfrac{dI}{dt} + \dfrac{1}{C}\int I dt = e^{\lambda t}$, on aura l'équation opérationnelle :

$$\left(Kp^2 + Rp + \frac{1}{C}\right)LI = Le^{\lambda t} = \int_0^\infty e^{-pt}.e^{\lambda t}dt = \frac{1}{p - \lambda}$$

et $LI = \dfrac{1}{p - \lambda}\,\dfrac{1}{Z(p)}$, avec $Z(p) = \left(Kp^2 + Rp + \dfrac{1}{C}\right)$, impédance opérationnelle ne dépendant que des caractéristiques du circuit. Restera à inverser la fonction de p — $\dfrac{1}{(p - \lambda)\,Z(p)}$ — en tant que transformée de Laplace, pour trouver la fonction cherchée I(t).

Dans la mesure où l'on admet que la transformée de Laplace de la fonction discontinue échelon unité Y_t et de la pseudo-fontion impulsion $\delta_0(t)$ sont calculables à partir de leurs définitions — $LY_t = 1/p$ et $L\delta_0(t) = 1$ —, on peut obtenir des équations opérationnelles de circuits comportant des discontinuités.

Les manipulations algébriques de Heaviside se trouvent ainsi justifiées dans leur principe général, sans toutefois que les objets aberrants Y_t et δ_0 introduits avec succès pour mettre en équations les conditions effectives de formation des courants dans les circuits rencontrent un statut rationnel au sein des mathématiques classiques. C'est, comme on le verra, la théorie des distributions qui fera tout rentrer dans l'ordre. Mais le calcul opérationnel, dès qu'il est permis d'ignorer délibérément les aspects mathématiquement incertains qu'il comporte, n'en demeure pas moins efficace et sûr.

D'une certaine manière, il serait même possible de dire que cette activité qui se joue au sein de l'irrationnel constitue paradoxalement une *rationalité technique*. En effet, la démarche de Heaviside se caractérise d'un côté par une recherche du succès de l'application du calcul, de l'autre par un certain discernement des exigences de rigueur qui perdent ou affaiblissent leur sens dans les applications cherchées. On ne saurait nier qu'une telle adaptation des procédures aux conditions effectives de la pensée objective mérite qu'on la qualifie de rationnelle.

Onde et corpuscule, succès effectifs et perplexité des physiciens

2.1. On sait que, dès le XVIIe siècle, deux hypothèses ont été formulées relativement à la nature du phénomène lumineux : émission d'ondes ou de corpuscules. Cependant, la première hypothèse, avec les succès de Huygens (1629-1695) et Fresnel (1788-1827), semble l'emporter au XIXe siècle, de façon d'autant plus éclatante que la magnifique théorie de Maxwell permet alors d'assimiler la lumière à une onde électromagnétique dans la bande de $10^{-1}\mu$ à 1μ.

Mais dès la fin du siècle de nouveaux phénomènes sont décrits qui obligent apparemment les savants à laisser subsister côte à côte une interprétation ondulatoire et une interprétation corpusculaire, en particulier les émissions de rayons cathodiques dans un tube de Crookes (1869). À partir de cette date, la multiplicité des phénomènes nouveaux ou l'interprétation renouvelée de phénomènes déjà connus vont poser de plus en plus clairement le *dilemme* onde-corpuscule, l'« antinomie irréductible » selon l'expression de Schrödinger[12] qui est aussi, pour L. de Broglie, celui du continu et du discontinu dans la nature. Résumons et classons sommairement d'abord les épisodes de cette préhistoire sous trois chefs : la structure de l'électricité, la structure de la lumière, la structure de l'atome.

La découverte fondamentale, quoique controversée tout d'abord, sur la structure de l'électricité est celle du caractère corpusculaire des « rayons cathodiques » par Jean Perrin. Les propriétés — masse et charge — de ce grain d'électricité négative baptisé « électron » sont alors déterminées expérimentalement (J.J. Thomson 1897, 1907). Mais en 1895 Roentgen découvre,

---

12. *Mémoires*, XVII.

toujours dans le tube de Crookes, l'existence d'un rayonnement secondaire, produit par l'impact des rayons cathodiques sur de la matière — le rayonnement X — qui semble bien se comporter comme les rayons lumineux, mais avec une longueur d'onde beaucoup plus petite. Cette hypothèse sera confirmée lorsque von Laue et ses collaborateurs obtiendront des figures de diffraction au moyen de structures cristallines servant de réseaux.

C'est d'abord l'étude du spectre du rayonnement du « corps noir[13] » qui suggère une structure discontinue de la lumière. Les théories fondées sur des hypothèses ondulatoires classiques de continuité de la distribution d'énergie sur les différentes longueurs d'onde, jointes à la théorie boltzmannienne de l'équilibre thermodynamique, fournissent deux lois distinctes : celle de Wien (1896) et celle de Rayleigh-Jeans. La première n'est assez bien vérifiée que dans le domaine des hautes fréquences, la seconde au contraire est brusquement en défaut à partir de l'ultraviolet. C'est alors que Max Planck (1899) introduit une nouvelle hypothèse selon laquelle les échanges d'énergie entre un rayonnement et la matière ne peuvent se faire que par quantités discrètes, ou *quanta*, dépendant seulement de la fréquence v de la radiation — $\Delta E = hv$ —, h étant une constante universelle qui a la dimension d'une action (ML^2T^{-1}). La formule de distribution obtenue est bien vérifiée dans toute l'étendue du spectre[14].

---

13. Le « corps noir » est le concept théorique d'une enceinte fermée portée à une température donnée et en équilibre thermique, dont les parois internes rayonnent et réfléchissent. Par un trou ménagé dans la paroi on ne verrait, à la température 0, que du noir. À la température T, la densité de l'énergie lumineuse globale est proportionnelle à T^4 (Stefan-Boltzmann), et la distribution de cette énergie entre les différentes longueurs d'onde est le problème théorique à résoudre.

14. Planck introduit sa constante h à partir de raisonnements boltzmanniens de thermodynamique dans un système mécanique hamiltonien constitué par un grand nombre d'oscillateurs qui reçoivent et émettent de l'énergie. Il pose que l'élément de probabilité de l'état de coordonnée q et de moment p, dpdq, qui est infinitésimal en théorie classique, est ici tel que l'intégrale $\iint dpdp$ dans l'espace des phases est une grandeur constante, h, très petite mais finie. On voit que la conception de Planck n'est en aucune manière réaliste à l'origine, et n'implique pas une interprétation discontinue du rayonnement lumineux lui-même.

Einstein, dès 1905, réinterprétera en un sens beaucoup plus réaliste l'idée de quanta qu'il appellera alors sans ambiguïté « quanta de lumière » *(Lichtquanten)*. Au lieu de parler comme Planck de cellules finies de probabilité élémentaire des états du système, il n'hésite pas à écrire que c'est l'énergie même *de la lumière* qui est « distribuée de façon discontinue dans l'espace[15] ».

Reprenant une suggestion de Jean Perrin, Lord Rutherford propose en 1912 une représentation planétaire de l'atome, comme système d'électrons négatifs gravitant autour d'un noyau positif. Mais, conformément à l'électrodynamique maxwellienne, ces électrons tournants devraient rayonner continûment et, perdant de l'énergie, tomber finalement sur le noyau. Rien de cela n'est évidemment corroboré par l'expérience, en particulier la stabilité constatée des atomes est incompatible avec cette représentation. Bohr eut alors, dès 1913, l'idée, inspirée de Planck et d'Einstein, de *quantifier* le système[16]. Les électrons ne pourraient circuler que sur certaines orbites stationnaires, sans émettre de radiation, un rayonnement de fréquence v n'étant émis que lors du saut d'une orbite à l'autre, l'électron perdant ou acquérant précisément un quantum d'énergie égal à hv. Cette théorie permet d'expliquer avec succès, surtout une fois introduites par Sommerfeld des conditions de relativité restreinte, un grand nombre de phénomènes, mais elle rend de plus en plus frappant le paradoxe de la nécessaire dualité d'aspect — corpusculaire et ondulatoire, continu et discontinu — du réel atomique, elle met apparemment en échec les lois de Maxwell, comme on le voit dans l'émission d'un rayonnement lors du saut d'une orbite dans l'atome de Bohr, et introduit en outre un défaut de causalité dans le saut des électrons.

Ainsi le dilemme devient-il, au début des années vingt, le leitmotiv de la physique. Dilemme dont les deux branches sont assurément inacceptables simultanément, sous leur forme brute,

---

15. *Œuvres choisies* 1, p. 40.
16. Présentée à la conférence Solvay de 1921 par Ehrenfels (*in* J. Mehra, *The Solvay Conferences on Physics*, p. 110-111).

pour une raison qui postule la continuité des processus naturels (*Natura non facit saltus*) et surtout qui pose l'identité de l'objet ; qui plus est, la validité des lois de l'électrodynamique maxwellienne si largement attestées par les macrophénomènes se trouve au moins partiellement mise en échec par l'aspect corpusculaire. C'est pourtant en recourant de plus ou moins bon gré à cette irrationalité que se développe avec un succès extraordinaire une physique dite ondulatoire (de Broglie, 1923, Schrödinger, 1926) puis quantique (Heisenberg et Born, 1924-1927, Dirac 1927-1928). Le problème, ainsi résolu pratiquement, est de faire se mouvoir la science dans cet irrationnel. Comme l'écrit en 1924 Pauli à Bohr, à propos du principe d'exclusion du premier, « ce n'est jamais qu'une absurdité nouvelle ajoutée à l'absurdité antérieure... Le physicien qui parviendra une bonne fois à conjuguer ces deux absurdités est celui qui atteindra la vérité[17] ». Nous tenterons donc de préciser les divers sens que revêt cet irrationnel dans quelques-unes des interprétations théoriques, et la manière dont il est reconnu, accepté et mis en œuvre.

2.2. La nécessité de recourir parallèlement à l'électrodynamique classique en même temps qu'à une conception discontinuiste qui la contredit est donc découverte dès la fin du XIXe siècle. Mais une grande incertitude apparaît dans l'expression de cette nécessité. Planck, pourtant l'initiateur, quoique sous une forme affaiblie, d'une microphysique discontinuiste, note au premier congrès Solvay de 1911 :

« Si l'on considère la confirmation complète que l'électrodynamique de Maxwell a obtenue au moyen des phénomènes d'interférence les plus délicats, et les difficultés extraordinaires que son abandon entraînerait pour toute la théorie des phénomènes électriques et magnétiques, on ressent une certaine répugnance à en miner les fondements mêmes. »

Et il conclut :

---

17. Cité par C. Chevalley, *Physique atomique et Connaissance humaine*, Paris, Gallimard, 1991, p. 124, note 122.

« Nous laisserons de côté l'hypothèse des quanta de lumière [celle d'Einstein], particulièrement parce que le développement de cette notion est encore bien récent[18]. »

C'est que les modèles de la théorie quantique des radiations sont contradictoires, faisant à la fois l'hypothèse que l'énergie d'un oscillateur est un multiple entier de $h\upsilon$ pour obtenir l'une de ses équations, et l'hypothèse que cette énergie est continûment variable pour obtenir l'autre[19]... De même Bohr, à propos de sa propre théorie du saut d'un électron d'une orbite stationnaire à une autre, écrit en 1914 :

« Je n'essaie nullement de donner *a priori* ce qu'on appellerait ordinairement une *explication* ; rien n'a été dit au sujet du pourquoi et du comment de l'émission de la radiation[20]. »

Quant à Einstein, à la même conférence Solvay de 1911, il constate seulement qu'il « faut introduire une hypothèse comme celle des quanta à côté des *indispensables* équations de Maxwell[21] ».

Les réticences à cette introduction viennent d'abord de ce que la nouvelle théorie hybride comporte un trait qui demeure pour beaucoup d'esprits des plus inquiétants : elle rend et rendra de plus en plus impossible une représentation cohérente des phénomènes dans l'espace-temps. Au cours d'une discussion entre Bohr et Einstein au Ve congrès Solvay de 1927[22], la question est explicitement soulevée :

« Tout usage non ambigu des concepts d'espace-temps dans la description des phénomènes atomiques se réduit au compte rendu d'observations se référant à des traces sur une plaque photographique ou à des effets d'amplification similaire, pratiquement irréversibles, comme la formation d'une goutte d'eau autour d'un ion dans une chambre de Wilson. »

---

18. *In* Mehra, *op. cit.*, p. 28.
19. *Ibid.*, p. 33.
20. Cité par C. Chevalley, p. 455.
21. *Œuvres choisies*, p. 124 ; c'est moi qui souligne.
22. Rapportée par Bohr dans *Albert Einstein, philosoph-scientist*, et citée par Mehra, *op. cit.*, p. 167.

L'espace-temps n'est donc pas un moyen de représentation pour le modèle abstrait lui-même, mais seulement pour la figuration directe de l'empirie observée. Bohr reprendra cette idée dans « L'unité de la connaissance[23] ». On verra que cette limitation de notre connaissance du microphysique sera finalement acceptée et assimilée par Bohr au moyen de l'idée de complémentarité ; mais pour Einstein elle constitue certainement une insuffisance et une irrationalité essentielles, lui qui était parti des conditions d'une représentation spatio-temporelle des macrophénomènes pour fonder la Relativité. Aussi bien reconnaît-il, revenant sur sa position plus réaliste de 1905, que « les quanta font ce qu'ils ont à faire [leur utilité théorique est incontestable, et n'est-ce pas Einstein lui-même qui l'a démontrée ?] *mais ils n'ont pas d'existence,* pas plus que l'éther au repos[24] ». Bohr lui-même, dans la première théorie de l'atome, présentait un modèle spatio-temporel qu'il n'abandonnera que progressivement, conservant encore en 1922 l'image d'orbites spatiales des électrons dans l'atome, que la mécanique de Schrödinger et Heisenberg va remplacer par le concept de positions incertaines, déterminées seulement par des probabilités.

Catherine Chevalley, dans son commentaire d'œuvres de Bohr, a sans doute raison de déceler chez ce savant les traces d'une philosophie kantienne reçue à travers le philosophe Høffding. Il n'y aurait pas, selon Bohr, de *concepts* proprement quantiques, dans la mesure où ils n'ont pas de corrélats dans l'intuition. Et la complémentarité, comme nous le verrons, traduirait l'acceptation de ce porte-à-faux des « concepts » quantiques.

Il me semble que cet attachement commun à la spatialité intuitive des modèles est justement ce que les succès de la physique quantique vont contribuer à ébranler. Grâce à eux se trouve, à mon sens, révélé le vrai caractère des représentations scientifiques du monde dans des univers d'objets *virtuels* entièrement

---

23. 1955, *in* Chevalley, p. 259.
24. *Œuvres choisies*, p. 129. Lettre à Hopf, 1911 ; c'est moi qui souligne.

définis dans des systèmes abstraits. Exiger de ces objets qu'ils aient les mêmes apparences que les objets *actuels* de l'expérience est une *ignoratio elenchi*. Certes, il en était ainsi déjà des représentations de la mécanique classique, et très explicitement sous ses formes modernes de mécanique analytique et de mécanique statistique. On y utilise déjà des espaces de représentation, espace de phases, espace de configuration, qui ne sont plus des *espaces* que par analogie. Et les objets et processus y sont virtuels. Mais avec les concepts de fonction d'onde, comme vecteur d'un espace de Hilbert, d'amplitude, d'opérateurs dans cet espace associés à une certaine espèce de mesure, le rattachement direct des objets théoriques à une spatialité intuitive s'est évanoui. Einstein, sans doute, voit bien qu'il ne s'agit là que d'objets virtuels, dont pourtant il ne se contente pas et qu'il oppose à d'autres objets (à mon sens tout aussi virtuels, mais plus faciles à représenter intuitivement dans l'espace), comme les électrons et les ondes électromagnétiques :

> « Je ne crois pas que les quanta de lumière aient une réalité au sens immédiat où les corpuscules d'électricité en ont une. De même, je ne crois pas que les ondes de matière *[au sens de De Broglie]* aient une réalité au sens où les ondes [électromagnétiques] en ont une[25]. »

Et il écrit à Schrödinger en 1935 :

> « Je trouve que renoncer à une appréhension spatio-temporelle du réel est une position idéaliste et spinoziste. Cette orgie de spiritueux épistémologique doit cesser[26]. »

Mais c'est tout au contraire l'abandon du préjugé spatial qui va cesser de paraître irrationnel, la rationalité se situant alors au niveau des virtualités. Toutefois, comme le montre assez ce texte d'Einstein, la prise de conscience de cette promotion ne s'est faite que progressivement et n'est sans doute pas encore pleinement accomplie. Il aura fallu que, longtemps, les protagonistes

---

25. Lettre à Bonofield, septembre 1939.
26. *Œuvres choisies*, p. 234.

créateurs de cette belle histoire envisagent cet abandon comme un recours consenti à l'irrationnel[27].

2.3. Mais il est un autre trait vivement ressenti comme irrationnel, c'est la perte, ou du moins la profonde altération, du concept de causalité. C'est surtout à propos de ce que certains appellent la « réduction du paquet d'ondes » que se manifeste la rupture de la théorie quantique avec la notion de causalité. Si l'on effectue la mesure d'une grandeur à l'échelle quantique, le résultat ne peut être prédit avec certitude, mais simplement comme appartenant aux valeurs propres de la fonction d'onde du système au moment de la mesure, et seule la probabilité d'obtenir l'une de ces valeurs est donnée, par le carré de son amplitude. Mais la mesure une fois effectuée fixe évidemment une valeur unique de la grandeur ; quant à l'état du système après la mesure, il s'est « réduit », il a perdu la multiplicité des déterminations de valeurs possibles de mesures postérieures ; il est alors *le* vecteur propre correspondant à *la* valeur propre *observée* ; il n'est donc pas complètement déterminé par son état antérieur, mais par le résultat non prévu rigoureusement de la mesure. Toutefois, en dehors de toute mesure, l'équation de Schrödinger permettait au contraire parfaitement de prévoir l'état du système, c'est-à-dire sa fonction d'ondes, à n'importe quel moment.

Si la causalité classique doit être définie comme possibilité de prédire un phénomène connaissant ses conditions, les physiciens quantiques peuvent, il est vrai, avec Heisenberg, dire que le défaut de causalité vient ici de l'impossibilité de connaître le présent d'un phénomène dans tous ses aspects déterminants. Mais Heisenberg refuse cependant, assez irrationnellement, d'en conclure que

« sous le monde statistique que nous percevons se trouve encore caché un monde "réel", dans lequel la loi de causalité est respectée[28] ».

---

27. Feynman écrit encore en 1985 : « Il nous faut accepter des comportements très étranges » (*Lumière et Matière*, p. 159). Et parlant de la physique quantique : « Théorie apparemment absurde, contraire à l'idée de causalité, totalement irréelle, ne s'appuyant sur aucun mécanisme » (p. 85).

28. « Ueber die anschaulicher Inhalt der Quantentheoretische Kinematik und Mechanik », 1927, cité *in* Chevalley, p. 389.

Et il traite une telle hypothèse de « spéculation inutile et dénuée de sens ».

Ce n'est pourtant pas l'avis d'Einstein. Dans le célèbre article EPR[29], les auteurs décrivent une expérience de pensée dans laquelle deux systèmes sont d'abord interagissants, puis se séparent. Les fonctions d'onde de chacun sont supposées connues au moment de la séparation, mais si l'on mesure deux grandeurs différentes sur le système 1 après séparation, la théorie assigne au système 2, après réduction du paquet d'ondes, deux fonctions d'ondes différentes, correspondant donc à la même réalité. Si, par ailleurs, les deux grandeurs mesurées étaient conjuguées (non mesurables simultanément, c'est-à-dire correspondant à des opérateurs non commutatifs), la théorie montre que la mesure d'une des grandeurs sur le système 1 permet de prédire sans intervenir sur le système 2 la valeur de la grandeur correspondante, et de même pour une mesure de l'autre grandeur. Ces deux grandeurs, de mesures simultanées incompatibles, devraient donc avoir une réalité physique cachée, fixée dans le système 2 au moment de la séparation, puisque rien n'a agi sur lui, bien que la théorie interdise de leur assigner simultanément une réalité : par exemple, « lorsque le moment d'une particule est connu, sa coordonnée n'a pas de réalité physique ». Ce que contredit l'expérience de pensée, d'où Einstein conclut que la mécanique quantique ne décrit qu'incomplètement la réalité[30].

C'est sous la forme — la théorie est-elle compatible avec l'hypothèse de variables cachées ? — que cette question de la complétude a été développée dans les années soixante. On conçoit que la solution positive de ce problème rationaliserait en quelque sorte l'aspect apparemment non causal de la méca-

---

29. « Can quantum mechanical description of physical reality be considered complete ? » (1935), reproduit *in* Wheeler et Zurek éds, *Quantum Theory and Measurement*, 1983.

30. D. Bohm donnera en 1935 une version particulièrement claire de l'expérience de pensée EPR, en prenant pour variables conjuguées les composantes, de valeurs toujours opposées, du spin des deux atomes d'une molécule dans un état de spin total 0 (« The paradox of Einstein, Rosen, Podolsky », reproduit *in Quantum Theory and Measurement*, p. 359).

nique quantique. Elle établirait alors la possibilité de prévoir avec certitude des phénomènes quantiques individuels dans le cadre des prédictions statistiques de la théorie. Or déjà en 1932, von Neumann, dans ses *Mathematische Grundlagen der quanten Mechanik*, avait proposé une démonstration théorique de l'impossibilité de concilier la mécanique quantique avec l'hypothèse de variables cachées. Mais J. Bell montrera que cette démonstration ne s'applique qu'à une certaine classe de variables cachées hypothétiques. Il imaginera en 1965 une nouvelle expérience de pensée renouvelée de EPR et inspirée de Bohm : deux corpuscules d'abord unis ou interagissants se séparent ; une mesure effectuée sur l'un d'eux après séparation permet de prédire la valeur de la grandeur corrélative de l'autre. Bell suppose que la mesure sur 1 n'affecte pas *causalement* la mesure sur 2 (principe dit de « localité »), mesure supposée cachée avant séparation, de ces grandeurs, et moyennant un théorème de mécanique quantique, ce qui entraîne qu'une certaine inégalité devrait alors être vérifiée entre les fréquences constatables des résultats de mesures[31]. Des expériences réelles beaucoup plus raffinées que le premier schéma théorique ont été faites[32] et semblent bien violer les inégalités de Bell, et par conséquent confirmer l'incompatibilité de la théorie quantique et de l'hypothèse de variables cachées, comme la nécessité de maintenir dans la théorie un défaut de causalité irrationnelle. Bohr, il est vrai, s'en accommode, tout en affirmant que le but de la mécanique quantique est

« d'exprimer certaines lois de la nature qui se situent si profond qu'elles ne peuvent pas être visualisées, ou bien dont

---

31. La mécanique quantique prédit une corrélation stricte entre les mesures sur les deux corpuscules, la théorie de variables cachées une corrélation inférieure.

32. Les plus fines et les plus probantes sont celles d'Alain Aspect (« Proposed experiment... », *Physical Review* D.14, 1976, p. 1944-51, reproduit *in Quantum Theory and Measurement*, p. 432-442). Voir aussi M. Paty, « La non-séparabilité locale et l'objet de la théorie physique », en particulier notes de la p. 63, *Fundamenta Scientiae*, vol. 7 (1).

on ne peut pas rendre compte au moyen de la description ordinaire en termes de mouvements[33] ».

Et il maintient comme un dogme de foi, plutôt que comme une thèse fortement argumentée, que sa propre interprétation de la complémentarité « peut être regardée comme une généralisation rationnelle de l'idéal même de causalité[34] ».

On ne peut s'empêcher de ressentir, dans les deux textes qu'on vient de citer, comme une nostalgie de la causalité : c'est sans doute pour Bohr « une loi de la nature », mais si profonde que son expression classique n'en pouvait être qu'une forme voilée, et que, paradoxalement, c'est la forme très négative qu'elle revêt en théorie quantique qui en serait pour lui l'expression idéale et vraiment rationnelle. On ne saurait mieux laisser paraître en la dissimulant la mauvaise conscience du savant engagé avec succès dans l'irrationnel.

2.4. Bien entendu, il serait contraire à la vérité de prétendre que cette mauvaise conscience ait en rien freiné le développement d'une physique quantique. C'est peut-être ici le cas de dire que s'applique le mot célèbre du mathématicien, en présence des difficultés logiques suscitées par les progrès de sa science : « Allez de l'avant, la foi vous viendra »... Nous voulons seulement noter la prise de conscience très réelle des paradoxes de la dualité onde-corpuscule, très manifeste dans les premiers temps de la nouvelle mécanique, et toujours prête à s'exprimer, comme le montre la résurgence des interrogations dans les années soixante. Nous compléterons cet exposé en examinant justement l'aspect explicite des tentatives pour résoudre, éluder ou récuser cette présence constante de l'irrationnel dans une discipline de connaissance pourtant parfaitement efficace et pour ainsi dire *tactiquement* cohérente.

L'âme la plus tourmentée du quantisme est sans doute Niels Bohr, qui justement va offrir à la communauté scientifique une interprétation, presque universellement reçue, destinée à apaiser les inquiétudes. Non pas que Bohr veuille dissimuler les difficul-

---

33. Conférence de Bristol, 1932, cité *in* Chevalley, p. 386.
34. *In Albert Einstein Philosoph-Scientist*, cité *in* Mehra, p. 159.

tés, qu'il perçoit au contraire très vivement. Il veut même, selon l'expression de J.L. Heilbron, « pousser la contradiction à son comble[35] ». C'est en ce sens qu'on peut comprendre ce qu'il a fait pendant une courte période avec la malheureuse théorie BKS[36], où il abandonne le principe de conservation de l'énergie et du moment pour les actions à distance. Il imagine alors un « champ virtuel » ne transportant pas d'énergie et qui permettrait aux atomes de communiquer entre eux. Mais sa préoccupation plus constante est plutôt de donner un statut rationnel spécifique aux nouvelles théories, qui les justifie au regard de la physique classique.

On peut distinguer deux moments dans cette tentative. Le premier est celui du *principe de correspondance*. Dans un texte de 1924, il est présenté ainsi :

> « La condition qu'à la limite, si nous considérons des processus qui dépendent du comportement statistique d'un grand nombre d'atomes et qui mettent en jeu des états stationnaires pour lesquels les différences entre états voisins sont relativement petites, alors la théorie classique conduit à des résultats en accord avec l'expérience[37]. »

Il ne s'agit nullement de réduire les principes *sui generis* de la physique quantique à ceux de la physique classique, mais de raccorder statistiquement la théorie des microphénomènes à la macrothéorie classique lorsque le quantum d'action devient négligeable. La théorie quantique apparaîtrait en ce sens, à la limite, comme une « généralisation rationnelle » de l'électrodynamique de Maxwell et Lorentz. À la conférence Solvay de 1921, où c'est Ehrenfest qui présente la communication de Bohr, le principe de correspondance est explicitement appliqué à la radiation d'un atome : la radiation émise selon la théorie quantique du saut d'un électron d'une orbite stationnaire à une autre tend asymptotiquement vers le rayonnement calculé par la théorie classique si les « nombres de quanta dans le système atomi-

---

35. Cité par Chevalley, p. 106, note 23.
36. Bohr, Kramers, Slater, « The quantum theory of radiation », 1924.
37. Bohr, *Collected Works*, 1972, 5, p. 105.

que deviennent grands[38] ». On voit que l'intention de Bohr est ici
irénique et conciliatrice, sans pourtant qu'il prétende annuler le
paradoxe fondamental.

L'interprétation complémentariste, qui apparaît en 1927 au
congrès de Côme, à la fois revendique plus radicalement le paradoxe et veut en neutraliser l'aspect contradictoire. Bohr désigne
comme « complémentaires » des phénomènes, des représentations, des théories qui s'excluent mais correspondent *séparément*
à des aspects contradictoires de la réalité :

> « Les exigences apparemment contradictoires de la superposi-
> tion [des représentations ondulatoires] et de l'individualité
> [des représentations corpusculaires] ne sont pas des aspects
> contraires mais des aspects complémentaires de la nature »,

écrit-il à Pauli le 13 août 1927[39]. Cette pluralité des manifestations d'une même réalité microphysique dépendrait de l'interaction de l'instrument macroscopique et du phénomène, et c'est la
possibilité de monter des expériences différentes qui répondrait
à la multiplicité des aspects observables.

> « À mon point de vue, il n'y a pas d'autre alternative qu'admet-
> tre que, dans le champ de l'expérience, on traite de phénomè-
> nes individuels, et que nos possibilités de manipuler les
> instruments de mesure nous permettent seulement de faire un
> choix entre les différents types complémentaires de phénomè-
> nes que nous voulons étudier. »

On comprend bien que ce n'est pas la mesure, ou l'expérience
qui *crée* le phénomène, mais elle le *choisit* parmi des possibles.
Ainsi les « apparentes incohérences seraient complètement
supprimées[40] ».

Bohr accorde à cette idée de complémentarité une portée
générale qui dépasse la solution du paradoxe quantique. Le
prototype en serait la dualité des phénomènes du corps et de
l'esprit. Les descriptions de ces deux types d'expérience sont
exclusives, quoique complémentaires. Et de même, plus généra-

---

38. *In* Mehra, p. 112.
39. Cité par Chevalley, p. 405.
40. *Albert Einstein Philosopher- Scientist, in* Mehra, p. 167 et p. 173.

lement encore, décèle-t-on une complémentarité du biologique et du physique. Dans de tels domaines d'expérience, les conditions d'observation s'excluent mutuellement ainsi que leurs moyens d'expression[41]. Il en serait de même de l'opposition théorique du mécanisme et du finalisme[42]. Une telle interprétation de la dualité des modes d'expérience et des langages concomitants, sous-tendant une unité du réel, me semble avoir un certain air de spinozisme, quoique sans doute tout à fait à l'insu de son auteur. Impression qui pourrait être confirmée par un passage d'une conférence inédite de Bohr à Copenhague le 21 septembre 1928 :

> « Ce n'est pas la reconnaissance de nos limites en tant qu'hommes qui caractérise notre temps, mais plutôt nos efforts pour analyser la nature de ces limites. Nous n'aurions qu'une pâle image de nos possibilités si nous devions comparer cette limitation à un mur infranchissable... C'est par une exploration de plus en plus profonde de nos vues fondamentales qu'une cohérence de plus en plus grande nous est intelligible, et nous en venons ainsi à vivre dans le sentiment toujours plus riche d'une harmonie éternelle et infinie, bien que nous ne puissions que sentir sa présence vague sans jamais réellement pouvoir l'agripper. À chaque essai, conformément à sa nature, elle nous échappe. Rien n'est ferme, chaque pensée — chaque mot — ne convient qu'à indiquer une cohérence qui en elle-même ne peut jamais être décrite mais demande à être toujours plus profondément étudiée. Telles sont les conditions de la pensée humaine[43]. »

Texte éminemment spinoziste en effet. On y trouve la limitation de l'être fini, avec la possibilité d'un progrès par approfondissement, la montée vers la connaissance entrevue du tout, « harmonie éternelle et infinie », l'incomplétude de la connaissance rationnelle (du second genre)... Il est permis, même, d'y déceler une tentation mystique. Mais Bohr s'est toujours défendu

---

41. Voir par exemple « L'unité de la connaissance », *in* Chevalley, *op. cit.*
42. *Ibid.*, p. 290.
43. Cité *in* Chevalley, p. 512.

contre toute interprétation mystique. « Le mysticisme, écrit-il, est totalement étranger à l'esprit de la science[44]. » Et dans les discussions avec Einstein il déclare avoir essayé « d'éclairer de telles méprises et d'expliquer que la seule question était de tenter de tirer au clair les conditions, dans chaque domaine du savoir, de l'analyse et de la synthèse de l'expérience[45] ». Il n'en est pas moins vrai que la théorie éminemment conciliatrice et pour ainsi dire œcuménique de la complémentarité a pu inspirer des déviations mystiques, ou à tout le moins subjectivistes, dans lesquelles on n'use plus de l'irrationnel comme d'un recours, mais où l'on s'abandonne à lui avec volupté... Il en sera question dans la troisième partie de cet ouvrage.

Louis de Broglie, qui admire « l'idée féconde de correspondance » et ne semble pas explicitement rejeter l'interprétation par la complémentarité[46], ne donne pas l'impression d'être véritablement scandalisé par le caractère paradoxal du dualisme. Il *constate* simplement qu'il

« était indispensable de considérer à la fois des corpuscules et des ondes pour parvenir à une doctrine permettant d'interpréter *simultanément* les propriétés de la matière et de la lumière[47] ».

Cependant, sa propre conception pionnière de la mécanique ondulatoire ne repose point sur une interaction en somme circonstancielle de l'instrument et du phénomène observé. Plus « réaliste » que Bohr, il admet que « en général l'aspect onde plane et l'aspect grain existent l'un et l'autre, mais sont tous deux un peu flous[48] ». *Exister* voulant dire ici : faire partie de l'objet dans sa réalité, indépendamment de l'expérience et de la mesure. Mais le caractère un peu « flou » et « vague[49] » qu'il attribue aux conceptions fondamentales de la microphysique ne saurait

----

44. « Lumière et vie », *in* Chevalley, p. 187.
45. *Albert Einstein, Philosoph-Scientist, in* Mehra, p. 176.
46. Tout au moins sous la forme très édulcorée qui s'exprime par exemple dans ce texte : « La réalité est trop féconde et trop riche pour être jamais entièrement contenue dans le cadre rigide et schématique de nos représentations » (*Matière et Lumière*, p. 315).
47. *Ibid.*, p. 46.
48. *Ondes, corpuscules, mécanique ondulatoire*, p. 148.
49. *Matière et Lumière*, p. 69.

détourner le savant de rechercher la raison d'être des deux aspects du réel, et le moyen de « les fondre dans une unité supérieure[50] ».

En contrepartie de cette acceptation optimiste, il faudrait présenter le refus non résigné de plusieurs des grands artisans de la science nouvelle. Schrödinger, par exemple, ne veut pas renoncer à l'existence « d'un passage continu de la mécanique macroscopique intuitive à la micromécanique de l'atome[51] ». Dans une correspondance avec Bohr datant de 1926, il écrit, après avoir critiqué l'idée qu'il estime « provisoire » de complémentarité, qu'il ne saurait

« en déduire une justification pour continuer à opérer avec des concepts contradictoires »

et affirme

« qu'il ne faut pas abandonner l'espoir d'arriver au but [...] par des conceptions logiquement cohérentes, ayant la vraie nature des événements spatio-temporels[52] ».

Einstein, plus irréductible encore, proposera des expériences de pensée destinées à mettre en échec l'interprétation de Bohr, en particulier durant la conférence Solvay de 1927 et avec le fameux article EPR de 1935. Après avoir reconnu la nécessité technique de combiner le corpusculaire et l'ondulatoire, et introduit lui-même la notion de quanta de lumière, il soulignera, dans son propre article fondateur, que

« la faiblesse de [ma] théorie tient au fait que, d'une part, aucune relation plus étroite n'est obtenue de la théorie quantique du rayonnement avec les concepts ondulatoires, et que, d'autre part, elle laisse au hasard (Zufall) l'instant et la direction des processus élémentaires ; néanmoins j'ai pleine confiance dans la sûreté de la voie ainsi ouverte[53] ».

Et il exprimera plus clairement encore son souci au congrès Solvay de 1927, déclarant, selon l'expression de Bohr, « une profonde

---

50. *Ibid.*, p. 48.
51. *Mémoires*, 94.
52. *In* Bohr, *Collected Works*, 6, p. 460.
53. Article de 1917 sur la théorie quantique du rayonnement, *Œuvres choisies*, p. 147.

préoccupation à propos de l'importance de l'abandon de l'explication causale spatio-temporelle en mécanique quantique[54] ».

2.5. Ainsi, cheminant sur un sol mal assuré, rencontrant constamment le spectre de contradictions latentes, les fondateurs de la théorie quantique ont cependant su construire un édifice aussi imposant et aussi beau que celui de l'électrodynamique classique. Dans quelle mesure la présence même de l'irrationnel a-t-elle pu servir au développement de connaissances nouvelles ? On a vu que cet irrationnel était perçu, premièrement, comme une infraction au principe d'identité : un objet quantique est à la fois onde et corpuscule ; deuxièmement, comme une impossibilité de formulation de la théorie au moyen de représentations dans l'espace-temps ; troisièmement, comme abandon, au moins partiel, du principe de causalité ; quatrièmement, comme exception aux lois de l'électrodynamique de Maxwell-Lorentz. Nous avons tenté de décrire comment était ressentie chez quelques savants et exprimée dans leur œuvre cette quadruple incongruité. Mais, ce faisant, on a surtout mis en lumière un aspect négatif. Or, la présence de cet encadrement irrationnel a contribué sans aucun doute à donner au travail des physiciens des orientations nouvelles. Par exemple, la nécessité de conjoindre continu et discontinu conduit de Broglie à attribuer aux corpuscules des caractères ondulatoires, une fréquence et un nombre d'ondes, assimilés par analogie aux paramètres dynamiques d'énergie et d'impulsion ; le souci de maintenir à un certain niveau de la représentation le causal a conduit Schrödinger à établir son équation[55] d'évolution ; l'obligation de

---

54. *Albert Einstein, Philosoph-Scientist, in* Mehra, p. 160.

55. Cette équation décrit l'évolution de la fonction d'onde d'un système dans un champ de potentiel, si *aucune mesure ou intervention sur le système* n'a lieu ; elle est, en ce qui concerne la valeur de la fonction d'onde,

déterministe : $i\hbar \dfrac{\partial \psi}{\partial t} = -\dfrac{\hbar^2}{2m}\Delta\psi + U(x, y, z, t)\psi$; Δ désigne l'opérateur

laplacien $\dfrac{\partial^2}{\partial x^2} + \dfrac{\partial^2}{\partial y^2} + \dfrac{\partial^2}{\partial z^2}$, U le potentiel extérieur.

donner un caractère seulement « symbolique », et non pas directement phénoménal ou ontologique aux objets et fonctions du niveau atomique a conduit Heisenberg et Dirac à édifier une mécanique des matrices et des opérateurs, sur les vecteurs d'un espace abstrait de Hilbert. En ce sens, les irrationalités ont été le moteur du progrès théorique, même si chez presque tous a subsisté et subsiste l'espoir qu'une superthéorie magnifique viendra un jour dissoudre les contradictions et rétablir les droits du rationnel.

Un être mathématique aberrant en physique : la fonction δ de Dirac

3.1 Nous allons pour finir prendre l'exemple d'un recours pour ainsi dire *local* à l'irrationnel. Il s'agit de l'introduction en physique quantique d'un instrument mathématique construit contre les règles, et pourtant nécessaire à la représentation des faits virtuels dans une théorie. Dans cette théorie, qui est celle de la mécanique quantique selon Heisenberg et Dirac, l'état d'un système est représenté par une fonction d'onde, ayant le statut d'un vecteur dans un espace de Hilbert. Un tel vecteur est décomposable en un nombre fini, ou une infinité continue, de vecteurs propres superposés, orthogonaux deux à deux, et formant une base pour sa représentation : $\psi = \sum a_i \psi_i$, si le spectre des ψ_i est fini (ou dénombrable)[56] ; s'il est continu, il faut écrire : $\psi = \int a_p \psi_p dp$, les valeurs propres des ψ_p dépendant continûment de p (des coordonnées dans l'espace de configuration où sont représentés les ψ), l'intégrale étant prise sur tout cet espace. Le sens physique capital de cette représentation est que, dans le

---

56. Rappelons qu'un vecteur propre est un vecteur tel qu'une transformation linéaire A de son espace laisse sa direction inchangée et multiplie seulement sa norme par un nombre a, réel ou complexe : $A\phi = a\phi$. Ce multiplicateur est dit « valeur propre ». Une base d'un espace vectoriel est une famille de vecteurs ξ_i linéairement indépendants, telle que tout vecteur X de l'espace soit une combinaison linéaire, $\sum \xi_i a_i$, les scalaires a_i, coordonnées de X, étant uniques.

cas du spectre fini, les carrés des modules des coefficients, réels ou complexes a_i, doivent fournir les probabilités pour qu'une mesure dans l'état y de la grandeur A donne la valeur propre u_i correspondant au vecteur propre ψ_i ($A.\psi_i = u_i.\psi_i$). Si le vecteur ψ est un vecteur propre, la probabilité d'obtenir comme mesure la valeur propre correspondante est l'unité. Il faut évidemment que les représentations numériques des vecteurs soient choisies telles que la somme des carrés des normes des a_i, figurant des probabilités, soit égale à 1.

Dans le cas continu, la représentation de la décomposition en vecteurs propres est l'intégrale $\psi = \int a_f \psi_f\, df$, où f parcourt l'ensemble continu des valeurs propres, et le carré du module des a_f donne la probabilité pour que la grandeur mesurée dans l'état ψ_f soit comprise dans l'intervalle [f, f + df]. Mais la condition de normalisation des ψ, qui rend possible l'interprétation des $|a_f|^2$ comme des probabilités, pose un problème nouveau. Si tous ces coefficients sont finis, hypothèse tacitement assumée remarque Dirac[57], s'ils sont des fonctions continues de la coordonnée f, la formule de superposition n'est plus valable dans tous les cas. Par exemple, pour une fonction propre $\psi f'$, il faudrait pour que la valeur ψ de la somme soit égale à ψ_f que tous les a_f, pour $f' \ne f$, soient nuls, et que l'intégrale $\psi = \int a_f \psi_f\, df$ soit cependant égale à 1, ce qui suppose que « les coefficients a_f puissent devenir infinis selon certaines lois convenablement choisies[58]... ». On aura alors, sans exception, $\psi_q = \int a_f \psi_f\, df$. Dirac décrit donc ainsi les a_f : ce sont

« des fonctions singulières de f qui s'annulent pour toutes les valeurs de f excepté pour f = q, et qui, pour cette dernière valeur, deviennent infinis, de telle manière que leur intégrale soit égale à l'unité[59] ».

Il note $\delta(x)$ cette fonction singulière, qui dépend donc de la différence $(f - q)$: $a_f = \delta(f - q)$, et la définit par les deux proprié-

---

57. *Les Principes de la mécanique quantique*, p. 74.
58. Ibid.
59. *Ibid.*

tés classiquement *contradictoires* : $\int_{-\infty}^{+\infty} \delta(x)dx = 1$, $\delta(x) = 0$, pour $x \neq 0$.

3.2. Il est clair qu'une telle entité n'est pas une *fonction* au sens usuel de l'Analyse. Elle n'est autre que la fonction impulsion d'Heaviside. Dirac affirme cependant que son introduction

« ne rend pas la théorie moins rigoureuse qu'elle ne l'était jusqu'à présent ; en effet toute équation qui renferme la fonction δ peut être écrite sous une forme équivalente, quoique généralement moins commode, et dans laquelle la fonction δ disparaît complètement[60] ».

On reconnaît ici la justification peu convaincante de certains algébristes usant des nombres imaginaires sans remords, parce qu'ils disparaissent à la fin des calculs.

Mais la véritable justification de l'introduction de δ est formulée p. 43 par Dirac :

« Pour les besoins de la physique, il suffit cependant de ne pas chercher à établir une théorie rigoureuse, mais de se contenter de quelques notions intuitives approchées... »

Remarque qu'il fait à propos des conditions mathématiques passées sous silence qui rendraient légitime le développement des ψ selon un spectre continu. Or, des difficultés du même ordre apparaissent si l'on veut légitimer l'usage de la fonction δ dans les calculs, et qu'il indique lui-même :

« Le seul manque de rigueur réel de la théorie résulte du fait que certaines opérations que nous effectuons sur les symboles abstraits utilisés ne sont pas rigoureusement définies, comme par exemple la dérivation et l'intégration par rapport aux paramètres que ces symboles renferment[61]. »

Il illustre aussitôt après cette observation en énonçant quelques propriétés de la fonction δ qui peuvent, dit-il, se déduire de sa définition « ou qui du moins ne sont pas en contradiction avec elle ». Par exemple : $\delta(-x) = \delta(x)$, qui est en effet évident, et

---

60. *Ibid.*, p. 95.
61. *Ibid.*, p. 75.

$$\int_{-\infty}^{+\infty} f(x)\delta(x-a)dx = f(a),$$ où $f(x)$ est continue. La fonction δ apparaît alors comme la dérivée de la fonction échelon de Heaviside. Quant à la « dérivée » de $\delta(x)$, qui est « une fonction encore plus discontinue et plus anormale que $\delta(x)$ elle-même[62] », elle serait égale à $1/x\ \delta(x)$[63], et « dans beaucoup de cas on peut l'utiliser librement comme si elle était une fonction continue de x sans aboutir à des résultats erronés ».

On voit que l'introduction et l'usage de cet être nouveau mathématiquement aberrant avait pour but de rendre générale la représentation d'un vecteur d'état comme superposition de vecteurs propres, dans le cas où ceux-ci forment un spectre continu. Le physicien ne va pas jusqu'à proclamer, comme le fait, on l'a vu, Heaviside, que les contraintes mathématiques sont après tout « expérimentales » et qu'il n'a cure de les violer. Mais Dirac s'efforce plutôt de minimiser le caractère perturbateur et scandaleux du nouveau concept en assurant qu'il peut être souvent traité comme un concept légitime. Il n'en est pas moins vrai que le succès de son usage continuera d'intriguer les mathématiciens et débouchera finalement sur une réinterprétation qui, sous certaines conditions, le légitime.

3.3. Il n'est certainement pas sans intérêt de considérer brièvement les modalités de cette légitimation, qui nous instruisent sur la nature même de l'irrationalité perçue et mise en œuvre. Schématisons – en trois aspects.

Premièrement, δ est considérée comme une vraie fonction, mais dont on va régulariser, tant bien que mal, le statut, au prix d'un passage à l'infini sous le signe somme, de légitimité douteuse. Empruntons cette procédure au traité de mécanique

---

62. *Ibid.*, p. 76.
63. Relation qu'il obtient en traitant $\delta(x)$ *comme une vraie fonction*, en intégrant par parties l'expression symbolique : $\int_{-\infty}^{+\infty} \delta'(x).f(x).dx$.

quantique de Cohen-Tannoudji, Diu et Delanoë (appendice II du tome II).

Soit la *fonction* $\delta_\varepsilon(x)$ égale à 0 entre $-\infty$ et $-\varepsilon/2$ et entre $+\varepsilon/2$ et $+\infty$, et égale à $1/\varepsilon$ dans l'intervalle ouvert $[-\varepsilon/2, +\varepsilon/2]$.

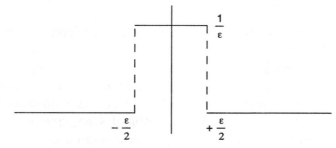

Si f(x) est une fonction continue et ε petit, la valeur de f(x) dans l'intervalle $[-\varepsilon/2, +\varepsilon/2]$ différera peu de f(0), et l'intégrale sera peu différente elle-même de f(0). Passant à la limite pour $\varepsilon = 0$, on définira implicitement la *fonction* $\delta(x)$ par la relation $\int_{-\infty}^{+\infty} f(x)\delta(x)dx = f(0)$, et plus généralement la fonction $\delta(x-x_0)$ par une intégrale analogue : $\int_{-\infty}^{+\infty} f(x)\delta(x-x_0)dx = f(x_0)$.

Deuxièmement, du même point de vue que J.R. Carson dans sa légitimation du calcul opérationnel au moyen de la transformation de Laplace, on associe à la pseudo-fonction δ une transformée de Fourier, considérée comme vraie fonction. La transformée de $\delta(x-x_0)$ est alors $\bar{\delta}(p)\dfrac{1}{\sqrt{2\pi}}e^{-ipx_0}$, avec pour transformée inverse $\delta(x-x_0) = \dfrac{1}{2\pi}\int_{-\infty}^{+\infty} e^{ik(x-x_0)}dk$, qui donnent à $\delta(x-x_0)$ une allure tout à fait fonctionnelle.

Ces deux légitimations partent de l'idée que δ est bien une fonction, dont il faut seulement régulariser autant que possible, par des précisions techniques, la définition. La troisième manœuvre de rationalisation est au contraire tout à fait radicale, se plaçant pour ainsi dire au niveau métathéorique pour introduire une nouvelle espèce d'objet.

Troisièmement, δ est non plus introduite comme une fonction étrange, mais comme une entité régulière d'un ordre nouveau appelée « mesure ». Une mesure, selon Laurent Schwartz, est une forme linéaire définie sur l'espace vectoriel des *fonctions continues* sur $\mathbf{R}^n$, nulles en dehors d'un compact et prenant leurs valeurs dans l'ensemble des nombres complexes. Cette forme est en outre supposée continue en un sens convenable[64]. L'idée classique de mesure comme « fonction complètement additive d'ensembles » peut être retrouvée en tant qu'interprétation de la définition nouvelle. Intuitivement, une mesure est une distribution de « poids » attribués aux valeurs d'une fonction continue ; ainsi, la mesure de Dirac serait formée d'un poids unité à l'origine, de telle sorte que $\delta(\phi) = \phi(0).1 = \phi(0)$. Ce nouveau concept permet alors de donner un sens non contradictoire à une notion de dérivation s'appliquant aux mesures, qui sera la forme linéaire D telle que $D\mu(\phi) = -\mu(\phi')$. Pour la mesure de Dirac on a donc : $\delta'(\phi) = -\delta(\phi') = -\phi'(0)$[65]. Mais ce nouvel objet n'est plus défini que sur l'espace vectoriel des fonctions φ *indéfiniment*

---

64. La forme m est *linéaire*, c'est-à-dire que $m(f + g) = m(f) + m(g)$ et $m(\alpha f) = \alpha m(f)$, α complexe. Elle est de support *compact*, c'est-à-dire nulle en dehors d'un espace tel que tout recouvrement par des ouverts contienne un sous-recouvrement par un nombre fini d'ouverts (par exemple une partie fermée et bornée de la droite numérique). Elle est *continue* en ce que, si des fonctions continues et nulles en dehors *d'un même compact* convergent uniformément vers φ, leurs mesures convergent vers $m(\phi)$. On lira avec grand intérêt « l'histoire de l'invention des distributions » dans Laurent Schwartz, *Un mathématicien dans le siècle*, Paris, Odile Jacob, 1997.

65. On montre facilement que la mesure δ elle-même est la « dérivée » de la *fonction* échelon de Heaviside, égale à 0 pour $x < 0$ et à +1 pour $x > 0$, non définie pour $x = 0$.

dérivables et à support compact, sous-espace de l'espace des fonctions continues. Ce n'est plus, en général, une mesure mais une « distribution », forme linéaire définie sur ce sous-espace et continue au sens indiqué plus haut (note 13)[66]. On montre qu'une mesure est un cas particulier de distribution, et qu'une fonction au sens propre, ou plutôt une *classe* de certaines fonctions presque partout égales et sommables sur tout compact, peut être identifiée à la densité d'une mesure quand elle existe.

Les recours à l'irrationnel présentés dans ce chapitre sont, on l'a vu, toujours pleinement conscients de la part de leurs auteurs, et motivés par le besoin de résoudre un problème précis. Ils consistent alors, sous diverses formes, à introduire des objets aberrants en ce qu'ils sont corrélatifs de plusieurs systèmes différents de règles opératoires. Tels les objets mathématiques du calcul opérationnel associés aux objets de l'Analyse classique, les objets « onde » et « corpuscule » des physiciens quantiques, la pseudo-fonction δ de Dirac. Cette irrationalité, introduite parce que féconde, n'est pas toujours résolue dans l'état actuel de la science. Mais quand elle l'est, c'est par la reconstruction d'objets, comme dans le cas exemplaire de la pseudo-fonction δ dont l'irrationalité est supprimée, alors que du même coup se trouve réintégrée dans l'univers mathématique une nouvelle famille d'objets aberrants, également manipulés par les physiciens : les « doublets »[67]. On voit donc que, lorsque la rationalisation d'un recours à l'irrationnel s'accomplit pleinement, elle ne saurait l'être par de simples procédures techniques et aménagements des définitions. Elle suppose la *création* de nouveaux objets, démarche tout à fait analogue à celle que nous avons décrite pour la solu-

---

66. La notion de distribution et de sa dérivée permet en particulier d'introduire pour ainsi dire intrinsèquement les discontinuités, en utilisant la mesure δ. Par exemple la dérivée au sens des distributions de la fonction f est égale à la dérivée au sens usuel f' plus la discontinuité éventuelle de f à l'origine f(0).δ(0).

67. *Moments* électriques ou magnétiques, formés par la limite d'un système de deux masses magnétiques ou électriques, $+ 1/\varepsilon$ au point d'abscisse ε, et $- 1/\varepsilon$ au point origine, lorsque ε tend vers 0. C'est une limite de mesure, mais ni une fonction, ni une mesure, c'est une *distribution* propre.

tion de l'irrationnel comme obstacle. Mais ici, cette résolution peut demeurer inachevée, comme on l'a vu pour la dualité de la physique quantique, le progrès s'effectuant alors le plus souvent au cours des péripéties que présentent les manifestations diverses de l'irrationnel.

Chapitre V

LE RECOURS À L'IRRATIONNEL
EN LOGIQUE

C'est dans le domaine où l'on s'y attendrait le moins que nous voudrions étudier un exemple de recours délibéré à une certaine forme d'irrationnel. Il s'agit des logiques dites « paraconsistantes » développées par Newton C. A. da Costa. Ce recours à l'irrationnel est cependant fort différent dans son intention de celui que nous présentions au précédent chapitre. On ne veut point ici surmonter des difficultés de calcul ou de représentation des phénomènes au prix du viol des règles ordinaires de la mathématique ou de la perception, mais modifier le sens opératoire de la rationalité scientifique en vue de *codifier*, dans une nouvelle logique, certains modes de pensée qui paraissent s'écarter de l'ancienne. Nous nous proposons d'examiner le sens de cette hétérodoxie qui va, d'une certaine manière nous le verrons, bien au-delà de celle de la plupart des logiques dites « déviantes », et de réfléchir à cette occasion sur l'idée même du rationnel.

Présentation des logiques paraconsistantes

1.1. Ce sont des systèmes logiques admettant la position conjointe d'une proposition et de sa négation. Elles sont en ce sens « inconsistantes ». Church[1] distingue, du point de vue syntaxique, trois sens de la consistance :

Relativement à une transformation, par exemple, la négation. Un système est consistant s'il n'existe aucune proposition ou forme propositionnelle démontrable en même temps que sa transformée : a et non-a.

Absolument, si toutes les propositions et formes propositionnelles ne sont pas des théorèmes.

Au sens de Post, si une formule formée d'une seule variable propositionnelle ne peut être un théorème.

Newton da Costa veut explicitement que son système de logique soit non consistant au sens 1[2]. Mais il veut qu'il soit consistant au sens 2[3], propriété qu'il nomme « non-trivialité ». Il faut donc que, dans un tel système, la démonstration d'une contradiction ne rende pas, comme dans la logique classique, toute proposition démontrable, et que l'ensemble des théorèmes soit strictement contenu dans l'ensemble des propositions bien formées que comporte leur langage. On voit comment se trouve alors rejetée l'une des propriétés apparemment les plus intuitives de la rationalité logique, à savoir que le contradictoire entraîne n'importe quoi : *ex falso sequitur quod libet*, selon l'adage scolastique. Ainsi les logiques paraconsistantes[4] maintiennent-elles un certain aspect du rationnel — la non-trivialité du système —, mais au prix du rejet de l'*ex falso*.

1.2. Quelles ont été les motivations du logicien brésilien Newton da Costa pour construire de tels systèmes ? Il les résume dans un ouvrage plus général de philosophie de la logique, postérieur il est vrai aux premiers développements de sa théorie de la paraconsistance[5] : *Ensaio sobre os fundamentos da lógica* (1980, *Essai sur les fondements de la logique*). Les objectifs principaux de la logique paraconsistante sont, dit-il, les suivants :

---

1. *Introduction to Mathematical Logic* I, 1956, p. 108.
2. *Ensaio sobre os fundamentos da lógica*, 1980, p. 147.
3. *Op. cit.*, théorème 6, p. 240.
4. Cette désignation est due au logicien péruvien F. Miro Quesada.
5. Sa thèse *Sistemas formais inconsistentes* est de 1963.

1. « Établir des techniques logico-formelles capables de nous permettre une meilleure compréhension des structures logiques sous-jacentes aux conceptions des partisans de la dialectique, tels Héraclite, Hegel, Marx, Engels et Lénine.

2. Contribuer à l'intelligence même des lois de la logique classique, car il leur arrive exactement ce qui est arrivé à la géométrie euclidienne : les créations de géométries non euclidiennes, non archimédiennes, non arguésiennes, etc., constituent non seulement des réalisations d'importance capitale en elles-mêmes, mais contribuent aussi à ce que se perçoivent avec la plus grande clarté les corrélations existant entre les postulats de la géométrie euclidienne elle-même.

3. Étudier le schéma de séparation de la théorie des ensembles, quand on affaiblit les restrictions qu'on lui impose, en cherchant en particulier jusqu'à quel point des théories des ensembles inconsistantes mais non triviales peuvent être élaborées (et de même pour le schéma de séparation dans un calcul des prédicats d'ordre supérieur).

4. Contribuer à la systématisation et à l'évaluation de théories nouvelles qui contiennent des contradictions, et de théories anciennes qui, pour ce motif, furent abandonnées ou pratiquement reléguées au second plan. Des exemples marquants de ces dernières sont la théorie des objets de Meinong et la théorie des infiniment petits, dans sa forme originale, systématisée par de L'Hôpital, qui était de façon flagrante contradictoire. Du reste, Hegel voyait alors dans ce fait une raison de la supériorité du calcul infinitésimal par rapport à l'algèbre, pour traduire les processus réels.

5. Collaborer à l'appréciation correcte des concepts de négation et de contradiction [...]. La logique paraconsistante concourt non seulement à démystifier la contradiction, mais à apaiser ceux qui la craignent [...][6] ».

Le premier objectif, concernant une formalisation des modes de penser « dialectique » héraclito-hegelo-marxistes, n'est

---

6. *Ensaio...*, p. 149-150.

guère atteint dans les écrits postérieurs de Newton da Costa[7]. Mais il convient d'en souligner l'importance dans l'esprit de l'auteur, du moins à cette époque, même si l'on est d'avis que ces modes de penser relèvent plutôt d'une *stratégie* d'exposition que d'une *logique*, fût-elle hétérodoxe.

Le second point propose une analogie entre le rapport des géométries non euclidiennes à l'euclidienne, et le rapport des logiques déviantes, et particulièrement la paraconsistante, à la logique classique. Il est bien vrai que, dans les deux cas, des propriétés d'indépendance et de compatibilité de certains axiomes sont mises au jour. Et ainsi que le rappelle le cinquième objectif, une logique aberrante comme la paraconsistante peut servir à mieux connaître le rôle et la nature des concepts de la logique classique, en particulier celui de négation. Il ne me semble pas néanmoins que la relation de la logique classique aux non classiques soit exactement du même ordre que celle de la géométrie euclidienne aux non-euclidiennes. Car, dans le premier cas, la logique propositionnelle classique joue le rôle d'une métadiscipline *réglant le jeu opératoire* des logiques déviantes, puisque la position ou le rejet d'une proposition déviante, avec sa modalité, sont soumis comme tels à la bivalence classique ; la géométrie euclidienne au contraire se situe sur le même plan que les géométries non euclidiennes qu'elle ne domine opératoirement en aucune manière.

Le quatrième objectif est particulièrement significatif. Newton da Costa mentionne à ce propos des théories contradictoires que pourrait en quelque sorte réhabiliter une logique paraconsistante. Toutefois, du moins en ce qui concerne l'Analyse infinitésimale, l'histoire nous montre que ce n'est pas en ce sens qu'a été traité son caractère contradictoire originel, puisque tant les formulations de Cauchy et de ses successeurs modernes que la refonte par A. Robinson d'une Analyse non standard restaurent assurément au contraire la non-contradiction. Mais nous aurons à réexaminer cette question, ainsi que le troisième objec-

---

7. Voir cependant Newton da Costa et Wolf, « The dialectical principle of the unity of opposites », *Philosophia* 9, 1980, p. 189-217.

tif qui a trait à la théorie des ensembles, quand nous en vien-
drons aux applications éventuelles des logiques paraconsistantes.

1.3. Une autre motivation de Newton da Costa, plus précisément argumentée que les précédentes, est qu'il veut exploiter la
critique de la logique d'Aristote par Łukasiewicz[8]. Nous aurons
donc à préciser le sens de cette critique et à évaluer l'interprétation qu'en fait notre auteur. Et nous examinerons pour lui-même
avec quelque détail le point de vue de Łukasiewicz, car Newton
da Costa s'inspire manifestement de lui pour justifier sa logique
paraconsistante. La thèse de Łukasiewicz, sur les points qui nous
intéressent ici, tient essentiellement en la distinction et la liaison
des trois principes de non-contradiction, du tiers exclu, et de
bivalence et se fonde sur des textes d'Aristote de *Méta.* Γ.4 et
Anal. post. 11.77.A 10.

La loi de non-contradiction a, selon Łukasiewicz, une triple
formulation dans *Méta.* Γ : *ontologique* (« il est impossible
qu'avoir [une propriété] et ne l'avoir pas appartiennent à un
même sujet et selon le même point de vue », 1005 b 19) ; *logique*
(« la plus ferme de toutes les croyances (δόξα) est que les propositions opposées ne peuvent être vraies en même temps », 1011
b 13) ; *psychologique* (« le plus ferme de tous les principes [...] :
il est impossible de juger (ὑπολαμβάνειν) en même temps
que la même chose est et n'est pas, comme certains croient que
le dit Héraclite », 1005 b 23). Cette loi est, par excellence, un
indémontrable :

> « Il n'est pas possible de tout démontrer [...] et s'il ne faut pas
> chercher de démonstration de tout, qu'on nous dise quel prin-
> cipe on penserait, mieux que celui-là [la non-contradiction],
> n'en avoir pas besoin » (*Méta.* Γ 1006 a 10).

Mais Aristote en fournit cependant des justifications, distinguées par Łukasiewicz, en deux groupes : par réfutation (1006
b 11), c'est-à-dire par la nécessité dans la discussion de donner
un sens à ce qu'on dit ; « apagogiques » (1007 b 18 sqq.), qui

---

8. « On the principle of contradiction in Aristotle », *The Review of
Metaphysics* XXIV, 1971, p. 485-509, et d'autres articles dans Borkowski
éd., *Selected Works of Łukasiewicz*, 1970, *passim.*

montrent que le rejet de la non-contradiction conduit à des absurdités. Łukasiewicz critique ces justifications et pense montrer soit qu'elles tombent sous le coup de la pétition de principe, soit sous celui de l'*ignoratio elenchi*.

Quoi qu'il en soit, pour Łukasiewicz, même s'il échoue à justifier la loi de non-contradiction, Aristote ne la récuse pas directement. Ce qu'il récuserait, c'est la bivalence : une proposition est soit vraie, soit fausse. Toutefois, pas assez clairement[9]. Car, à propos même des futurs contingents, Aristote dit en effet qu'il faut que l'une des propositions soit vraie et l'autre fausse, sans que l'on puisse dire cependant que l'une ou l'autre soit nécessairement vraie[10]. Mais les stoïciens pensent qu'Aristote rejette pourtant le principe, et refusent de le suivre, alors que les épicuriens le font[11].

Ce n'est pas non plus le tiers exclu que rejetterait directement, à propos des futurs contingents, le Philosophe[12]. Pour Łukasiewicz, le tiers exclu n'a du reste de sens que dans un système, et il précise clairement ce que doit être un tel système où le tiers exclu serait vrai[13]. Trois conditions devraient être remplies :

1. « p ou q » est vraie si l'une au moins de ses composantes est vraie.

2. La négation d'une proposition fausse est vraie.

3. Toute proposition est soit vraie soit fausse (bivalence).

C'est ce dernier *requisit* qui serait nié par Aristote — quoique trop faiblement — et qui est également contesté par Łukasiewicz, pour lequel il n'a pas de « valeur intuitive[14] ».

Łukasiewicz utilise, par ailleurs, un texte des *Analytiques postérieurs* qu'il croit pouvoir invoquer en faveur non d'un rejet

---

9. *In* Borkowski, *op. cit.*, « Philosophical remarks on many values systems ».

10. *De interpretatione* 9, 19 a 36.

11. Cicéron, *De fato*, 37.

12. *In* Borkowski, *op. cit.*, « On determinism », p. 126, et aussi « Two valued logic », p. 95.

13. *Ibid.*, « On the intuitionistic theory of deduction ».

14. *Ibid.*, « On determinism », p. 126.

mais du moins d'une limitation aristotélicienne de la loi de non-contradiction. Rappelant que le principe de non-contradiction n'est pas lui-même *énoncé* dans les démonstrations, Aristote remarque cependant des cas où il peut l'être et donne un exemple d'un tel syllogisme[15] :

« 1. L'impossibilité d'affirmer en même temps et de nier, aucune démonstration ne la pose, sauf s'il faut démontrer de cette manière la conclusion.

On prend comme prémisse qu'il est vrai d'affirmer le grand terme 5. du moyen et faux de le nier. Il est indifférent que le moyen soit pris comme affirmé ou nié, et de même pour le troisième. Si en effet l'on a admis que pour un sujet il est vrai de le dire homme, même s'il est vrai aussi de le dire non-homme, si seulement il est vrai que l'homme soit animal et faux qu'il ne le 10. soit pas, il sera cependant vrai de dire que Kallias est animal, même si non-Kallias l'est aussi, et faux de le nier. La raison en est que le grand terme n'est pas dit seulement du moyen mais aussi d'autre chose, parce qu'il a une application plus large ; ainsi, que le moyen soit le même ou non est 15. indifférent pour la conclusion. »

Il s'agit d'un syllogisme en Darii, majeur : *animal* ; moyen : *homme* ; mineur : quelqu'un, dont *Kallias*.
Homme est animal (et non pas non-animal) *ligne 5.*

Quelqu'un est homme (et aussi non-homme) *lignes 7-8.*

Quelqu'un, Kallias (et aussi non-Kallias), est animal (et non pas non-animal) *ligne 10.*

Le mineur (quelqu'un) ne comprend pas forcément le seul moyen : « quelques-uns » ne sont pas des hommes (*lignes 5-6, ligne 12*). C'est pourquoi la conclusion porte sur Kallias et aussi sur non-Kallias. Il n'importe pas que le moyen soit pris ou non dans sa totalité dans la mineure. La condition de validité est seulement que le majeur ne puisse être, dans la majeure, nié du moyen (*ligne 5, ligne 8*).

---

15. *Analytica posteriora*, 11, 77 a 10.

La conclusion dit seulement que la partie du majeur qui possède la propriété du moyen possède nécessairement la propriété du mineur ; la partie du majeur qui ne possède pas la propriété du moyen possède éventuellement aussi la propriété du mineur.

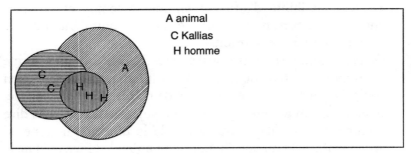

A animal
C Kallias
H homme

fig. 1

Aristote veut simplement donner un exemple de démonstration dans laquelle l'universalité de la majeure étant explicitée sous forme de non-contradiction — affirmation de la propriété et négation de sa non-possession —, la particularité d'une proposition est alors exprimée par la possession *ou* la non-possession d'une propriété. Il ne veut nullement montrer, comme l'interprète Łukasiewicz, que le principe de non-contradiction serait en ce cas violé.

1.4. De l'analyse par Łukasiewicz du statut de la non-contradiction chez Aristote, Newton da Costa veut cependant tirer une justification de sa logique paraconsistante. Outrepassant quelque peu les résultats de cette analyse que nous venons de restituer, il résume ainsi les « conclusions » de Łukasiewicz[16] :

Premièrement, la loi de non-contradiction est indémontrable logiquement. Elle n'est pas non plus une loi psychologique.

Deuxièmement, on ne peut davantage la déduire de la définition de la négation et de la fausseté. Rien n'empêche que

_____

16. *Ensaio...*, p. 108-110.

« A est b » et « A n'est pas B » soient vraies toutes deux, la définition de la fausseté ayant seulement alors pour conséquence
que « A est B » soit à la fois vraie et fausse.

Troisièmement, il y a des objets contradictoires, tel le cercle
carré de Meinong.

Quatrièmement, la valeur du principe de non-contradiction
aurait été, pour Aristote, essentiellement pratique et éthique.
Mais comprenant la faiblesse théorique de ce principe, il l'aurait
posé comme axiome et comme dogme. Newton da Costa reconnaît, il est vrai, que cette interprétation « idéologique » attribuée
par Łukasiewicz à Aristote est sujette à critique, mais, comme il
le dit, son propos n'est pas d'exégèse aristotélicienne[17].

On remarquera, cependant, que l'accent était mis par
Łukasiewicz sur une prétendue fragilité non pas tant du principe
de non-contradiction que du principe de *bivalence*. Or, nous le
verrons, la logique de Newton da Costa en rejetant la non-contradiction conserve fondamentalement la bivalence.

Bien que Newton da Costa tienne à considérer Łukasiewicz
comme un précurseur des logiques paraconsistantes, il reconnaît
dans une note de l'*Ensaio* que les « conclusions » de son article
« On the principle of contradiction in Aristotle » ne sont « pas
suffisantes pour garantir qu'il a perçu la possibilité d'une logique
paraconsistante[18] ». Aussi bien, les véritables précurseurs désignés par Newton da Costa lui-même sont Vasil'ev et Jaskowski.

Les précurseurs

2.1. Si l'on reconnaît que c'est la conjonction de deux
propriétés qui caractérise les logiques paraconsistantes, à savoir
la tolérance de thèses contradictoires et la non-trivialité, c'est-à-
dire le rejet de l'*ex falso sequitur quod libet*, seul S. Jaskowski
peut être à la rigueur considéré comme un vrai précurseur.

---

17. *Op. cit.*, p. 11.
18. *Ibid.*, p. 148.

On ne saurait néanmoins laisser de côté la « logique imaginaire » de N. A. Vasil'ev, en raison de son analyse de la contradiction[19]. Il distingue en effet deux espèces de non-contradiction. L'une, qu'il nomme « métalogique », est satisfaite lorsqu'une même proposition ne peut être simultanément vraie et fausse. Il s'agit alors d'une condition de raisonnement que Vasil'ev semble maintenir. L'autre concerne non les propositions mais les objets : aucun objet ne peut avoir de prédicat qui le contredise ; il qualifie cette non-contradiction d'« ontologique », et c'est le principe correspondant qu'il rejette dans le monde « imaginaire » qu'il veut considérer. Vasil'ev, en effet, par analogie avec la « géométrie imaginaire » de son compatriote Lobatchevski (la géométrie où la somme des angles d'un triangle est inférieure à deux droits), veut constituer la logique de mondes « mentalement créés », éventuellement aberrants par rapport au monde réel. Dans ces mondes, les objets seraient tels qu'on pourrait y formuler non seulement des jugements affirmatifs et des jugements négatifs, mais encore des jugements « indifférents » ou contradictoires : « S est p et non-p ». On pourrait y avoir, à propos d'un même objet, une perception sensible négative aussi bien qu'affirmative, et les exprimer simultanément. La logique qui leur convient rejetterait donc le principe « ontologique » du tiers exclu, tout en maintenant un principe « métalogique » de non-contradiction, une proposition ne pouvant être qu'affirmée ou niée. A. Arruda interprète cette situation (considérée par ailleurs comme « obscure » par Priest et Routley[20]) comme dédoublant le sens de la *négation*. Une négation porterait sur la proposition prise comme non analysée, l'autre concernerait les énoncés de forme sujet-prédicat, la logique « ontologique » se situant « au niveau des prédicats ». Remarque très pertinente dont nous verrons qu'elle s'applique d'une certaine manière à la négation

---

19. N. A. Vasil'ev, « Imaginary logic », *in Atti del V Congresso internazionale di filosofia*, Naples, 1921 (1925, p. 107-109). Voir aussi A. Arruda, « On the imaginary logic of Vasil'ev », *in* Arruda, da Costa, Chuaqui éds, *Non-Classical Logics*, 1976, et Priest et Routley, « Historical introduction », *in* Priest, Routley, Norman éds, *Paraconsistent Logic*, 1989.
20. *In Paraconsistent Logic*, p. 32.

paraconsistante de Newton da Costa, qui fait écho à la différenciation des oppositions quantifiées aristotéliciennes[21]. Cependant, dans les formulations axiomatiques de la logique de Vasil'ev que A. Arruda propose, elle ne tire pas complètement les conséquences de cette interprétation sur deux niveaux. Elle introduit plutôt, sur un même niveau, deux espèces de « lettres propositionnelles », les unes désignant des propositions classiques, soumises à la négation ordinaire, les autres des « propositions de Vasil'ev », dont la négation échappe à la condition de non-contradiction. Or, une telle spécification des lettres syntaxiques, qui est celle adoptée par N. da Costa, ne correspond nullement à la distinction de Vasil'ev entre un niveau propositionnel et un niveau ontologique.

2.2. La « logique discursive » de S. Jaskowski est certainement une source d'inspiration plus directe pour les logiques paraconsistantes telles que N. da Costa les a conçues. Les motivations du logicien polonais[22] ont du reste été reprises par le logicien brésilien qui les énumère dans l'article « On Jaskowski's discursive logic[23] » : systématiser les conceptions contenant des contradictions, traiter des théories contradictoires parce que vagues, traiter des théories empiriques dont les postulats sont inconsistants.

L'univers logique que formalise Jaskowski est alors un univers de discussion avec plusieurs interlocuteurs, dont les propositions, qui peuvent se contredire, doivent être toutes assumées. Mais on les admet sous réserve, « en accord avec l'opinion » de leur auteur. Jaskowski se propose donc de trouver pour de tels systèmes de propositions un calcul qui, premièrement, n'entraîne pas la « surcomplétude » ou trivialité, c'est-à-dire l'extension de l'état de thèses à toutes les propositions bien

---

21. J'adresse à cette occasion à la mémoire d'Ayda I. Arruda, trop tôt disparue, un témoignage d'amicale admiration à titre posthume.

22. S. Jaskowski, « Propositional calculus for contradictory deductive systems », *Studia Logica* 24, 1969, n° 24, p. 143 sqq. (traduction du texte polonais de 1948).

23. N. da Costa et Dubikajtis, *in* Arruda, da Costa, Chuaqui éds, *Non-Classical Logics*.

formées du langage, en conséquence d'une contradiction et par application du *sequitur quod libet* ; deuxièmement, qui soit assez riche pour permettre des inférences « pratiques » ; troisièmement, qui soit intuitivement justifié[24]. On voit que sont ici explicitement présents les deux caractères de la paraconsistance, et Jaskowski insiste clairement sur l'importance de la non-trivialité.

Une première approche d'un tel calcul est fournie par les axiomes hilbertiens d'une « logique positive », sans négation :

$p \rightarrow (q \rightarrow p)$

$(p \rightarrow (p \rightarrow q)) \rightarrow (p \rightarrow q)$

$(q \rightarrow r) \rightarrow ((p \rightarrow q) \rightarrow (p \rightarrow r))$

$(p \rightarrow (q \rightarrow r)) \rightarrow ((q \rightarrow (p \rightarrow r)))$,

auxquels Jaskowski adjoint un axiome de la négation :

$(p \rightarrow q) \rightarrow ((p \rightarrow \neg q) \rightarrow \neg p)$.

Il démontre alors que le *ex falso* sous la forme $p \rightarrow (\neg p \rightarrow q)$ n'est pas une thèse du système.

Mais un véritable calcul discursif doit porter la marque des réserves faites sur les propositions, et Jaskowski pense pouvoir les traduire par un coefficient de possibilité : une proposition ne sera pas simplement affirmée comme « p », mais comme « il est possible que p ». Il utilise donc une combinaison du calcul propositionnel classique et de la logique modale S_5 de Lewis pour donner sens à une « implication discursive », paraphrasée « si quelqu'un affirme p, alors q », ou « si p est possible, alors q », notée par la flèche et traduite en termes d'implication classique et de modalité : $p \rightarrow q = df(pos\ p \supset q)$; il définit de même une équivalence : $p \leftrightarrow q = df\ (pos\ p \supset q)\ \&\ (pos\ q \supset p)$. Dans ce calcul, la conjonction sera également redéfinie en tant qu'adjonction, puisque l'admission séparée des opinions p et q de deux sujets n'entraîne pas nécessairement leur admission simultanée. On définira, par exemple, une adjonction à droite par : $p \wedge q = df\ pos\ p\ \&\ q$, où « & » est la conjonction classique.

Le calcul D_2 ainsi constitué est contradictoire mais non trivial. Il rejette comme thèses nombre de théorèmes classiques,

---

24. « Propositional calculus... », p. 145.

dont Jaskowski fournit des exemples, tels le théorème de Morgan $(p \supset q) \supset (\neg q \supset \neg p)$, le théorème $(p \supset q) \supset (p \& q)$ lié à la conjonction, et $(p \supset q \supset p \supset q \supset \neg p)$[25] lié au raisonnement par l'absurde. Il observe toutefois que toute thèse classique ne comprenant que les connecteurs $\supset$, $\Leftrightarrow$, *et* $\vee$ est une thèse de D_2 avec les connecteurs discursifs correspondants ; que toute thèse classique ne comportant que les connecteurs $\vee$, $\wedge$, $\neg$ est une thèse de D_2 avec les connecteurs correspondants ; réciproquement, que toute thèse de D_2 est une thèse classique en y remplaçant l'implication et l'équivalence discursives par leurs correspondants classiques.

Le calcul discursif ne coïncide pas, on le verra, avec la logique paraconsistante de Da Costa et n'inclut pas le calcul classique au même sens, comme calcul partiel des propositions « policées ». Il fait en outre appel à la modalité du possible dont Priest et Routley ont sans doute raison de dire qu'elle n'a pas « une bonne relation de ressemblance » avec l'opérateur de « réserve » qu'elle est censée formaliser. Mais la logique de Jaskowski préfigure cependant clairement le double caractère contradictoire et non trivial dont nous allons voir se développer les conséquences dans la perspective de da Costa.

Les structures syntactico-sémantiques
de la paraconsistance

3.1. Le système axiomatisé de Newton da Costa, dont les connecteurs primitifs sont l'implication, la conjonction et la disjonction, comprend d'abord, comme le calcul de Jaskowski, un groupe d'axiomes (1 à 8) équivalent à ceux du calcul propositionnel positif de Hilbert[26]. Il s'agit alors d'un calcul minimal dont le développement se présente comme propositionnel classique partiel ; les axiomes 9 et 10 introduisent la négation.

---

25. Prise comme axiome dans la première ébauche de calcul.
26. Voir par exemple Church, *op. cit.*, p. 140. Da Costa reprend ici Jaskowski.

axiomes de Da Costa

1. $a \to (b \to a)$
2. $(a \to b) \to ((a \to (b \to c)) \to (a \to c))$
3. $a \to (b \to (a \& b))$
4. $a \& b \to a$
5. $a \& b \to b$
6. $(a \to c) \to ((b \to c) \to (a \lor b) \to c))$
7. $a \to (a \lor b)$
8. $b \to (a \lor b)$
9. $\neg\neg a \to a$
10. $a \lor \neg a$
11. $b° \to ((a \to b) \to ((a \to \neg b) \to \neg a))$
12. $a° \& b° \to (a \to b)° \& (a \& b)° \& (a \lor b)°$
13. $R : \dfrac{a, \; a \to b}{b}$

Ils suggèrent une réflexion sur le rôle très essentiel de ce connecteur dans un système logique, rôle triple, me semble-t-il, dont certains de ses trois aspects sont interdépendants.

En premier lieu, la négation peut être un foncteur d'inversion du vrai et du faux comme dans les calculs classiques ; elle est alors directement associée au principe du tiers exclu et de la bivalence, et correspond, dans la notation de Gentzen, à la règle :

$$\Rightarrow \phi, \neg\phi.$$

En second lieu, elle est l'instrument du raisonnement par l'absurde, qui apparaît le plus clairement dans la schématisation dite naturelle ou dans celle de Gentzen :

$$\frac{\Gamma, \neg\phi \Rightarrow \phi}{\Gamma \Rightarrow \phi}.$$

En troisième lieu, le raisonnement *ex falso sequitur quod libet*, exprimé par la règle :

$$\frac{\Gamma \Rightarrow \phi \quad \Gamma \Rightarrow \neg\phi}{\Gamma \Rightarrow \psi}.$$

Les deux dernières fonctions de la négation ne s'exercent valablement que si la première fonction d'inversion est vérifiée. Aussi bien, l'abandon par le logicien de cette fonction d'inversion empêche-t-il que soient concluants les raisonnements par

l'absurde et invalident le *ex falso*. La négation affaiblie qu'introduit la logique paraconsistante va donc invalider ces deux schémas. Néanmoins, afin de conserver à la négation une certaine
efficacité opératoire, Newton da Costa, qui maintient la *bivalence*
des propositions, adjoint au système positif deux axiomes.

Le premier, a v ¬a, admet qu'une proposition et sa négation puissent *être vraies toutes deux*, la disjonction n'étant pas
exclusive. On voit, comme nous le remarquions à propos de la
logique de Vasil'ev (§ 2.1, p. 9), que la négation paraconsistante
a les propriétés formelles de la subcontrariété des propositions
particulières quantifiées classiques qui ne peuvent être simultanément fausses, mais peuvent être vraies. Mais il ne saurait s'agir
ici de distinguer propositions analysées et propositions de type
sujet-prédicat. Ce n'est donc pas de ce point de vue que Newton
da Costa opposera à sa négation paraconsistante une négation
forte, applicable comme nous allons le voir sous certaines
conditions.

Le second est ¬¬a → a. Dans le cas où a et ¬a ne peuvent
pas simultanément être vraies, ce schéma est un axiome classique ; si, en revanche, on a à la fois a et ¬a « n'importe quelle
proposition peut impliquer a, et en particulier ¬¬a[27] ». Ainsi
satisfait-on le vœu que « soient valides le plus grand nombre de
principes classiques compatibles » avec la non-consistance et la
non-trivialité. Bien entendu, la converse a → ¬¬a ne sera pas
valide, faute de quoi l'on retomberait dans la logique classique.

C'est aussi en vertu du vœu de conservation maximale de la
logique classique qu'est introduit un opérateur nouveau, réduisant une proposition quelconque aux propriétés classiques des
connecteurs, ce qui est le but des axiomes 11 et 12. Newton da
Costa le note a°, comme abréviation de ¬(a ∧ ¬a). L'expression
« a° » ne désigne donc pas une sous-espèce de propositions, ce
qui ferait de la logique paraconsistante une « logique à deux
espèces de propositions ». Les propositions affectées de l'exposant °, que Newton da Costa appelle « policées » (*bem comporta-*

---

27. Da Costa, *Sistemas formais inconsistentes*, Curitiba, UFPR, 1993,
p. 9.

das), sont simplement des propositions « mal policées » soumises à la condition restrictive de non-contradiction, qui rend alors valides tous les théorèmes classiques qui leur sont appliqués. Par exemple on aura :

$$a° \rightarrow (a \rightarrow \neg\neg a)$$

De sorte que, pour $a°$, $\neg\neg a$ équivaut à a, et le schéma de réduction à l'absurde vaut pour les propositions dites « policées », sous la forme[28] :

$$\frac{\Gamma \Rightarrow b° \quad \Gamma, a \Rightarrow b \quad \Gamma, a \Rightarrow \neg b}{\Gamma \Rightarrow \neg a}.$$

Dans cette logique paraconsistante dénommée C_1, on définira donc, s'appliquant à ces propositions, une négation forte : $\neg^* = df (\neg a \wedge a°)$, possédant toutes les fonctions de la négation classique, grâce aux axiomes 11 et 12 du caractère policé.

3.2. C_1 n'est donc pas trivial, au sens que l'adjonction ou la démonstration d'une forme propositionnelle contradictoire particulière portant sur une proposition quelconque « mal policée » — $(a \wedge \neg a)$ — ne permet nullement d'y démontrer n'importe quelle proposition. Mais C_1 n'est pas le seul système qui satisfasse aux conditions de non-consistance et de non-trivialité. Newton da Costa construit une hiérarchie de telles logiques C_n. Il introduit la notation générale pour les propositions policées d'ordre n : $a° = df \neg(a \wedge \neg a)$, $a^{(1)} = a°$. Il définit alors $a^{(n)}$ comme abréviation de : $a^{(n)} = a^{(n-1)} \wedge (a^{n-1})°$ soit : $a° \wedge ... \wedge a°°° ... \wedge a^n$ (a^n signifiant que l'exposant ° est répété n fois) ; $a^{(n-1)°}$ est la condition qui rend policée d'ordre n une proposition déjà policée d'ordre n − 1. On remplace alors les axiomes 11 et 12 portant sur $a°$ par des axiomes analogues portant sur $a^{(n)}$.

Le contenu intuitif de cette hiérarchie me semble être essentiellement qu'elle donne un sens généralisé à la propriété de non-trivialité. On dira qu'un système formel est *finiment-trivialisable* s'il existe une proposition au moins qui, lui étant adjointe, le

---

28. Il est démontré plus généralement que, si a, a_1..., a_n sont les composantes premières de la proposition complexe F, la condition nécessaire et suffisante pour que F soit démontrable dans le calcul classique est que $a_1° \wedge ... \wedge a_n°$ démontre F dans le calcul C_1 (*Sistemas*..., *op. cit.*, p. 15, théorème 8).

rend trivial. Le système classique, identifié à C_0, est évidemment finiment trivialisable par adjonction de $(a \wedge \neg a)$. Le système C_1 l'est aussi, non par adjonction simple de $(a \wedge \neg a)$ mais par adjonction de $a° \wedge (a \wedge \neg a)$, ou $(a \wedge \neg *a)$, portant alors sur une proposition policée. Et de même tout système de la hiérarchie C_n pour n fini, par adjonction de $a^{(n)} \wedge (a \wedge \neg a)$. On montre que chacun des calculs C_n contient strictement le suivant ; le système limite C_ω pour n infini est défini par les seuls axiomes de 1 à 10 ; il n'est pas finiment trivialisable. On peut donc remarquer, avec Newton da Costa, que plus n est grand, moins sont grandes les chances pour que C_n soit trivialisable ; mais en revanche moins le système est fort, plus réduit est l'ensemble de ses théorèmes.

3.3. Une interprétation sémantique révèle plus intuitivement le sens de la paraconsistance. *Deux* valeurs seulement 1 et 0, comme on l'a dit, sont attribuées aux propositions, quelles qu'elles soient, la valeur distinguée — le vrai — étant prise pour 1. Une valuation qui soit un modèle du système des axiomes de C_1 serait la suivante :

Si v(a) = 0 alors v($\neg$a) = 1.

Si v($\neg\neg$a) = 1 alors v(a) = 1.

v(a $\rightarrow$ b) = 1 si v(a) = 0 ou v(b) = 1.

v(a $\wedge$ b) = 1 si v(a) = v(b) = 1.

v(a $\vee$ b) = 1 si v(a) = 1 ou v(b) = 1.

Si v(a°) = v(a $\rightarrow$ b) = v(a $\rightarrow$ $\neg$b) = 1 alors v(a) = 0.

Si v(a°)= v(b°)= 1 alors v(a $\rightarrow$ b)°= v(a $\vee$ b)°= v(a $\wedge$ b)°= 1.

On constate que, pour cette valuation, le système est fidèle (« sound », tout théorème est vrai) et complet (toute vérité est un théorème) ; que les axiomes 1 à 12 ont bien la valeur 1, et que $\neg$(a $\wedge$ $\neg$a) n'est pas un théorème, ainsi que (a $\wedge$ $\neg$a) $\rightarrow$ b (non-consistance et non-trivialité).

Le rôle particulier de la négation est alors mis en lumière. On a en effet : non-faux = vrai, mais non-vrai n'est pas défini, c'est-à-dire la négation d'une proposition vraie peut être soit vraie, soit fausse. La bivalence est certes conservée, mais le système n'est pas *extensionnel*, en ce sens que la valeur de vérité des composantes primitives ne suffit pas à déterminer univoquement celle de la proposition composée. Il en résulte que des propositions dont l'équivalence logique a été établie ne sont pas en général substituables dans une démonstration (non-congruence de l'équivalence)[29]. Dépend aussi de la non-extensionnalité le fait qu'on ne peut représenter la sémantique de C_n par des matrices finies, comme dans le cas du calcul classique C_0, et donc décider *au moyen de matrices finies* de la valeur d'une proposition quel-conque ; on montre cependant que ces calculs sont décidables par d'autres procédures. De même, on voit que n'est pas valide le principe de tiers exclu, qui exige que de deux propositions contradictoires l'une soit fausse ; ici, lorsque a est vraie, non-a peut aussi bien être fausse que vraie.

Newton da Costa a étendu l'idée de paraconsistance à un calcul des prédicats et à une théorie des ensembles. Nous laissons de côté ces extensions, notre problème de l'introduction de l'irrationnel se trouvant essentiellement présenté par le calcul paraconsistant des propositions. Mais nous aurons à reconsidérer la théorie paraconsistante des ensembles à propos des applications possibles de ces logiques[30].

---

29. Dans un article que nous n'avons pu lire qu'après rédaction de ce chapitre, da Costa, Béziau et Bueno définissent un système C^+_1 dans lequel est introduite une « bonne équivalence » autorisant le remplacement partiel. La négation ~ y est plus forte que dans C_1 et l'on a : $\sim(a \vee \sim b)$ $\supset (\sim a \wedge b)$ (« Aspects of paraconsistent logic », *Bull. of the IGPL*, vol. 3 (4), 1995, p. 597-614).

30. Les axiomes d'une théorie des prédicats du premier ordre sont :
$\forall x A(x) \rightarrow A(t)$
$A(t) \rightarrow \exists x A(x)$
$\forall x (A(x))° \rightarrow (\forall x A(x))°$
$\forall x (A(x))° \rightarrow (\exists x A(x))°$

$$\frac{C \rightarrow A(x)}{C \rightarrow \forall x A(x)}$$

$$\frac{A(x) \rightarrow C}{\exists x A(x) \rightarrow C}$$

Si A et B sont des formules congruentes (Kleene) ou si l'une résulte de l'autre par suppression des quantificateurs vides, alors A $\Leftrightarrow$ B est un axiome.

Les logiques paraconsistantes et les logiques non classiques

4.1. Nous noterons préalablement que les systèmes C_n sont démontrés complets et décidables, tout comme la logique classique, quoique par d'autres moyens que des matrices finies. Les logiques paraconsistantes se présentent donc bien de ce point de vue métathéorique sur le même plan que la logique classique, malgré leur étrange ouverture à la contradiction. Newton da Costa les compare longuement à deux formes de logiques déviantes, la logique intuitionniste et la logiques de la pertinence *(relevant logic* ou *entailment logic)*. En examinant et en discutant l'opportunité de ces rapprochements, nous comprendrons mieux le sens et la portée de ce qui sépare la paraconsistance de la rationalité classique. Remarquons cependant, tout d'abord, que l'intention du créateur des logiques paraconsistantes a été d'une certaine manière de libéraliser la logique en acceptant des contradictions éventuelles, alors que la visée de l'intuitionnisme comme de la logique de la pertinence était au contraire de resserrer les contraintes, en modifiant l'interprétation des liaisons propositionnelles.

4.2. Le point de vue intuitionniste, comme on sait, est introduit par Brouwer pour contraindre le mathématicien à ne raisonner que sur des objets de pensée effectivement présentés et directement manipulables, excluant par exemple des objets dont on peut seulement dire qu'il serait contradictoire qu'ils n'existassent pas. Brouwer, en conséquence, ne s'intéresse pas directement à codifier ces nouvelles exigences en une logique, car pour lui celle-ci n'est jamais qu'un *langage*, postérieur à l'activité intuitive authentique du mathématicien. Or, il écrit[31] :

« Il n'y a point pour la mathématique pure de langage sûr, c'est-à-dire point de langage qui, dans la communication, exclue les malentendus, et dans la pensée protège des erreurs, c'est-à-dire des méprises sur les entités mathématiques. »

---

31. « Mathematische Wissenschaft und Sprache » (1928), *Collected Works*, tome 1, p. 42.

Aussi bien nous assure-t-il qu'il « ne faut pas viser une reformu-
lation de la non-contradiction des mathématiques », mais
« rendre consciente l'existence translinguistique de la mathématique pure ». C'est sans doute ce refus des démonstrations de
non-contradiction qui permet un rapprochement apparent avec
la paraconsistance. Mais Brouwer n'envisage jamais que la création mathématique, assujettie aux contraintes de production
effective, puisse conduire à des contradictions.

   Contrairement sans doute à la pensée originaire du maître,
le disciple Heyting[32] a pourtant codifié avec succès ces contraintes et constitué axiomatiquement un nouveau système de logique. La logique selon lui, et conformément aux idées de
Brouwer, n'est « ni le fondement des mathématiques, ni un
instrument indispensable à leur construction[33] ». Il en formule
cependant les axiomes, considérés comme une sorte d'objets
physiques auxquels correspond la logique réelle, qui est elle-
même un système mathématique, c'est-à-dire un système d'*actes
de pensée*. Dans cette formalisation[34], les connecteurs doivent
être interprétés comme signifiant des relations entre « raisons
d'affirmer » les propositions ou l'existence d'objets. Par exemple,
l'implication $\varphi \rightarrow \psi$ sera traduite : nous avons un procédé général permettant de passer des raisons d'affirmer ϕ aux raisons
d'affirmer ψ[35]. On voit en quel sens profond, métalogique, une
telle logique diffère de la logique classique mais aussi de la logique paraconsistante, dans lesquelles les connecteurs expriment

---

   32. Voir par exemple « Mathematische Grundlagenforschung. Intuitio-
nismus und Beweistheorie », *in Ergebnisse der Mathematik*, 3 ter, Band 4,
1934.
   33. « Logique et intuitionnisme », *in Applications scientifiques de la
logique mathématique*, 1954.
   34. Dont on trouvera les axiomes, pour une première version, dans
Heyting *(op. cit.)*, et sous une forme moderne dans Dana Scott (*Notes on
the Formalization of Logic*, II et III, Oxford, 1981). Il y a 12 axiomes dans
Heyting, avec pour connecteurs primitifs l'implication, la disjonction, la
conjonction et la négation. Kolmogorov (« On the principle of excluded
middle », *in* Heijenoort, *From Frege to Gödel*, donne 5 axiomes, mais pour
les seuls connecteurs d'implication et de négation.
   35. Dana Scott, *Notes on the Formalization of Logic*, III et IV, Oxford,
1981.

simplement des relations de présence et d'absence, de vérité et de fausseté, de ces objets pris sans contenu que sont alors les propositions. L'implication $\phi \rightarrow \psi$, par exemple, pourrait être classiquement paraphrasée ainsi : l'implication (vérifonctionnelle) est affirmée si, dans toutes les réalisations possibles de ϕ et ψ, la proposition ϕ est niée indépendamment de la valeur de ψ, ou la proposition ψ est affirmée indépendamment de la valeur de ϕ. La nature même de la notion de proposition est ici en cause, et c'est seulement en logique classique que cette notion atteint son degré zéro de contenu, son plus haut degré de neutralité du sens, indépendant alors des conditions de l'assertion. Nous en tenant cette fois encore, dans notre comparaison, au calcul propositionnel, nous concentrerons notre attention sur le statut de la négation dont nous avons vu le rôle distinctif en logique paraconsistante.

La négation intuitionniste signifie donc que l'on a des raisons de nier une proposition, c'est-à-dire d'affirmer qu'elle est fausse. D'une proposition, ou l'on a, ou l'on n'a pas les moyens de l'affirmer. Mais on ne suppose pas que, si l'on n'a pas de raisons de l'affirmer (« *if it fails to be true* », Dana Scott), on ait toujours pour autant des raisons de la nier. La proposition a ∨ ¬a n'est donc ni un théorème ni un axiome intuitionniste, et c'est en ce sens qu'est rejeté le principe du tiers exclu. Mais il en subsiste une forme affaiblie que propose Kolmogorov et qui est exprimée par l'axiome :
$$(a \rightarrow b) \rightarrow ((a \rightarrow \neg b) \rightarrow \neg a),$$
qu'il commente ainsi : si la vérité et la fausseté d'un jugement suivent également de a, a est faux. Cependant, comme le note déjà Brouwer, le tiers exclu fort demeurerait valable lorsque sont considérés seulement « des domaines finis ». On comprend cette restriction pour la logique des prédicats, où la finitude concerne les ensembles d'individus. Mais la notion est moins claire, ou moins facile à définir, dans le cas du calcul des propositions, comme le fait remarquer Kolmogorov. Quoi qu'il en soit, l'interprétation intuitionniste de la négation autorise, et le calcul le démontre, à considérer la proposition ¬¬ (a ∨ ¬a) comme un théorème, dont le contenu diffère bien au sens intuitionniste de

a ∨ ¬a, l'absurdité d'une absurdité n'équivalant point à une assertion, car si a → ¬¬a est un théorème intuitionniste, sa converse n'en est pas un.

Au contraire, en logique paraconsistante, a ∨ ¬a est un théorème et ¬¬a → a un axiome, mais une propriété et sa négation peuvent être vraies simultanément, pour ainsi dire de façon contingente, et la même proposition peut être à la fois vraie et fausse[36], de sorte que même la forme affaiblie du tiers exclu de Kolmogorov, valide en logique intuitionniste, n'est pas un théorème paraconsistant. Il résulte également de la profonde mutation que subit la négation en logique intuitionniste que le schéma du raisonnement par l'absurde ne vaut plus : de la négation de la négation de φ, on ne saurait conclure à l'assertion de φ. En revanche, contrairement à ce qui a lieu en logique paraconsistante, le *ex falso sequitur quod libet* classique vaut toujours, selon

ce schéma à la Gentzen : $\dfrac{\Gamma \Rightarrow \phi \quad \Gamma \Rightarrow \neg\phi}{\Gamma \Rightarrow \Psi}$. On ne saurait donc

vraiment considérer la logique intuitionniste comme précurseur ou variante de la paraconsistance pour toutes ces raisons, et très fondamentalement parce que toute contradiction au sens de (a ∧ ¬a) rendrait la première triviale.

4.3. En ce qui concerne la logique de la pertinence, le rapprochement est à peine mieux justifié, si ce n'est que le *ex falso* s'y trouve, comme en logique paraconsistante, récusé[37]. Newton da Costa conclut du reste son exposé de la *relevant Logic* en reconnaissant que ce qui l'intéresse en elle c'est finalement qu'elle « met en question et dialectise la logique classique[38] ». Cependant, dans un texte plus récent[39], il semble insister de nouveau sur la paraconsistance de la logique de la pertinence :

---

36. Da Costa, *Sistemas...*, p. 9.
37. Mais on a le théorème de non-contradiction : (a → a) → ¬ (a ∧ ¬a) ; or (a → a) est en logique de la pertinence une loi ou un axiome d'identité, qui dit que a est *imposé* par lui-même.
38. *Ensaio...*, p. 158.
39. Da Costa et French, « Belief, contradiction and the logic of self-deception », *American Philosophical Quarterly*, vol. 27(3), 1990, p. 179-197, p. 190-191.

> « Quoique la motivation originale de la logique de la perti-
> nence n'ait rien à voir avec la paraconsistance, la définition
> d'une implication plus faible que l'implication matérielle clas-
> sique ne peut être justifiée en termes pragmatiques que par
> des raisons liées à quelque position paraconsistante. »

Mais ce lien, non précisé, réduit comme on vient de le dire au
rejet du *ex falso*, me paraît bien faible.

Suggérée par un article de W. Ackerman[40] et développée
dans l'ouvrage de A. R. Anderson et N. D. Belnap, *Entailment*[41],
la logique « de la pertinence et de la nécessité » est centrée sur
une critique du connecteur d'implication matérielle classique et
non pas du foncteur de négation comme la logique intuitionniste. L'implication vérifonctionnelle classique exprime en
somme une relation de fait entre les valeurs virtuelles de vérité
de deux propositions, simples ou complexes. L'implication
« pertinente » *(entailment)* devra exprimer une liaison intrinsèque grâce à laquelle l'impliquante *impose* l'impliquée. Son sens
devra donc être indépendant des valeurs de vérité virtuellement
accordées aux deux termes. La définition qu'en propose von
Wright, quoique considérée par Belnap et Anderson comme
insuffisante, est assez éclairante à cet égard :

> « A impose B si et seulement si, par des moyens logiques, il est
> possible de parvenir à connaître que "la vérité de A implique
> matériellement B", sans parvenir à connaître la fausseté de A
> ou la vérité de B[42]. »

C'est pourquoi le *ex falso* ne peut valoir dans cette logique :

> « Vérité et fausseté sont en général non pertinentes pour la
> validité de la relation de conséquence, et il est donc stupide de
> dire qu'une contradiction implique n'importe quoi, ou que
> n'importe quoi implique le tiers exclu [c'est-à-dire une propo-
> sition vraie][43]. »

---

40. « Begründung einer strengen Implikation », *Journal of Symbolic Logic*, 21, 1956, p. 113-128.
41. Vol. 1, 1975.
42. *Logical Studies*, 1957, cité par Belnap et Anderson.
43. Belnap et Anderson, *op. cit.*, p. 152.

La relation d'implication pertinente comporte deux traits complémentaires : la pertinence proprement dite et la nécessité. Le premier trait, intuitivement clair, est cependant difficile à formaliser sinon de manière un peu artificielle. On dira par exemple qu'il signifie que l'impliquant A de $A \to B$ est effectivement *utilisé* pour parvenir à B[44]. Ou encore, condition nécessaire mais non suffisante disent les deux auteurs, que l'existence d'un « contenu commun de signification » s'exprimerait par la présence de variables propositionnelles communes dans les deux termes de l'*entailment*. Un contre-exemple de non-pertinence serait la loi de Peirce : $((a \to b) \to a) \to a)$ non valide en logique de la pertinence. Car si a est imposé par l'assomption (peut-être fausse) que a impose une proposition quelconque b, cela ne saurait garantir pertinemment (imposer) la vérité de a. Le théorème correspondant, valable en logique pertinente, serait :

$$(a \to b) \to ((a \to b) \to a) \to a),$$

où l'impliquant $(a \to b)$ de la seconde implication est posé effectivement comme un fait, utilisé dans l'implication finale.

De même, le syllogisme disjonctif, formulé comme théorème classique,

$$(a \wedge (\neg a \vee b)) \to b \text{ ou } ((a \vee b) \wedge \neg a) \to b,$$

ne serait valide en logique pertinente que si l'alternative v n'était pas une simple fonction de vérité, mais comportait une relation intrinsèque entre ses deux termes. Sinon, l'implication demeure paradoxale, comme il apparaît intuitivement dans l'exemple donné[45] : « Napoléon est né en Corse, *ou* le Nombre de la Bête est un nombre parfait », d'où l'on conclurait, vérifonctionnellement : « Si Napoléon n'était pas né en Corse, le nombre 666, qui est le Nombre de la Bête, serait un nombre parfait. »

Pour la négation, la condition de pertinence autorise une axiomatisation plus proche en un sens de la classique que la paraconsistante (qui n'admet que les deux axiomes $\neg \neg a \to a$ et $a \vee \neg a$), puisque Belnap et Anderson posent les trois axiomes :

---

44. *Ibid.*, p. 37.
45. *Op. cit.*, p. 176.

$$(a \rightarrow \neg b) \rightarrow (b \rightarrow \neg a)$$
$$(a \rightarrow \neg a) \rightarrow \neg a$$
$$\neg \neg a \rightarrow a$$

d'où résulte l'équivalence de a et $\neg \neg a$.

Le second trait, la nécessité logique de l'implication, doit être garanti sans introduction d'un calcul modal, et Belnap et Anderson le définissent alors implicitement à partir de la propriété d'une proposition d'être imposée par sa propre auto-imposition : a nécessaire = df $(a \rightarrow a) \rightarrow a$. Un axiome spécifique est alors introduit pour la conjonction :

(a nécessaire $\wedge$ b nécessaire) $\rightarrow$ (a $\wedge$ b) nécessaire.

Cette nécessité logique, pour ainsi dire interne au calcul pertinent, est plus faible que la nécessité modale définie par la loi de Clavius $(\neg a \rightarrow a) \rightarrow a$. Et même, en logique de la pertinence, aucune implication pertinente ne peut être impliquée par sa propre négation :

$\neg(a \rightarrow b) \rightarrow (a \rightarrow b)$ ne saurait donc être une condition nécessaire de la nécessité (au sens de la pertinence) de $a \rightarrow b$.

Ainsi, la logique de la pertinence, aux différents niveaux de complexité des termes considérés par Anderson et Belnap (propositions élémentaires, propositions complexes sans implications enchâssées, propositions complexes quelconques), se présente, de la même façon que l'intuitionniste, comme une théorie des raisonnements *motivés*, quoique en un autre sens. Elle est donc, de ce point de vue, orientée de tout autre façon que la logique paraconsistante.

4.4. Nous pouvons maintenant revenir à une considération de ces logiques en les comparant au calcul classique des propositions. Comparaison légitime, car toutes ont explicité ce rapport. La question qui se pose alors est finalement la suivante : en quel sens la logique classique apparaît-elle comme une *partie*, une *enveloppe*, ou une *dégénérescence* de chacune d'elles ?

Pour la logique de la pertinence, la réponse est assez simple, puisque la profonde transformation des connecteurs, et particulièrement de l'implication, quant à leur sens, rend à la rigueur la comparaison fallacieuse. On peut tout au plus invoquer une certaine homonymie des connecteurs, et faire apparaître alors des différences. Par exemple, si en logique classique $(A \supset B)$ $\supset (\neg A \vee B)$ et $(\neg A \vee B) \supset (A \supset B)$ sont deux théorèmes, seulement $(A \rightarrow B) \rightarrow (\neg A \vee B)$ est valide en logique de la pertinence. Mais il est bien clair que l'analogie des formules en $\rightarrow$ et $\supset$ en dissimule une disparité de sens. Ce serait donc une « erreur de pertinence » que de dire purement et simplement que les lois de Morgan, par exemple, $(\neg A \vee B) \equiv \neg A \wedge \neg B$ et $\neg(A \wedge B) \equiv \neg A \vee \neg B$, sont identiquement conservées en logique de la pertinence, puisque les symboles de conjonction, de disjonction et d'équivalence n'ont plus exactement le même sens ni le même usage que leurs homonymes classiques. Ce que rend sensible encore le fait que, si en logique de la pertinence on peut bien, comme en logique classique, *déduire* B de A et $(\neg A \vee B)$, l'implication $(\neg A \vee B) \rightarrow (A \rightarrow B)$ n'est cependant pas, comme on l'a dit, un théorème pertinent. On ne saurait donc dire que le calcul classique est une « dégénérescence » du calcul de la pertinence, même si des formules du premier apparaissent comme un affaiblissement des formules homonymes du second. Encore moins que le second serait une partie du premier, même si certaines formules sont dans le premier des théorèmes, qui n'en sont point dans le second.

Il semblerait en être à première vue de même du calcul intuitionniste, le sens des connecteurs classiques s'y trouvant profondément altéré, et singulièrement la négation. Le rapport au calcul classique est cependant plus complexe encore, comme il apparaît avec la circonstance très particulière que l'adjonction comme nouvel axiome de la proposition $\neg \neg A \rightarrow A$, par exemple, ou, dans le style de la déduction naturelle d'une nouvelle règle $\dfrac{\neg \phi \Rightarrow \phi}{\phi}$ (où ϕ désigne la proposition absurde), suffit pour que le système intuitionniste devienne équivalent au système classique : il a exactement alors les mêmes théorèmes, et la différence de sens des connecteurs est en quelque manière neutralisée. Si une formule est valide en calcul intuitionniste, son homonyme est démontrable classiquement, puisque la logique classique contient *tous* les axiomes de l'intuitionniste, plus l'axiome $a \vee \neg a$, ou l'axiome de la double négation $\neg \neg a \rightarrow a$.

Comme certains théorèmes classiques ne sont pas démontrables en logique intuitionniste, on peut donc dire que celle-ci apparaît comme une *partie* de la logique classique. Mais il faut observer alors que la même formule prise au sens classique et au sens intuitionniste a deux interprétations différentes, en vertu de ce que signifient les connecteurs, soit comme fonctions de vérité, soit comme liaisons intuitionnistes.

Par ailleurs, et contradictoirement en apparence, on a montré que l'on peut traduire toute thèse ou axiome classique de façon à leur donner un sens et une valeur intuitionnistes. Le tableau de correspondance est le suivant :

formules classiques ϕ	formules intuitionnistes $\phi*$
ϕ	$\phi* = \neg\neg\phi$
$\neg\phi$	$(\neg\phi)* = \neg\phi*$
$\phi \lor \neg\phi$	$(\phi \lor \neg\phi)* = \phi* \lor \neg\phi*$
$\phi \land \psi$	$(\phi \land \psi)* = \phi* \land \psi*$
$\phi \supset \psi$	$(\phi \supset \psi)* = \phi* \supset \psi*$

On voit donc que, de ce nouveau point de vue, le calcul classique apparaît comme une *partie* du calcul intuitionniste, puisque certaines thèses intuitionnistes ne sont pas des traductions de thèses classiques selon ce dictionnaire. Mais ici encore il faut prendre garde que la traduction des thèses classiques n'a qu'un sens affaibli dans sa forme intuitionniste : $\neg\neg\phi$ a, pour l'intuitionniste, un sens plus faible que ϕ. Kolmogorov les nomme donc des « pseudo-vérités » : toutes les thèses de la logique ordinaire sont alors des thèses intuitionnistes, si on les considère comme des « pseudo-vérités ».

Qu'en est-il du système paraconsistant ? On a vu que, pour le système C_1, les axiomes du calcul classique positif (sans néga-

tion) sont valides. Si on leur ajoute une expression du principe
de non-contradiction ¬(A ∧ ¬A), on obtient le système C_0 qui
est celui de la logique classique[46]. L'introduction du foncteur
indice ° de proposition « policée » ne signifie d'ailleurs pas autre
chose que l'adjonction *locale* au système d'une hypothèse de non-
contradiction portant sur les formes propositionnelles qu'elle
concerne. Il en résulte que, sous les conditions d'application du
foncteur ° données par les axiomes spécifiques 11 et 12, le frag-
ment de calcul qui suit est classique. Par exemple, alors que dans
la partie « non policée » du système on a seulement le théorème
(ou plus exactement l'axiome) ¬¬a → a, l'hypothèse $a°$ entraîne
a → ¬¬a et par conséquent a ≡ ¬¬a. Et la négation « forte »
a° ∧ ¬a devient une négation classique. La logique paraconsistante *contient* donc en ce sens la logique classique, comme sa
partie « policée ». Elle est cependant plus faible, en ce que, pour
l'ensemble non policé de ses propositions, certains théorèmes
classiques sont évidemment invalides, tels justement le principe
de non-contradiction ¬(a ∧ ¬a) ou la formule du *ex falso*
a → (¬a → b). Il convient ici de remarquer que le sens des
connecteurs *demeure purement vérifonctionnel* et n'est altéré que
dans la mesure où leur usage n'est pas réglé par *tous* les axiomes
classiques, ce qui n'a vraiment d'effet que pour la négation. De
ce point de vue, la paraconsistance est donc moins radicale que
l'intuitionnisme ou la théorie de la pertinence. La logique de la
paraconsistance est bien encore au sens strict que nous donnons
à ce mot une *logique*, comme théorie d'objets ayant un degré zéro
ou minimal de contenu formel, contrairement aux objets propo-
sitionnels de la logique intuitionniste ou de la pertinence dont le
sens a un contenu qui doit être interprété. Il est vrai que l'opposition des propositions « policées » et « non policées » réintro-
duit un contenu formel, par spécification de l'hypothèse de non-
contradiction. Mais, dans la perspective où je me place, cette
spécification apparaît plutôt comme une commodité : on veut,
sans quitter le régime de la paraconsistance, se donner un moyen

---

46. *Ensaio...*, appendice 1, théorème 3, p. 239.

de raisonner classiquement quand les circonstances s'y prêtent. N'est-ce pas ce que suggère Newton da Costa lorsqu'il écrit :

« Dans l'étude d'une théorie, nous considérerions *au sens strict* seulement les propositions "policées", et nous concevrions C_1 comme un calcul servant à manipuler les propositions ayant ou non un sens strict, nous intéressant dans la théorie spécialement aux déductions dont les formules finales seraient "policées" (quoique dans de telles déductions rien n'empêche que figurent des propositions "non policées")[47] » ?

Y a-t-il des applications de la logique paraconsistante ?

5.1. Cette restriction apportée par Newton da Costa lui-même conduit à se demander dans quelle mesure une logique paraconsistante peut être, en tant que telle, effectivement appliquée. Certes, son créateur proclame en divers endroits qu'il ne prétend nullement remplacer la logique classique là où elle a été employée avec succès, mais seulement « systématiser les situations comportant des croyances contradictoires[48] ». En fait, les essais qui ont été faits de cet usage visent à formuler un traitement logique des systèmes effectifs de pensée comportant des contradictions. Newton da Costa distingue de ce point de vue ce qu'il appelle « paradoxes formels » et « paradoxes informels ». Les premiers consisteraient en la dérivation, dans une théorie formellement constituée, d'une proposition et de sa négation ; les seconds sont des arguments apparemment logiquement acceptables dont la conclusion ne l'est pas. En conservant le mode classique de raisonnement, la solution d'un paradoxe formel ne pourrait consister qu'en une transformation radicale de la théorie en une théorie toute nouvelle. Mais la distinction est assez peu pertinente, car, dans le même passage, l'auteur nous dit qu'un paradoxe formel comme celui qu'a découvert Russell dans la théorie de Frege peut être analysé comme paradoxe informel

---

47. *Sistemas...*, p. 16.
48. « Belief, contradiction... », *op. cit.*

au niveau métathéorique. À première vue, le système de Frege
codifie des lois et des règles logiques valides ; cependant, pour
une logique classique, le système se révèle inconsistant et par
conséquent trivial. La solution, à ce niveau informel, serait de
montrer que tel postulat du système n'est pas réellement acceptable, solution que Newton da Costa considère comme
« négative ». Une solution positive consisterait à montrer que la
conclusion apparemment contradictoire de l'argument russellien
est en réalité acceptable, et c'est finalement le point qui intéresse
ici notre auteur : « La grande signification de la logique paraconsistante a été de montrer qu'il y a, au moins en principe, des solutions positives » des paradoxes[49]. Autrement dit, à la solution qui
consiste à réviser une théorie, éventuellement en en changeant
les principes mêmes, la logique paraconsistante opposerait la
solution qui accepte telle quelle la théorie avec ses propositions
contradictoires, mais modifie les règles et les axiomes du raisonnement. Un tel changement de perspective concernant le processus même de connaissance a bien été déjà proposé en mécanique
quantique. Mais l'analogie est trompeuse. Ce que propose une
logique quantique, c'est en réalité une théorie fondamentale de
l'*objet physique quantique* plutôt qu'un mode radicalement
nouveau d'enchaîner des propositions, qui n'en est que la conséquence apparente. Au contraire, la logique paraconsistante est
bien une *logique*, une théorie du raisonnement, ou, si l'on
préfère, de l'*objet en général*, et non pas, fût-ce à un niveau très
abstrait, de telle *espèce d'objet*. Sans doute l'adoption de cette
logique ne peut-elle manquer d'avoir des conséquences quant à
la nature des objets d'une théorie, mais ce n'est pas là sa visée.

C'est donc en tant qu'outil de manipulation des propositions
d'une théorie qu'il faut envisager une application possible de la
logique paraconsistante. Deux domaines semblent avoir été de ce
point de vue particulièrement abordés, dont un bref examen
nous permettra de mieux saisir le sens et la portée de cette entreprise de domestication de l'irrationnel. L'un est celui de la théo-

---

49. *Ibid.*, p. 203.

rie des ensembles, hautement formalisée ; l'autre celui, très largement informel, des raisonnements effectifs dans la recherche
scientifique et dans la pensée commune.

5.2. La théorie des ensembles, théorie mathématique in-
contestablement féconde, établie sous sa forme axiomatisée par
Frege et Russell, s'est révélée génératrice de contradictions, en
particulier à partir de l'ensemble pourtant licitement construit :
$\hat{x}(x \notin x)$ [50]. Terrain de choix, donc, pour une application de la
logique paraconsistante, qui maintient la fécondité d'une théorie
grâce à sa non-trivialité tout en acceptant les contradictions.
Pour établir une théorie paraconsistante des ensembles [51], on
partira de l'une des formulations classiques, Zermelo-Fraenkel
par exemple, ou *New Foundations* de Quine. Mais au lieu de
restreindre radicalement l'axiome de séparation afin d'éviter les
ensembles contradictoires comme l'ensemble de Russell, on
modifiera convenablement cet axiome. Par exemple, on admettra
comme formules génératrices d'ensembles, outre les formules
stratifiées au sens de Quine, la formule même du paradoxe de
Russell : $(x \notin x)$. Il s'agit alors de montrer que la théorie n'est pas
triviale, et A. Arruda a précisé les formes de l'axiome qui, aux
différents niveaux de la hiérarchie des logiques C_n, n'entraînent
pas la trivialisation [52].

L'intérêt des théories des ensembles paraconsistantes
semble être alors, d'une part, de déterminer des propriétés
d'ensembles pathologiques inconsistants comme l'ensemble de
Russell, d'autre part d'établir que le système classique servant de
base au système paraconsistant est non contradictoire si et seulement si le système paraconsistant est non trivial. Mais il est
permis de douter, au moins jusqu'à plus ample informé, de la

---

50. Dont une figuration intuitive est donnée par : « Le catalogue de
tous les catalogues qui ne se mentionnent pas eux-mêmes. » On voit immédiatement qu'un tel catalogue doit et ne doit pas se mentionner.

51. Voir par exemple N. da Costa, *Sistemas...*, et « On paraconsistent
set theory », *Logique et Analyse* 115, 1986, p. 360 sqq. ; I. Loffredo d'Ottaviano, « On the development of paraconsistent logics and da Costa's
work », *The Journal of Non-Classical Logic*, vol. 7, n° 1-2, 1990, p. 47-50.

52. « The paradox of Russell in the system NF_n », *in Proceedings of the
3rd Brasilian Conference on Mathematical Logic*, São Paulo, 1980.

fécondité mathématique de la nouvelle théorie. N. da Costa lui-même termine son article de *Logique et Analyse* par une conclusion, mathématiquement, très modeste :

« L'intérêt principal de la théorie paraconsistante des ensembles n'est pas de rendre possibles l'existence et l'investigation de certains ensembles causant des difficultés dans la théorie naïve, comme l'ensemble de Russell, les relations de Russell et l'ensemble de tous les ensembles non k-circulaires. Au contraire, le caractère le plus important de la théorie des ensembles paraconsistante est qu'elle nous permet de traiter les extensions de prédicats "inconsistants" qui peuvent exister dans le monde réel, et sont inhérents à quelque univers du discours dans le champ de la science et de la philosophie » (p. 369).

Il apparaît donc que l'importance de la théorie paraconsistante des ensembles se situe, aux yeux de son fondateur, non pas tant dans son développement mathématique que dans ses applications en tant que mise en forme de l'empirie.

5.3. La considération de la présence au moins provisoire de contradictions dans beaucoup de raisonnements du sens commun, et même de raisonnements produits au cours de la recherche scientifique, incite en effet à se demander si de telles démarches ne pourraient être *codifiées* au moyen de logiques paraconsistantes. Dans cette perspective, N. da Costa et certains de ses collaborateurs introduisent l'idée d'une *vérité pragmatique*, ou d'une *quasi-vérité*[53]. L'organisation formelle du domaine de raisonnement « pragmatique » dans lequel apparaissent de telles « vérités » affaiblies est une structure comportant un ensemble d'objets et l'ensemble de celles de leurs relations que l'on considère éventuellement « partielles », c'est-à-dire non nécessairement définies pour tous les sous-ensembles de n éléments correspondant à leur parité. On se donne un langage logique $\mathfrak{L}$ au moyen duquel on se réfère à cette structure. Ce langage comprend un ensemble $\mathcal{P}$ de propositions distinguées réputées vraies, parmi lesquelles certaines sont « décidables », par obser-

---

53. Da Costa et French, « Pragmatic truth and the logic of induction », *British Journal of Philosophy* 40, 1989, p. 333-356.

vation par exemple, et d'autres sont des propositions générales, lois ou théories admises. Une proposition a de $\mathcal{P}$ est une conséquence sémantique vraie dans le langage $\mathcal{L}$: $\mathcal{L}| \Rightarrow a$, et les relations dans $\mathcal{L}$ sont une extension des relations partielles du domaine d'objets. On dira que la proposition b de $\mathcal{L}$ est « pragmatiquement vraie » si elle est vraie au sens de Tarski dans la structure, et « quasi vraie » si elle « n'est pas incompatible avec les éléments de $\mathcal{P}$ ». Des propositions contradictoires peuvent donc être quasi vraies simultanément, soit dans une même structure soit dans des structures différentes, constituant des modèles alternatifs du domaine. Selon l'opinion des auteurs :

> « La vérité pragmatique est la voie de la science théorique. Nous croyons que la science se développe par la construction de théories pragmatiquement vraies, fondées sur des structures partielles qui sont chaque fois de mieux en mieux appropriées, et dont le but final est peut-être la vérité classique[54]. »

On peut difficilement contester cette description de la démarche scientifique effective. Et, par exemple, comme le disent les mêmes auteurs dans un autre article : « Il est hautement improbable que Bohr ait regardé sa théorie contradictoire de l'atome comme vraie[55]. » On peut dès lors tenter de substituer à la logique classique comme fondement démonstratif de telles théories une logique paraconsistante, qui permet d'accepter et de légitimer la contradiction. Cependant, comme le remarquent Priest et Routley :

> « Une reformulation paraconsistante n'est qu'une des manières de surmonter le problème, et nous ne prétendons certainement pas qu'elle soit la meilleure[56]. »

Au reste, si cette coexistence — provisoire — de propositions contradictoires au cours de certaines démarches scientifiques est bien attestée par l'histoire, elle peut éventuellement appeler, pour ainsi dire, une *stratégie* paraconsistante, c'est-à-dire une surveillance de la nature des propositions manipulées :

---

54. *Op. cit.*, p. 338.
55. « Belief, contradiction... », p. 187.
56. « Applications of the paraconsistent logics », *in Paraconsistent Logic, op. cit.*, p. 377.

« policées » comme celles de l'ensemble $\mathcal{P}$, ou « non policées » si elles ne sont que pragmatiquement vraies ou quasi vraies dans une structure partielle. Mais on voit mal comment l'appareil même dans son détail, la machinerie, d'une logique paraconsistante trouverait application dans la *tactique* des raisonnements. L'idée de paraconsistance semble ici ne jouer que le rôle très général d'un garde-fou contre la mise en œuvre, sur des propositions quasi vraies, des schémas interdits par la logique paraconsistante, comme par exemple le raisonnement par l'absurde ou l'implication $a \rightarrow \neg\neg a$.

La même remarque vaut sans doute pour la « théorie pragmatique de l'induction » esquissée dans l'article précédemment cité. Certes, on admettra sans difficulté que l'argument inductif passant des propositions $a_1, a_2 \ldots a_n$, jointes aux « conditions sous-jacentes » Γ, à la proposition a, « signifie que, de la quasi-vérité des a_i et des conditions sous-jacentes Γ, on infère la quasi-vérité de a[57] ». Mais quel est le rôle effectif dans ce passage d'une logique paraconsistante ? Certes, la théorie admet alors une probabilité non nulle relative à des données inconsistantes, $\mathrm{Pr}\,(A\ \&\ \mathrm{non\text{-}}A) \neq 0$, d'où résulte une modification du théorème de Bayes. Mais il semble que tout l'intérêt de l'idée de quasi-vérité ou de vérité pragmatique vienne surtout de la reconnaissance de *structures partielles* dans lesquelles s'effectuent les raisonnements classiques, à l'exception du petit nombre des schémas fondamentaux interdits. Dire que les degrés de croyance attachés aux propositions concernent non leur vérité mais leur quasi-vérité ou leur vérité pragmatique correspond à une *interprétation* prudente, non à une modification des calculs. Car les propositions de l'ensemble $\mathcal{P}$ autorisent, disent les auteurs de l'article, le développement pur et simple de la théorie des probabilités subjectives ; mais, plus généralement, l'ensemble même des propositions pragmatiques du langage d'une structure partielle donnée, auxquelles sont attribuées des probabilités pragmatiques, constitue une algèbre

---

57. *Ibid.*, p. 34.

de Boole qui permet de les intégrer au calcul ordinaire des probabilités subjectives[58]. Ainsi, l'idée de paraconsistance, à travers la notion de structure partielle, n'apporte-t-elle guère ici que la directive stratégique générale qui contrebat l'illusion d'accorder un caractère universel à ces structures, le but final espéré, ou du moins visé, demeurant une représentation non contradictoire des phénomènes, comme le dit assez clairement le texte cité plus haut.

5.4. L'application de la logique paraconsistante aux raisonnements « naturels[59] » est peut-être susceptible de plus de précision. Il s'agit alors d'une organisation logique des *croyances*, en tant qu'exprimant une connaissance du monde. L'idée demeure que cette connaissance repose sur des « modèles sous-jacents » correspondant aux structures partielles de la connaissance scientifique, et les auteurs font usage de leur formalisation de ces structures. Ils distinguent du reste, plus explicitement encore, un niveau *factuel* des croyances et un niveau de *représentation* (comme celui de la théorie scientifique). Dans le premier cas, « croire que non-p » impliquerait « ne pas croire que p », tandis que dans le second cas la croyance que non-p serait compatible avec la croyance que p. Ce qu'ils appellent *self-deception* (s'abuser soi-même) consisterait non seulement à croire en des propositions contradictoires, p et non-p, mais encore à croire et ne pas croire à la même proposition. Et cette possibilité « est reflétée dans la structure du système paraconsistant proposé comme un modèle des aspects logiques de ce phénomène[60] ».

Cette application d'une structuration paraconsistante aux systèmes de croyances ne semble pas soulever de véritables difficultés, et le champ des croyances pourrait bien apparaître comme le domaine privilégié de la paraconsistance.

---

58. *Ibid.*, p. 344.
59. Esquissée par exemple dans les deux articles « Belief, contradiction... », p. 179-197, et « A model theoretic approach to "natural" reasoning », *International Studies in the Philosophy of Science*, vol. 7 (2), 1993, p. 177-190.
60. « Belief... », p. 180.

Une tentative d'application particulière a été faite par da Costa, French et Bueno[61] à des raisonnements supposés porter sur des connaissances relativement théoriques, une logique paraconsistante étant alors la reprise, sous forme élaborée, de l'idée ethnologique de « pensée primitive ». Il s'agit d'analyser certains raisonnements des Zande (ou Azande), ethnie soudanaise, rapportés par E. E. Evans-Pritchard[62]. Soient les propositions suivantes :

1. Les sorciers, et eux seuls, possèdent une « substance sorcière ».
2. La substance sorcière s'hérite en ligne de même sexe.
3. Le clan zande est agnatique.
4. L'homme x, du clan zande, est un sorcier.
5. Tout homme du clan zande est un sorcier.

Or les Zande acceptent les propositions 1 à 4, mais nient la proposition 5, qui en logique classique en découlerait. Les auteurs de l'article cité proposent donc de supposer qu'une logique paraconsistante serait sous-jacente à la pensée des Zande, admettant des propositions qui se contredisent, sans être trivialisée. Mais les documents ethnologiques sur lesquels repose la formulation des cinq énoncés précédents est assez incertaine. Certains ethnologues assurent, par exemple, que la proposition 2 est entendue par les Zande comme une hérédité de la qualité de sorcier seulement entre parents agnatiques *très proches*... Il s'agirait en ce cas d'une logique du vague plutôt que d'une logique du contradictoire. En tout état de cause, l'idée d'une organisation paraconsistante de la pensée « naturelle » dans son rapport à des environnements culturels divers demeure intéressante et assez vraisemblablement féconde[63].

---

61. « Is there a zande logic ? », *The British Journal for Philosophy of Science*, 1996, p. 16.

62. *Witchcraft, Oracles and Magic among the Azande*, Oxford, 1937.

63. Dans l'article récent « Aspects of paraconsistent logic » précédemment cité, les auteurs proposent de succinctes applications de C_1 et C^+_1 à la médecine, assez peu convaincantes. Par exemple : deux docteurs sont en désaccord sur le diagnostic du cancer chez John Smith, mais s'accordent pour dire que si J. S. a un cancer il mourra dans les trois mois. De cette situation, on ne peut conclure en logique C^+_1 (pas plus qu'en logique classique) que si J. S. n'a pas un cancer, il ne mourra pas dans les trois mois (toutes choses égales d'ailleurs évidemment). Car de $a \wedge \neg a \wedge (a \supset b)$ on ne peut conclure $\neg a \supset \neg b$. Résultat que les auteurs commentent ainsi : la présence d'une contradiction ne permet pas dans C_1 de déduire une conséquence qui serait invalide en logique classique (*op. cit.*, p. 610).

5.5. Au terme de cet exposé d'une logique paraconsistante, on peut tenter de préciser en quel sens on a pu la présenter comme un *recours* à l'irrationnel. Un recours, dans la mesure où son créateur a voulu donner forme à des procédures de pensée incomplètement ou imparfaitement soumises aux règles de la logique ordinaire, mais dont on ne saurait pourtant nier ni l'existence ni la relative fécondité. Certes, nous avons à plusieurs reprises insisté sur le caractère provisoire des procédures ainsi codifiées, soit dans le progrès des sciences de l'empirie, soit dans l'« invention », au double sens du mot, des objets mathématiques. Toutefois, cette codification d'une pensée faiblement contradictoire pourrait peut-être servir de schème formel à une description empirique de certains *faits* de connaissance, à une psychologie cognitive.

Nous disons de la pensée que codifie cette logique qu'elle est « faiblement contradictoire ». L'introduction de l'irrationnel qu'elle opère est en effet limitée. On y admet que le déroulement des raisonnements ou des calculs puisse conduire à des résultats opposés, qu'une proposition puisse être démontrée ainsi que sa négation ; mais les règles de cette logique garantissent qu'une telle situation n'entraînera pas que toute proposition bien formée du langage utilisé sera une thèse, démontrable ou tout au moins valide. Cette condition de « non-trivialité » qui fait l'intérêt original de la paraconsistance apparaît comme un des traits les plus profonds du rationnel. Il est permis peut-être de le rapprocher du critère popperien de scientificité d'une théorie : elle doit être potentiellement réfutable. Ce critère, à vrai dire, ne prend tout son sens et ne révèle ses limitations que lorsqu'on explicite les conditions dans lesquelles une théorie est formulée et établie. Mais il repose assurément sur l'idée générale que, dans un système rationnel de propositions, un premier requisit est que tout n'ait pas même valeur de vérité. Telle est l'une des exigences les plus fondamentales de la rationalité.

Mais reste la condition paraconsistante de présence possible de contradictions, qui demeure assurément une marque irrécusable de l'irrationnel. L'acceptation de cette présence dans un système logique constitue donc une anomalie essentielle que tous les tenants ou précurseurs de la paraconsistance ont voulu justifier en se référant à des systèmes philosophiques, mais en confondant parfois le niveau du système logique opératoire lui-même, qui demeure dans ces systèmes le plus souvent classique, et le niveau des contenus de concepts où est censée régner la contradiction. Nous examinerons, pour finir, de ce point de vue, l'une des philosophies souvent invoquées par les logiciens para-consistants, celle de Wittgenstein.

5.6. Sa pensée s'exprime à la fois tantôt dans des formules nuancées et tantôt de façon abrupte et provocatrice. Nous nous bornons ici à en relever quelques traits, que nous croyons instructifs, pour comprendre le sens philosophique et la portée mathématique d'une logique de la paraconsistance, justement parce que les considérations du philosophe sont et ne sont pas paraconsistantes.

Soulignons tout d'abord la distinction wittgensteinienne entre ce que j'appellerai une « contradiction actuelle » et une « contradiction virtuelle ». J'entends par « contradiction virtuelle » une contradiction supposée présente dans un système de pensée, mais cachée. Wittgenstein considère une telle contradiction comme inexistante. Une contradiction, selon lui, ne saurait être comme

« une maladie cachée qui est dommageable quoique (et peut-être justement parce que) elle ne se déclare pas clairement[64] ».

Parler d'une contradiction dans un système, dans un « jeu » de pensée, c'est être capable de la découvrir, de la construire :

« Si nous n'avons aucun moyen de partir à la chasse d'une contradiction, dire qu'il pourrait y en avoir une n'a pas de sens[65]. »

Car une proposition mathématique, pour Wittgenstein, n'est rien d'autre que sa propre démonstration. Le problème métamathé-matique de la démonstration de la consistance de l'arithmétique est donc pour lui dépourvu de sens, si l'on entend par là l'établisse-ment d'une *proposition* (une métaproposition) relative au

---

64. *Philosophische Grammatik*, II. 14, p. 303.
65. *Cours de Cambridge 1932-1935*, 1992, p. 19 [8].

calcul. Tout au plus s'agirait-il de soumettre les *règles* du calcul à un *contrôle* inductif détaillé et complet *(durchschauen)* : « Nous ne devons pas oublier que nous n'avons affaire ici qu'aux *règles* du jeu, et non pas aux configurations[66] », c'est-à-dire aux contenus des propositions mêmes du calcul.

Mais qu'advient-il si l'on rencontre effectivement, au cours du calcul, une contradiction actuelle, par exemple sous la forme de la démonstration d'une proposition telle que $0 \neq 0$? Cette rencontre, dit paradoxalement Wittgenstein, « ne serait pas une si grande malchance *(so ein großes Unglück)*. Rien de plus facile que de l'écarter *(beseitigen)*[67] ». En effet, la proposition contradictoire ne serait pas à vrai dire une proposition authentique, en ce sens qu'un tel énoncé n'appartiendrait pas réellement au calcul, mais serait la négation d'une règle de ce calcul. Or, la grammaire même du mot « règle » impose qu'une règle ne se contredise pas : « Il est en effet dans la grammaire du mot "règle" que "p.~p" ne soit pas une règle (si p est une règle)[68] ». De sorte que la réaction devant une contradiction rencontrée doit être :

« S'il en est réellement ainsi (si la contradiction *doit* subsister), je ne comprends pas. Ou : je n'ai pas appris cela. Je ne comprends pas les signes. Je n'ai pas appris ce que je dois en faire, si c'est un ordre, etc.[69] »

La rencontre d'une contradiction n'est donc pas véritablement la rencontre d'une propriété paradoxale des *objets* d'une *théorie*, mais celle d'une pseudo-règle de calcul qu'il faut écarter comme dépourvue de sens[70].

---

66. *Wittgenstein und der Wienerkreis*, 1967, p. 113.
67. *Philosophische Grammatik*, II. 14, p. 303.
68. *Ibid.*, p. 304. « Pourquoi les règles ne peuvent-elles se contredire ? Parce qu'alors elles ne seraient pas des règles » *(ibid.*, p. 305).
69. *Ibid.*, p. 303.
70. À Waismann qui note le problème de l'absence de contradiction n'apparaît en mathématique qu'avec les nombres réels et dans la théorie des ensembles, Wittgenstein répond : « Oui, cela se rattache au fait que l'on conçoit toujours l'analyse et la théorie des ensembles comme des théories qui décrivent quelque chose, et non comme des calculs » (*Wittgenstein und der Wienerkreis*, p. 118).

Il semble ainsi que pour Wittgenstein, d'une part, il n'y ait pas de contradictions latentes, et que d'autre part les contradictions éventuellement rencontrées ne soient pas des propositions du calcul même où elles se présentent, et puissent et doivent être supprimées en changeant le sens des *règles*. C'est ce qu'il dit explicitement dans *Philosophische Grammatik* :

> « Dans un système grammaticalement élucidé, il n'y a pas de contradictions cachées, car une règle doit y être donnée pour trouver une contradiction. Une contradiction ne peut être cachée qu'au sens où elle est cachée pour ainsi dire dans le "tohu-bohu" des règles, dans la partie désordonnée de la grammaire. Mais elle n'a pas là de conséquence, car elle doit être écartée en mettant de l'ordre dans la grammaire[71]. »

Et pourtant, d'autres textes semblent prendre au sérieux, comme éléments du calcul, les contradictions, en distinguant celles qui sont interdites et celles qui sont admises, celles qui sont utiles et celles qui sont inutiles : « Prendre ensemble $2 + 2 = 4$ et $2 + 2 = 5$ peut être sans usage, mais non pas faux. Cela donnerait une nouvelle mathématique[72]. » Et Wittgenstein disait un peu plus haut : « Pourquoi ne pas avoir une mathématique pleine de contradictions ? », c'est-à-dire un nouveau *jeu*. Il faudrait alors, bien entendu, expliciter les conditions d'*application* du nouveau calcul, et il considère qu'il serait intéressant de rechercher, dans ce calcul, les causes de la contradiction. Aussi bien,

> « les lois de la logique, tiers exclu et contradiction, sont arbitraires. Ce jugement répugne quelque peu, mais il est pourtant vrai[73] ».

Nous sommes bien ici décidément sur le versant de la paraconsistance, avec en différents endroits la suggestion d'une rationalité conventionnelle. Mais, différence capitale, la question de la « trivialité » n'est pas abordée, et l'on peut douter par ailleurs que Wittgenstein, s'il envisage bien la constitution d'une nouvelle mathématique, d'un nouveau calcul contradictoire, aurait envi-

---

71. II. 14, p. 305.
72. « The yellow book », *in Cours de Cambridge 1932-1935*, p. 94 [72].
73. *Ibid.*

sagé comme possible et présentant quelque intérêt la *formulation* d'une *logique* de la contradiction, la formulation de ses *règles*. Quant à la paraconsistance érigée en système de raisonnement par les logiciens, elle ne nous a paru, en fin de compte, organisant certaines étapes de la pensée objective, qu'être un recours provisoire à l'irrationnel.

Chapitre VI

L'IRRATIONNEL
COMME RECOURS DANS L'ART :
DADA, SURRÉALISME

Que signifie le recours à l'irrationnel dans les beaux-arts ? Nous chercherons à le déterminer surtout dans les écrits théoriques des artistes, nous limitant au cas très explicite et provocateur des dadaïstes et des surréalistes, en littérature et dans les arts plastiques. Dans les sciences, nous avons vu que ce recours est imposé et non voulu, et qu'il est le plus souvent subi comme un pis-aller provisoire, qui se résout presque toujours, tôt ou tard, par une rationalisation réussie. Il n'en est pas de même pour l'artiste qui revendique alors l'irrationalité comme une libération et l'ouverture vers des créations inattendues, vers des objets nouveaux, des mondes imprévus dont l'étrangeté est alors perçue comme la condition même du poétique. Mais on ne constate point alors, à l'issue d'un temps généralement assez court d'exploitation triomphale de l'irrationnel, quelque solution comparable à celles que nous décrivions dans les sciences. Il semble, non que le mouvement se résolve par un retour manifeste au rationnel, mais que la veine irrationaliste se tarisse, ou se perde dans des résurgences affaiblies. Notre propos est de caractériser autant qu'il se peut ce recours à l'irrationnel.

Bien différent sans doute de l'irrationnel rencontré par le savant au cours de la construction et de l'exploration de ses objets, sa figure et celle de l'autre ont pourtant une ressemblance telle que les deux notions doivent être réunies sous un « air de famille ». Dans les deux cas, l'irrationnel se présente en effet comme une violation de règles précédemment assumées, ou en tout cas appliquées, auxquelles satisfaisait la structure des objets symboliques, abstraits ou concrets, produits par le savant ou par l'artiste. Pour ce dernier, le résultat de cette violation est une possibilité *immédiate* de renouvellement de la nature même des objets qu'il expose ; pour le premier, c'est la possibilité de poursuivre son exploration et sa production selon le mouvement même que les règles, en un certain point, ont paru interdire. Le *renouvellement* de l'univers des objets n'apparaîtra ici qu'en dernière heure, lorsque justement la rationalité sera reconquise, au moins partiellement, comme on l'a vu dans l'exemple du calcul symbolique, de la fonction δ, ou de la physique quantique.

Pour interpréter le sens du recours à l'irrationnel dans l'art, l'aventure dadaïste et la révolution surréaliste ont été choisies non seulement pour la netteté et l'intransigeance de leur attitude, mais aussi parce qu'elles présentent deux réalisations assez radicalement et instructivement différentes, quoique jusqu'à un certain point associées, de ce recours à l'irrationnel. Dada est né, on le sait, en 1916 à Zürich, sous l'impulsion de Tristan Tzara, et s'est rapidement disloqué en tant que groupe vers 1922 ; le surréalisme naquit à Paris, entre 1920 et 1924, sous l'impulsion d'André Breton. De futurs membres du groupe surréaliste ont certes participé un temps au mouvement Dada, mais s'en sont très vite écartés, même si des rapprochements et des ruptures postérieurs ont eu lieu. De sorte que, malgré cette communauté avec Dada que constitue le recours à l'irrationnel, le surréalisme demeure parfaitement original. Ainsi que le remarquera Tzara dans une interview de 1927[1] :

> « Le surréalisme est-il un aboutissement de *Dada* ? Il l'est peut-être dans l'ordre chronologique mais il ne peut pas être un aboutissement "loyal". »

Néanmoins André Breton lui-même, revenant sur la querelle qui l'a séparé au début des années vingt de Dada, écrit dans le *Second Manifeste du surréalisme* (1929) que sa « mésentente avec

---

1. Tzara, *Œuvres complètes*, Flammarion, 1975, tome II, p. 428.

lui [Tzara] n'était fondée sur rien de si grave que nous avons pu croire[2] ». Mais le point de départ et le développement des deux mouvements de rejet du rationnel n'en sont pas moins très distincts. Nous comparerons de ce point de vue quelques-uns des principaux thèmes des deux mouvements, à partir surtout des riches exposés et manifestes des deux fondateurs.

Détruire...

1.1. La tonalité majeure du mouvement dadaïste est assurément négative. Il s'agit avant tout de détruire.

« Nous voulons *vivre* sans loi, sans règlement [...]. Notre rôle est de détruire ce qu'on a fait jusqu'à maintenant en art, en religion, en littérature et en musique[3]. »

Cette destruction des « règlements » concerne d'abord le « bon sens », dans son acception apparemment cartésienne — « Je n'explique pas, car je hais le bon sens[4]... » —, et naturellement, sans doute avec la même signification, la « logique ». Pour Tzara : « Marié à la logique, l'art vivrait dans l'inceste[5]. » Expression assurément étrange s'il faut la prendre à la lettre, puisqu'elle signifierait que, pour Tzara, il existe entre la logique et l'art un lien de mère à fils ou de frère à sœur. Breton proclame lui aussi un rejet de la logique et du bon sens, mais plus nuancé, puisqu'il lui reproche avant tout sa visée utilitaire :

« Les procédés logiques de nos jours ne s'appliquent plus qu'à la résolution de problèmes d'intérêt secondaire [...] L'expérience s'appuie sur l'utilité immédiate, et elle est gardée par le bon sens[6]. »

---

2. André Breton, *Manifestes du surréalisme*, Pauvert, 1962, p. 203, et *Œuvres complètes* II, p. 817.

3. Tzara, « Conférence du Club du Faubourg, 7 février 1920 », *Œuvres* I, p. 571.

4. *Ibid.*, p. 360.

5. « Sept manifestes Dada, 1924 », *Œuvres*, p. 365.

6. *Manifeste de 1924*, p. 22 ; *Œuvres* I, p. 817.

Et il utilise dans le *Second Manifeste* le mot « logique » en un sens élargi et détourné, reconnaissant que les techniques de mise en état de poésie

> « sont susceptibles de nous livrer des étendues *logiques* parti-culières, très précisément celles-ci où la faculté logique, exer-cée en tout et pour tout dans le conscient, n'agit pas[7] ».

Mais Tzara va plus loin encore et veut détruire les « idées ». À propos des arts plastiques, il reprochera en effet aux peintres cubistes et futuristes de devenir « scientifiques » et de « pro-poser l'académisme » : c'est que « les idées empoisonnent la peinture[8] ». Aussi les œuvres d'art idéales doivent-elles être « à jamais incomprises[9] ». Ce désir de destruction va chez Tzara jusqu'à l'autodestruction, du moins celle de son propre mouve-ment, puisqu'il dit qu'il l'a lui-même détruit :

> « C'est moi-même qui ai tué Dada, volontairement, parce que j'ai considéré qu'un état de liberté individuelle était devenu à la fin un état collectif[10]. »

Le dadaïsme répugne en effet si profondément à l'organisation, sa « méfiance envers la communauté[11] » est si forte, qu'il doit disparaître s'il est sur le point de devenir la doctrine d'un groupe.

1.2. Sur ces différents points, l'attitude surréaliste marque sa différence. Si le mouvement s'affirme bien lui aussi comme iconoclaste et provocateur[12], ce n'est pourtant pas le mot « détruire » que Breton d'abord avance, aux premières lignes de son Manifeste de 1924, mais celui de « liberté » : « Le seul mot de liberté est tout ce qui m'exalte encore[13]. » Ce qu'il faut ce n'est pas à proprement parler détruire, mais *rompre les cadres* préfor-més. À propos de l'œuvre du Facteur Cheval, Breton écrira en

---

7. P. 190 ; *Œuvres* I, p. 807.

8. *Ibid.*, p. 409.

9. *Œuvres* II, p. 365.

10. « Interview par Voronca, 1927 », *Œuvres* II, p. 417.

11. « Sept Manifestes Dada », *ibid.*, p. 361.

12. Mais on cite trop souvent, en feignant de le prendre au pied de la lettre et détaché de son commentaire, le mot du *Second Manifeste* de 1930 : « L'acte surréaliste le plus simple consiste, revolver aux poings, à descendre dans la rue et à tirer au hasard, tant qu'on peut, dans la foule » (*ibid.*, p. 155 ; *Œuvres* I, p. 782).

13. *Manifestes*, p. 17 ; *Œuvres* I, p. 312.

1935 : « On voit comme l'irrationalité concrète a, dès cette époque, en architecture, tenté de rompre tous les cadres[14]. »

Et le but de cette rupture est de libérer l'*imagination*, car la qualité de l'art « réside dans l'imagination seule, indépendamment de l'objet extérieur qui lui a donné naissance[15] ». Or, selon lui, l'acte fondamental de l'imagination pour l'artiste est de parvenir à un point de passage entre le réel et l'imaginaire :

« Tout porte à croire qu'il existe un certain point de l'esprit d'où la vie et la mort, le réel et l'imaginaire, le passé et le futur, le communicable et l'incommunicable, le haut et le bas cessent d'être perçus contradictoirement. Or c'est en vain qu'on chercherait à l'activité surréaliste un autre espoir que la détermination de ce point[16]. »

On voit tout ce qui sépare ici Breton de Tzara ; l'un vise l'atteinte d'une sorte de conciliation du réel et de l'imaginaire (certes au profit de l'imaginaire), mais ne cherche pas, comme l'autre, à exacerber les contradictions : « Je suis pour la continuelle contradiction[17]. » Néanmoins, la contradiction n'en est pas moins aussi pour le premier l'une des marques de l'imaginaire dans le réel.

1.3. Aussi bien, le rejet par Tzara de toute théorie et de toute « idée » n'est-il nullement partagé par Breton. Celui-ci cite à plusieurs reprises Hegel, qu'il invoque pour réfuter les thèses pseudo-marxistes sur l'art prolétarien. « Et pourtant Hegel est venu », dit-il, et de faire un éloge sans réserve des vues du philosophe idéaliste sur la poésie et sur l'art. « Aujourd'hui encore, c'est Hegel qu'il faut interroger sur le bien ou le mal fondé de l'activité surréaliste dans les arts[18]. » Il est vrai qu'il ne consent à voir en lui nul dogmatisme : « Aucun parti pris de système ne peut *a priori* passer pour vicier » ses vues. Affirmation assurément assez étonnante, même si Breton reconnaît qu'au cas où un tel parti pris serait décelable, « il ne saurait entraîner aux

---

14. « Situation de l'objet surréaliste », *ibid.*, p. 313 ; *Œuvres* II, p. 478.
15. *Ibid.*, p. 258 ; *Œuvres* II, p. 425.
16. *Ibid.*, p. 154 ; *Œuvres* I, p. 781.
17. Tzara, « Sept manifestes Dada » ; *Œuvres* I, p. 665.
18. *Manifestes*, p. 310 ; *Œuvres* II, p. 476.

yeux du lecteur matérialiste que quelques erreurs aisément rectifiables[19]... ». Même ainsi modulée, cette profession de foi hegelienne est certainement incompatible avec l'affirmation de Tzara que « le plus acceptable des systèmes est de n'en avoir par principe aucun[20] ». Peut-être faut-il comprendre que ce qui attire le surréaliste dans l'interprétation hegelienne de l'art, et plus précisément de l'art suprême, la poésie, c'est que la rationalité de Hegel se présente comme un mouvement dont le moteur est la contradiction. Par quoi naturellement s'introduit, conformément au vœu surréaliste, l'irrationnel.

La vie

2.1. Il est un thème commun à nos deux prophètes de l'irrationnel sur lequel il est essentiel de marquer ce qui les unit et ce qui les sépare, c'est la place qu'ils accordent à ce qu'ils appellent « la vie ». On aura noté déjà dans une citation antérieure l'expression de Tzara : « Nous voulons *vivre* sans loi... » où il a souligné le mot « vivre ». Pour lui la vie est essentiellement « spontanéité[21] ». On notera en passant la réserve de Breton à propos de ce qu'il nomme la « relative spontanéité Dada[22] ». La vie serait opposée à l'« intelligence », qui est « une organisation comme une autre... la vie heureusement est autre chose[23]... ». À cette absence de réglementation de la vie se rattache le caractère de subjectivité que l'art selon Tzara doit avant tout préserver :

> « C'est le grand principe de subjectivisme, la noble force de la réalité, la connaissance de l'individu qui caractériseront l'art à venir[24]. »

---

19. *Ibid.*
20. « Sept manifestes Dada », *Œuvres* I, p. 365.
21. « Conférence de Weimar et Iéna, 23 et 25 septembre 1922, parue dans *Merz* en janvier 1924 » ; *Œuvres* I, p. 421.
22. Breton, « Du surréaliste en ses œuvres vives », *Manifestes*, p. 356.
23. *Ibid.*, p. 420.
24. « Faillite de l'humour », *Œuvres*, p. 412.

Cette « vie », cependant, semble être pour Tzara non pas tant une réalité que, contradictoirement sans doute, une mise en ordre idéale qu'il qualifie toujours de « cosmique » et qui est l'une des façons de considérer le *projet* de l'art :

> « L'œuvre s'éloigne de plus en plus de la réalité du monde, son niveau est toujours plus haut, plus différencié, plus cosmique[25]. »

Notion sans doute assez confuse, mais qui semble être associée à un *ordre* de la nature, dont l'organisation cachée, révélée par l'art, serait alors à l'opposé des organisations particulières, utilitaires, rationnelles (l'intelligence par exemple). Il reprend cette suggestion dans un autre texte où il parle de l'« art pour la vie » :

> « L'art pour la diversité cosmique, pour la totalité, pour l'universel, et [nous] voulons voir, innée dans celle-ci, la vie lente qui existe et dort même dans ce que d'habitude on nomme la mort[26]. »

Une telle vision confusément universaliste et pour ainsi dire panbiotique de l'essence du monde et de la vie correspond chez Tzara à une attitude essentiellement contemplative, malgré ses fureurs iconoclastes. C'est pourquoi Dada « place avant l'action et au-dessus de tout : le *doute*. Dada doute de tout[27]... ». Ce qu'il prêche en fin de compte, c'est « le retour à une religion d'indifférence[28] ».

2.2. On voit bien que tel ne saurait être le mot d'ordre de l'irrationnel surréaliste. Tout au contraire, Breton nous dit que le surréalisme

> « plonge ses racines dans la vie, et non sans doute par hasard, *dans la vie de ce temps*, dès lors que je recharge cette vie d'anecdotes comme le ciel, le bruit d'une montre, le froid, un malaise, c'est-à-dire que je me reprends à en parler d'une manière vulgaire[29] ».

---

25. « Un art nouveau », *Œuvres* I, p. 557.
26. Pierre Reverdy, « Le voleur de Talan », *Œuvres* I, p. 400.
27. « Manifeste sur l'amour faible et l'amour amer », *Œuvres* I, p. 381.
28. « Conférence de Weimar... », *Œuvres* I, p. 420.
29. *Second Manifeste, op. cit.*, p. 155 ; *Œuvres* I, p. 782.

On notera que le poète fait ici une réserve, distinguant sans doute la vie telle que l'art la saisit et la recrée dans sa profondeur, et les « anecdotes », la vulgarité de l'action, action pourtant, aux yeux de Breton, nécessaire, et nécessaire, semble-t-il, pour des raisons « morales ». C'est finalement toujours de ce point de vue que Breton « fulmina » si véhémentement des pamphlets contre certains surréalistes. Il s'agit, dit-il encore dans ce *Second Manifeste*, « de faire face aux problèmes changeants de la vie » et d'« attester la *non-rupture* d'un certain nombre d'engagements mutuels[30] ». Il refuse sur ce plan l'« indifférence poétique[31] ». Il estime qu'il « n'est pas autorisé à laisser courir les pleutres, les simulateurs, les arrivistes, les faux témoins, et les mouchards[32] ». Ainsi fait-il le procès, au moins « épisodique » comme il le dira en 1946[33], de certains vivants, un moment ses amis, et de certains morts : « Rimbaud s'est trompé, a voulu nous tromper... Tant pis aussi pour Baudelaire... Crachons en passant sur Edgar Poe » qui a doté le monde d'une méthode policière[34]... Seul Lautréamont, aussi bien poétiquement que moralement, reste l'exemple intact et incontesté. Dans cette perspective, on voit bien la limite de l'appel à l'irrationnel ; puisque est alors implicitement reconnue, non sans réticence, mais enfin reconnue, comme supérieure au droit de se contredire, en quelque sorte une *rationalité morale* : « Le droit de se contredire, je sais, mais enfin[35] ! »

On comprend dès lors que l'engagement politique ait pu prendre dans le surréalisme une si grande importance et ait été l'occasion de tels conflits internes. « Il faut absolument que nous fassions comme si nous étions réellement "au monde" pour oser ensuite formuler quelques réserves[36]. » C'est ainsi qu'il faut comprendre l'adhésion d'abord totale au communisme et la croyance en la révolution soviétique, puis les réserves et les criti-

---

30. *Ibid.*, p. 145 ; *Œuvres* I, p. 836.
31. *Ibid.*, p. 159 ; *Œuvres* I, p. 785.
32. *Ibid.*, p. 164 ; *Œuvres* I, p. 790.
33. Préface pour la réédition du *Second Manifeste*, *op. cit.*, p. 144.
34. *Ibid.*, p. 157 ; *Œuvres* I, p. 784.
35. *Ibid.*
36. *Ibid.*, p. 168 ; *Œuvres* I, p. 791.

ques, occasionnées par le statut de l'art dit « prolétarien », puis la condamnation du dogmatisme et de l'intolérance, tout en maintenant le rejet du monde capitaliste et en associant, comme « n'en faisant qu'un », les deux mots d'ordre : celui de Marx, « transformer le monde », et celui de Rimbaud « changer la vie[37] » . À la même date, dans sa préface à *La Position politique du surréalisme*, il proclame sa préoccupation

> « de concilier le surréalisme *comme mode de création d'un mythe collectif* avec le mouvement beaucoup plus général de libération de l'homme qui tend d'abord à la modification fondamentale de la forme bourgeoise de propriété[38] ».

L'idée de « mythe collectif » doit être entendue comme se référant au fait que le mouvement surréaliste a toujours été pour lui, non une doctrine, mais

> « une association humaine... telle qu'on n'en avait plus connu d'aussi ambitieuse et d'aussi *passionnée* au moins depuis le saint-simonisme[39]... ».

Cette position est très manifestement opposée à celle, plus radicale en un sens, de Tzara, dont le subjectivisme et l'individualisme débordent le domaine de l'art pour s'exercer dans la vie. Les deux thèmes de la « destruction » et de la « vie » comme recours à l'irrationnel revêtent donc des significations fort différentes dans le dadaïsme et dans le surréalisme. Correspondent-elles aussi à deux conceptions très distinctes de l'art, reflétant des motivations différentes de l'appel à l'irrationnel ?

L'art

3.1. Tel est certes le thème capital tant pour l'un que pour l'autre des deux mouvements. Tout d'abord, le statut de l'art joue un rôle essentiel aussi bien pour Dada que pour le surréalisme.

---

37. « Discours au Congrès des écrivains de Paris 1935 », *ibid.*, p. 285 ; *Œuvres* II, p. 459.
38. *Ibid.*, p. 243 ; *Œuvres* II, p. 414.
39. Avertissement pour la réédition du *Second Manifeste*, 1946 », *Manifestes*, p. 144.

Il l'emporte de toute manière sur la prose de la vie utilitaire et rationalisée.

« L'art, écrit Tzara, est à présent la seule construction accomplie en soi, dont il n'y a plus rien à dire, tant elle est richesse, vitalité, sens[40]. »

Et encore, s'opposant à certaines thèses contemporaines : « On envisage l'anéantissement de l'art. Ici l'on désire un art plus art[41]. » C'est que, pour lui, l'art est l'homme même, la *vie* même, au sens « cosmique » où nous commentions ce terme plus haut, et c'est pourquoi il faut le libérer selon lui des organisations rationnelles. On doit comprendre ainsi les critiques apparemment paradoxales faites par Tzara aux tendances modernes, le cubisme, l'expressionnisme, le futurisme, auxquelles il reproche de « séparer l'art et la vie », d'en proposer une fausse image, trop abstraite, à laquelle « ils donnent une importance exagérée par rapport à celle que nous accordons à l'homme[42] ». Entendons : à l'homme dans sa subjectivité. Aussi l'art véritable est-il une « chose privée » et dont à la rigueur il n'y a pas de compréhension commune : « Une œuvre compréhensible est produit de journaliste[43]. »

Breton s'exprime sans doute autrement, mais il n'est pas douteux que pour lui aussi l'art est la vraie vie. Cependant, si son aspect nécessairement antirationnel rend l'art, et en particulier celui qui est admiré des surréalistes, à première vue ésotérique, Breton ne l'en considère pas moins comme expression universelle. On le voit lorsqu'il expose ses idées concernant la relation de l'art à la révolution sociale. D'une part, il « ne croit pas à la possibilité d'existence actuelle d'une littérature ou d'un art exprimant les aspirations de la classe ouvrière[44] ». Mais d'autre part il croit certainement à l'universelle accessibilité de l'art, puisqu'il déclare : « C'est à nous de nous rapprocher, aussi

---

40. « Notes sur l'art », *Œuvres* I, p. 394.
41. « Manifeste sur l'amour faible et l'amour amer », *Œuvres* I, p. 379.
42. Texte inédit cité in *Œuvres* I, p. 733.
43. « Sept manifestes Dada », *Œuvres* I, p. 365.
44. *Second Manifeste, op. cit.,* p. 187 ; *Œuvres* I, p. 804.

lentement qu'il le faudra *sans à-coups* de l'entendement ouvrier[45]. »

3.2. Deux autres points de comparaison nous retiendront de ces deux recours à l'irrationnel : le rôle dévolu chez l'un et l'autre au hasard et la fonction du langage dans l'art.

Chez Tzara, le hasard ne semble pas être explicitement proposé comme source d'art. Sauf à l'occasion de la « recette » pour faire un poème dadaïste : « Prends un journal, prends des ciseaux... » et découpe au hasard dans un article des mots que, mis dans un sac, tu tireras au sort[46]. En fait, il ne semble pas que Tzara ait jamais utilisé cette méthode (sauf peut-être dans l'exemple qui suit la recette). Et il ajoute du reste : « Le poème vous ressemblera », suggérant donc que le choix des mots de l'article ne serait qu'apparemment arbitraire et qu'il doit révéler quelque chose de la subjectivité de l'auteur. Mais il semble que ce soit plutôt pour Dada le côté *mécanique* de telles procédures qui aurait une valeur : mécanismes naturellement sans finalité ni utilité pratique. Ainsi Tzara admire-t-il tout particulièrement Picabia, dans les œuvres duquel il dit trouver

« le sang divers et cosmique, la force de réduire, de composer et d'ordonner ensuite en une unité sévère ce qui est chaos et ascétisme en même temps[47] ».

Il va de soi que cet « ordre » n'est pas une organisation de l'« intelligence », l'irrationalité consistant ici à opposer à celle-ci une figure humoristique et dérisoire du rationnel. L'unité cachée et révélée par l'œuvre d'art, à la fois « chaos et ascétisme », est celle, mystérieuse, de ce qu'il appelle le cosmique.

3.3. C'est tout autrement que fonctionne chez Breton le hasard comme révélateur. Si l'« automatisme » joue un rôle

---

45. *Ibid.*, p. 163 ; *Œuvres* I, p. 788. « Si nous n'avons jamais cessé de prétendre, avec Lautréamont, que *la poésie doit être faite par tous*, si cet aphorisme est même celui que nous avons voulu graver entre tous au fronton de l'édifice surréaliste, il va sans dire qu'il implique pour nous cette indispensable contrepartie que *la poésie doit être entendue par tous* » (« Situation surréaliste de l'objet », *Manifestes*, p. 314 ; *Œuvres* II, p. 479).

46. « Manifeste sur l'amour faible et l'amour amer », *Œuvres* I, p. 382.

47. « Lettre à Picabia, 1918 », citée dans Tzara, *Œuvres* I, p. 709.

essentiel, ce n'est point alors son aspect *mécanique* qui est mis en exergue, mais, dans l'« automatisme psychique » et dans le rêve, son pouvoir éventuel « d'exprimer soit verbalement, soit par écrit, soit de tout autre manière, le fonctionnement réel de la pensée[48] ». C'est-à-dire, en termes qu'il emprunte à Freud, de passer de l'inconscient au préconscient :

> « Je ne me lasserai pas de répéter que l'*automatisme* seul est dispensateur des éléments sur lesquels le travail secondaire d'amalgame émotionnel et de passage de l'inconscient au préconscient peut valablement s'exercer[49]. »

L'influence de la psychanalyse sur Breton est tout à fait manifeste ; même s'il ne cite qu'assez rarement et fragmentairement des textes de Freud, il en parle et le loue constamment[50]. Il voit, dans les techniques d'interprétation du rêve et d'association libre, un moyen de libérer l'imagination créatrice, de restituer l'intelligence à sa « vie passive », et de s'approcher de l'« idéal surréaliste »,

> « qui tend simplement à la récupération totale de notre force psychique par un moyen qui n'est autre que la descente vertigineuse en nous, l'illumination des lieux cachés[51]... ».

On notera, au contraire, la méfiance de Tzara qui dit de « ces doctes analyses de la géographie nerveuse[52] » à quoi se réduirait la psychanalyse qu'elle est « une maladie dangereuse, endort les penchants anti-réels de l'homme et systématise la bourgeoisie[53] ». Sans doute vise-t-il alors en elle ou chez quelques-uns de ses adeptes un certain aspect positiviste et empiriste, en même temps qu'un amour de la théorie, et une trop facile perversion par l'argent.

Il serait toutefois inexact de ne pas reconnaître que Breton n'a jamais voulu faire du recours à l'automatisme sous quelque

---

48. *Manifestes*, p. 22.

49. « Position politique de l'art d'aujourd'hui », *Manifestes*, p. 269 ; *Œuvres* II, p. 436.

50. Trois lettres de Freud à Breton (1932) ont été recueillies dans les *Œuvres* II, p. 210-215.

51. *Second Manifeste, op. cit.*, p. 16 ; *Œuvres* I, p. 791.

52. « Faites vos jeux », *Œuvres* I, p. 263.

53. « Sept Manifestes... », *Œuvres* I, p. 364.

forme qu'il revête une fin en soi, une « panacée intellectuelle[54] », et qu'il en reconnaît les limites, en particulier « l'apparition d'un poncif indiscutable » dans les textes produits, lorsque les auteurs n'observent pas « ce qui se passe en eux[55] ».

3.4. Mais il est pour Breton une autre intervention du hasard dans la vie poétique, et qu'il nomme « le hasard objectif ». Celui-ci consisterait en « certains faits troublants, certaines coïncidences bouleversantes », dans lesquels l'arbitraire apparent du hasard semble se nier comme arbitraire. On sait que Breton a superbement exploité de telles coïncidences dans *Nadja*, par exemple. Il croit qu'à travers cette sorte de hasard se manifeste

« encore très mystérieusement pour l'homme une nécessité qui lui échappe, bien qu'il l'éprouve vitalement comme nécessité[56] ».

Il est vrai qu'à la croyance en ce hasard objectif s'oppose très vivement l'humour, comme on le voit dans le merveilleux petit texte de 1925 — « Lettre aux voyantes » — où Breton annonce à celles-ci que les poètes commencent à se ressaisir, « au nom de cette parcelle de voyance, à peine différente de la vôtre, qu'ils ont[57] ». On voit bien que se trouve ici atteint, par jeu, le point extrême d'un accueil de l'irrationnel, et il est vrai que dans *Nadja* cet accueil de l'irrationnel n'est pas très clairement séparé de la folie. Mais

« ce n'est pas la crainte de la folie qui nous forcera à laisser en berne le drapeau de l'imagination[58] ».

3.5. Le dernier point que nous disions vouloir aborder dans la perspective de Dada et du surréalisme est la place et la fonction du langage dans l'art. La question essentielle, aussi bien pour Tzara que pour Breton, est alors de trouver le moyen de faire exprimer au langage autre chose que le sens manifeste qu'il véhicule dans la communication utilitaire, « rationnelle ». Tris-

---

54. *Ibid.*, p. 194 ; *Œuvres* I, p. 810.
55. *Second Manifeste, op. cit.*, p. 806.
56. « Situation surréaliste de l'objet », *Manifestes*, p. 321 ; *Œuvres* II, p. 485.
57. *Op. cit.*, p. 236.
58. « Manifeste de 1924 », *Manifestes*, p. 18 ; *Œuvres* I, p. 313.

tan Tzara va jusqu'à préconiser, et quelquefois mettre en œuvre, la solution extrême, qui consisterait à abolir complètement la fonction signifiante au premier degré des mots du langage. Il emploie d'abord à cet effet une technique d'adultération consistant à intercaler dans le discours poétique des fragments appartenant à d'autres registres, ou à combiner avec les mots signifiants des éléments purement sonores :

> « En 1916 je tâchais de détruire les genres littéraires. J'introduisais dans les poèmes des éléments jugés indignes d'en faire partie, comme des phrases de journal, des bruits, et des sons[59]... ».

Cette technique est explicitement rapprochée, peut-être inspirée, des « recherches de Picasso, Matisse et Derain, qui employaient dans les tableaux des matières différentes[60] ». Mais c'est sans doute Kurt Schwitters, sous l'influence de Hans Arp, qui réalise avec le plus de plénitude ce mode de création (« construire des choses nouvelles à partir de débris ») dans ses magnifiques collages et ses reliefs ou tableaux « cloués » des années vingt. La forme extrême de cette destruction du sens manifeste apparaît chez Tzara avec la transcription pure et simple de poèmes en langues africaines incompréhensibles en principe pour le lecteur, et finalement avec le poème « Toto-Vaca » « composé de sons purs inventés par [Tzara] et ne contenant aucune allusion à la réalité[61] ». Schwitters lui-même composera entre 1921 et 1932 la célèbre *Ursonate*, formée de « sons primitifs ».

Les surréalistes ne sont pas allés aussi loin. Ils semblent avoir conservé, à travers toutes les adultérations qu'ils lui font subir, une sorte de vénération pour le langage qui leur interdit d'abolir totalement l'une de ses fonctions premières. Certes, le « surréalisme a pris naissance dans une opération de grande envergure portant sur le langage[62] ». Mais cette opération ne doit

---

59. « Lettre à Doucet, 30 octobre 1922 », *Œuvres* I.
60. *Ibid.*
61. *Ibid.*
62. Breton, « Du surréalisme en ses œuvres vives », *Manifestes*, p. 355.

pas faire quitter « le plan du langage » même. Et Breton récuse l'expédient

> « de subordonner le sens aux sons... de ne plus assembler que les carapaces vides des mots[63] ».

Ainsi, que l'on poursuive ou non le processus jusqu'à un état d'extrême perdition du sens immédiat, le recours à l'irrationnel dans le traitement du langage par Dada et le surréalisme consiste fondamentalement à renverser l'équilibre qui s'instaure ordinairement entre l'expression d'un sens du premier degré et la suggestion d'un sens latent, porté par la matière même du langage. On comprend dès lors que, malgré le privilège reconnu du langage comme instrument poétique, les arts plastiques se soient trouvés si naturellement et si profondément associés à l'entreprise Dada comme à l'entreprise surréaliste. Car, dans ces arts, les matériaux, dépourvus par eux-mêmes, ou dégagés par l'acte de l'artiste, d'un sens premier explicite, peuvent alors être totalement chargés du sens second. Le titre même d'un article de Tzara sur Picabia, « Pensées sans langage », est à cet égard révélateur, le « sans langage » signifiant que, dans l'objet créé par l'artiste, se trouve neutralisé un sens manifeste au profit des « pensées » du sens second. De même, en un autre style, les commentaires de Breton sur Dali, Max Ernst et Duchamp[64].

3.6. Nous n'avons cependant, jusqu'ici, guère parlé, pour les beaux-arts, que de littérature. Or les arts plastiques, et au premier chef la peinture, tiennent en effet une place essentielle et singulière dans ce recours à l'irrationnel, aussi bien, du reste, chez Dada que parmi les surréalistes. On sait le cas que faisait Tzara de l'œuvre de Picabia. En peinture, « Picabia a détruit la "beauté" et construit avec les restes, carton, argent, l'oiseau du mécanisme éternel, le cerveau en rapports étroits avec les qualités des machines[65] ». Kurt Schwitters, bien que non admis au club Dada de Berlin, n'en sera pas moins à Hanovre, où il fonde

---

63. « Situation de l'objet surréaliste », *Manifestes*, p. 314 ; *Œuvres* II, p. 479.
64. « Situation de l'objet surréaliste », *Manifestes*, p. 328 sqq. ; *Œuvres* II, p. 491 sqq.
65. « Francis Picabia, l'athlète des pompes funèbres », *Œuvres*, p. 709.

la revue *Merz* en 1923, le représentant sans doute le plus expressif et sûrement l'un des plus doués de la conception Dada des arts plastiques[66], avec ses superbes collages, ses créations typographiques, ses étranges constructions architecturales (*Merzbau*). Sans doute a-t-il lui aussi « détruit la beauté » au sens conventionnel, mais pour lui substituer une forme nouvelle de délectation esthétique.

C'est bien cela que proclament aussi les surréalistes, et que signifie la beauté « explosive » invoquée par André Breton. Nous nous limiterons à l'abondante production de ce dernier pour notre examen du sens surréaliste du recours à l'irrationnel en peinture. La peinture, en effet, est pour lui, avec la poésie, l'art par excellence, qu'il oppose à l'art musical, dont il dit assez fâcheusement l'« expression confusionnelle[67] ». La poésie et la plastique, essentiellement la peinture, ont selon lui « un pouvoir d'exaltation réciproque[68] », et, pour lui comme pour Dada, il s'agit « d'opérer la fusion de la poésie et des arts plastiques[69] ». Aussi bien publie-t-il *Nadja*, l'une de ses œuvres les plus chargées de poésie, en l'entrecoupant, sinon de tableaux, du moins de photographies dont, au contact du texte, la valeur poétique se dégage.

C'est que, pour lui, la peinture résout le problème fondamental « de l'hostilité qui anime le désir de l'être à l'égard du monde externe[70] » et c'est la création artistique qui « aboutit en fait à rendre adéquat le désir au monde extérieur[71] ». *C'est donc la reconnaissance et l'acceptation de ce conflit qui constitue, au sens où nous l'entendons, l'irrationalité profondément assumée par le peintre surréaliste*, et qui conduit alors Breton à « considérer un tableau comme une fenêtre dont [son] premier souci est de savoir sur quoi elle donne[72] ». L'objet tel qu'il nous apparaît dans

---

66. Voir le catalogue de l'exposition Kurt Schwitters du Centre Pompidou à Paris, 1994.
67. *Le Surréalisme et la peinture*, p. 1.
68. *Ibid.*, p. 284.
69. *Ibid.*, p. 63.
70. *Ibid.*, p. 105.
71. *Ibid.*
72. *Ibid.*, p. 2.

la vie prosaïque doit donc être transmué, ou comme le dit Breton à propos de l'œuvre de Max Ernst, il doit avoir « rompu avec son champ habituel[73] ». Ainsi, plus encore que tous les autres arts, en raison de son attachement d'origine à cet objet sensible manipulé d'abord aux fins de l'usage quotidien, la peinture suppose

> « une philosophie particulière de l'immanence d'après laquelle la surréalité serait contenue dans la réalité même, et ne lui serait ni supérieure, ni extérieure[74] ».

De sorte que « le monde extérieur est devenu désert[75] ». Telle est bien l'irrationalité adoptée, selon Breton, par la peinture, qui est celle des artistes surréalistes qu'il commente : Picasso, Max Ernst, André Masson, Yves Tanguy, Chirico et Dali (avant une certaine date), et quelques autres. Elle entraîne

> « une non-distinction de mieux en mieux établie, des qualités sensibles et des qualités formelles, des fonctions sensitives et des fonctions intellectuelles[76] ».

Il s'agit donc d'une peinture d'un monde intérieur, mais par le truchement (à travers « la fenêtre ») de visions du monde extérieur. Car la peinture, selon Breton, n'est en aucune manière un art *abstrait*, non plus du reste qu'un art *figuratif* :

> « Le temps est venu dans l'art de renvoyer dos à dos les prétendus "réalistes" appliqués à l'imitation ou la transcription selon tel code, qu'ils se donnent, des aspects extérieurs de la nature, et les tenants d'un "abstractivisme" fanatiquement non figuratif[77]. »

Le peintre ne cherche pas à *abolir* le monde extérieur, pas davantage à le *représenter* comme tel, mais à créer un univers médiateur *concret*. C'est ce qu'exprime encore autrement Breton en lui proposant comme objet de « fixer les images du rêve[78] », mais

---

73. *Ibid.*, p. 64.
74. *Ibid.*, p. 46.
75. *Ibid.*, p. 60.
76. *Ibid.*, p. 68.
77. *Ibid.*, p. 339.
78. « L'objectivation de l'activité du rêve, son passage à la réalité » (*ibid.*, p. 277).

non pas, comme il le dit, « en trompe-l'œil », dans une intention directement réaliste, puisque le but est

« de former contre les choses extérieures d'autres choses extérieures, dans lesquelles toute résistance de l'être intérieur soit à la fois abdiquée et incluse[79] ».

De là sans doute la remarque, à propos de Picasso, sur les fonctions respectives du trait et de la couleur. La forme doit être « posée comme *libre* par le trait », et la couleur « n'intervient qu'au-delà » pour « individualiser à l'extrême » ; elle est à cet égard une « substance indifférente par elle-même ». Et il cite une confidence de Picasso avouant que, manquant de bleu, il avait pris du rouge, et l'avait mis simplement à la place du bleu[80]...

Le recours en peinture à ce que nous avons appelé l'irrationnel a donc consisté selon Breton en un effacement des frontières entre « le réel et le rêve ». Il aurait ouvert cet art à la reconstitution d'un monde qui concilie l'« intérieur » et l'« extérieur », un monde dont la fixation en des objets surréalistes permettrait de vivre ce que Breton appelle des « élans lyriques », par quoi « se recommande toute œuvre que nous admirons[81] ».

3.7. Ainsi voit-on que le recours à l'irrationnel en littérature et en peinture a pu être chez Dada et les surréalistes un mouvement de renouvellement des contenus et des formes de la création artistique. Avec des modalités, on l'a vu, très différentes, ce but a été poursuivi pendant un temps assez bref dans l'un et l'autre cas, et le mouvement s'est en quelque sorte éteint de lui-même. C'est que, contrairement au recours que nous avons décrit dans la science, il ne s'agit point ici d'une attitude provisoire et préliminaire dont l'issue recherchée, sinon toujours atteinte, serait une restauration du rationnel. Bien au contraire, quels qu'en soient les avatars, la création artistique tend fondamentalement à la recréation d'une *transréalité* qui déborde invinciblement une rationalité ordonnée finalement à l'interprétation du réel. Alors même qu'elle prétend ouvertement quelquefois se

---

79. *Ibid.*, p. 108.
80. *Ibid.*, p. 103.
81. *Ibid.*, p. 23.

gouverner par la raison — comme dans la poésie de Boileau ou de Pope — ce ne peut être qu'une apparence, un déguisement, une vêture temporaire. Aussi bien, alors que le travail de la science dans l'irrationnel provisoirement accepté se poursuit jusqu'à ce que soit atteinte ou entrevue la terre promise du rationnel, la quête entreprise par l'art n'ayant pas de but fixé ne peut qu'épuiser son élan en la production de figures éblouissantes, d'un *merveilleux*, qui est la version surréaliste du beau[82] et s'éteindre, pour reprendre en quelque autre occasion. C'est en fin de compte ce que décrit superbement Breton dans *Les Vases communicants* :

> [les hommes] « ne crieront plus au miracle chaque fois que par le mélange, plus ou moins involontairement dosé, de ces deux substances incolores que sont l'existence soumise à la connexion objective des êtres et l'existence échappant concrètement à cette connexion, ils auront réussi à obtenir un précipité d'une belle couleur durable[83] ».

Mais « le précipité d'une belle couleur durable » est chaque fois le signe qu'un point d'arrêt historique a été atteint, et non sans doute, comme le croit Breton lui-même, qu'une « pièce capitale » a été produite par le poète qui puisse mettre fin au procès

> « immémorialement intenté par la connaissance rationnelle à la connaissance intuitive[84] ».

Car, par sa nature même, le débat est toujours et encore à reprendre sur nouveaux frais, puisque la création artistique ne peut se détacher définitivement de l'irrationnel.

---

82. « Manifeste de 1924 », *op. cit.*, p. 319.
83. *Œuvres* II, p. 209.
84. *Ibid.*, p. 208.

TROISIÈME PARTIE

L'IRRATIONNEL
COMME RENONCEMENT

Dans cette troisième partie, nous abordons le problème de l'irrationnel dans la science sous un jour fort différent. Le mot d'*abandon*, ou renoncement au rationnel que nous utilisons dans le titre mérite un commentaire qui en atténue la brutalité.

Nous considérons ici des situations où la démarche scientifique soit rencontre des difficultés fondamentales à maintenir un concept complètement rationnel de l'objet qui ne peut plus être que partiellement contrôlable, soit perçoit comme insatisfaisantes les explications rationnelles et poursuit sa recherche sur le terrain d'une métaphysique qu'elle veut cependant considérer comme le prolongement légitime de la science.

1. Dans le premier chapitre sur la cosmologie et le cours du temps, l'idéal de rationalité des sciences de la nature n'est nullement *abandonné*, comme on le verra ; mais le système mathématiquement toujours rigoureux de faits virtuels qui est construit comme représentation de l'objet repose sur des hypothèses d'une nature telle que, dans les cas extrêmes, il échappe à une confirmation empirique décisive, ou conduit à des résultats dont l'intelligibilité finale en *termes* d'expérience actuelle est impossible. Or, l'un des traits de l'idéal scientifique toujours en vigueur est que la science, quels que soient les détours et les artifices

dont elle use dans le virtuel, aboutisse en fin de compte à des énoncés ayant un sens dans cette expérience actuelle commune.

2. Dans le second chapitre, « Matière et conscience », nous examinerons quelques cas dans lesquels l'élaboration d'un modèle scientifique comporte des moments où la disparité entre une indétermination théorique et une détermination expérimentale paraît laisser le champ libre à une interprétation qui ferait intervenir la conscience de l'observateur comme agent empirique de la détermination. Une telle décision constitue bien un *saltus mortale* scientifique, dans la mesure où l'on ne possède aucun moyen de contrôler, ni même de décrire, cette intervention. Et ici encore des conséquences peuvent être déduites de ce *saltus mortale* qui sont apparemment inintelligibles.

3. Enfin, le troisième chapitre aborde des cas plus radicaux, où une pensée originairement conforme aux normes de la science s'évade avec plus ou moins de vigueur vers des constructions métaphysiques où les concepts, dans la mesure où ils subsistent en tant que tels, ne sont plus soumis aux mêmes contraintes et où l'explication n'a plus le même sens. Quoi qu'un esprit formé aux disciplines rationnelles pense de tels envols, ils ne laissent pas d'être, et nous croyons que leur examen peut apporter des enseignements précieux quant à la portée, aux limites et aux risques d'ambiguïtés du rationnel dans la connaissance.

Chapitre VII

LA COSMOLOGIE ET LE TEMPS

C'est dans la constitution et l'interprétation d'une cosmologie scientifique, à partir du début de ce siècle, que nous allons trouver les premiers aspects d'une *tentation* de renoncement au rationnel. Et cette tentation apparaît tout particulièrement à propos du traitement du temps.

Les antinomies kantiennes

1.1. La cosmologie, telle qu'elle se présente comme science à part entière et non plus comme système du monde « mêlant en proportions variées la métaphysique abstraite, l'imagination géométrique, l'astronomie positive, la mécanique mathématique et la méditation mystique »[1], est cependant demeurée, aujourd'hui encore, le lieu de spéculations à la frontière du rationnel. On peut se demander d'où vient cet incommode privilège, mais il n'est pas trop malaisé d'y répondre. D'une part, l'objet de la discipline cosmologique, contrairement à ceux des autres sciences,

---

1. Jacques Merleau-Ponty, *La Science de l'univers à l'âge du positivisme*, 1989, p. 11. Nous utiliserons constamment deux excellents ouvrages de cet auteur, celui-là, et *Cosmologie du xxᵉ siècle*, Gallimard, 1965.

n'est pas découpé comme une partie ou un aspect de notre expérience totale. Il est cette totalité même, à la fois cadre et contenu, sans extériorité qui permette de le situer et de le comparer à d'autres objets. D'autre part, et pour la même raison, certaines des données empiriques dont elle part et des conséquences qu'elle tire de ses raisonnements ont un statut très particulier. Je veux dire qu'elles n'ont point alors de signification pour notre expérience bornée dans l'espace et le temps : pouvons-nous, par exemple, donner un sens autre que conjectural et par extrapolation à la propriété de distribution homogène des corps *dans l'univers*, nécessairement relative à l'échelle des observations ? Certes, la cosmologie use aussi d'hypothèses et de données empiriques directement empruntées aux autres sciences que l'on pourrait appeler « sciences du *local* ». Mais elle ne peut s'affranchir, comme nous allons le voir, d'imaginer *une empirie par nature inaccessible*, et c'est même là son originalité. Ainsi se distingue-t-elle de l'astronomie et d'une « théorie du ciel » objective, même si elle en est évidemment directement issue à partir des travaux d'un Laplace (entre 1749 et 1796) et d'un William Herschel (entre 1778 et 1818).

1.2. Pour mieux comprendre la nature de cette spécificité de l'objet cosmologique, nous résumerons tout d'abord les points essentiels de la plus élaborée des critiques philosophiques qui lui ont été classiquement consacrées, celle d'Emmanuel Kant.

On constatera en premier lieu que la position originaire du philosophe, dans l'*Histoire générale de la nature et théorie du ciel* (1755), n'est en aucune manière critique à l'égard de la possibilité d'une cosmologie. Il expose dans cet ouvrage, d'abord anonyme, une théorie de la formation des astres et du système ordonné des mondes à partir du chaos et selon le jeu des lois newtoniennes. La mécanique de cette « histoire du monde », préfigurant l'hypothèse de Laplace, n'est cependant pas séparable d'une théologie et d'une métaphysique, car

« les perfections de Dieu se sont manifestées clairement [dans cette histoire] aux degrés qui sont les nôtres[2] ».

---

2. 3e partie, I, 365, traduction *in* « La Pléiade » 1, p. 104.

Kant y postule l'infinité spatiale, l'unicité d'un commencement (d'une création) et la finitude des mondes dans le temps, mais leur perpétuel renouvellement :

« On ne doit pas s'étonner si, dans la grandeur même des œuvres de Dieu, une caducité est permise. Tout ce qui est fini, tout ce qui a un commencement et une origine porte la marque de sa nature limitée ; il doit passer et avoir une fin[3]. »

Il conclut par des considérations spéculatives sur le devenir de l'homme dans l'univers. Il dit bien alors qu'il veut

« plutôt laisser [de telles considérations] à ceux qui trouvent plus de satisfaction dans une connaissance indémontrable et sont portés davantage à en prendre la responsabilité[4] ».

Mais il ne s'en interroge pas moins sur la possibilité pour l'âme humaine, « quand se sera écoulé le temps prescrit à notre séjour ici », de connaître « de nouveaux lieux d'habitation dans d'autres cieux ». On voit quelles sollicitations la cosmologie a offertes au futur auteur même d'une Dialectique transcendantale qui aura justement pour but de préciser et délimiter le sens rationnel d'une connaissance de la totalité de l'univers.

La pensée critique s'exercera alors plus particulièrement sur les concepts de temps et d'espace infinis comme cadres de l'objet « monde ». Déjà, dans la *Dissertatio de mundi sensibilis atque intelligibilis forma et principiis* de 1770, Kant pose le problème de la pensée comme totalité de « la série qui ne doit jamais être achevée des états de l'univers se succédant éternellement[5] », difficulté qui, dit-il, « inflige au philosophe un véritable supplice ». La solution qu'il pose alors est que l'on confond intuition et entendement. La coordination de plusieurs éléments (successifs ou même simultanés, comme c'est le cas pour l'infinité de l'espace) suppose toujours le concept de temps, et de ce fait « n'appartient pas au concept *intellectuel* du tout, mais seulement aux conditions de l'*intuition sensible*[6] ». En libérant de cet

---

3. *Ibid.*, I, 365, « La Pléiade », 1, p. 105.
4. *Ibid.*, I, 368, « La Pléiade », 1, p. 105.
5. I, § 2, « La Pléiade » 1, p. 635.
6. I, § 2, « La Pléiade » 1, p. 636.

élément temporel sensible la pensée de la coordination d'éléments, celle-ci deviendrait intelligible.

Position en vérité peu satisfaisante du problème de l'infini cosmologique, qui sera complètement reformulé dans la Dialectique transcendantale. Kant y met alors en lumière des couples de jugements radicalement opposés constituant ce qu'il nomme « l'antinomie de la raison pure ». On observera que c'est la considération de cette difficulté, apparue d'abord au sein d'une pensée cosmologique, qui, au dire même de Kant, le réveillera de son sommeil dogmatique et le poussera

> « à faire la critique de la raison elle-même, afin de supprimer le scandale de la contradiction apparente de la raison avec elle-même[7] ».

En nous limitant à la première forme de l'antinomie qui concerne l'espace et le temps, nous voyons que le problème saisi par Kant tient à l'impossibilité de penser sans contradiction la « totalité absolue de la synthèse de la série des conditions » d'un conditionné donné, c'est-à-dire « l'absolue totalité du phénomène » dans l'espace aussi bien que dans le temps. Nous rappellerons seulement la formulation de ce conflit, présenté comme l'opposition d'une thèse — « Le monde a un commencement dans le temps, et il est aussi, dans l'espace, renfermé dans des limites » — et d'une antithèse : « Le monde n'a ni commencement ni limites dans l'espace, mais il est infini aussi bien par rapport au temps que par rapport à l'espace[8]. » La thèse est démontrée par le fait qu'une série infinie écoulée de moments du monde, étant par définition inachevée, est impossible. Et l'antithèse par le fait qu'un commencement du monde supposerait un temps antérieur vide, dans lequel « il n'y a pas de naissance possible de quelque chose ». Ce n'est pas ici le lieu de commenter la nature de cette double argumentation et d'en souligner l'hétérogénéité. Il suffit pour notre propos de rappeler que la solution

---

7. « Lettre à Garve du 21 septembre 1798 », édition de l'Académie de Berlin, XII, p. 257.

8. *Kritik der reinen Vernunft, Dialectique transcendantale*, Schmidt, p. 454-455 ; « La Pléiade », 1, p. 1086-1087.

proposée consiste à dénoncer une confusion de la réalité empirique du monde comme phénomène et de sa réalité supposée comme chose en soi. Si le monde n'est pas donné comme chose en soi, il n'existe ni comme tout fini ni comme tout infini, et l'antinomie apparaît seulement comme :

> « le conflit d'une apparence résultant de ce que l'on applique l'idée de l'absolue totalité, laquelle n'a de valeur que comme condition des choses en soi, à des phénomènes qui n'existent que dans la représentation, et lorsqu'ils constituent une série, dans la régression successive, mais autrement n'existent pas du tout[9] ».

Solution difficilement acceptable pour une science moderne qui refuserait assez généralement l'aspect idéaliste, ou si l'on veut subjectif, du transcendantal. Elle nous a permis cependant de montrer comment Kant débusque dans une « cosmologie pure » un irrationnel qui, pour lui, est une connaissance imaginaire de ce qui transcende l'expérience. Quels sont, dans la cosmologie scientifique contemporaine, les modes d'apparition et d'acceptation de cet irrationnel, telle est la question que nous voudrions poser.

Einstein et l'espace-temps universel

Je ne prétends naturellement pas exposer à cette fin l'histoire de la cosmologie contemporaine[10]. Je voudrais seulement mettre en évidence ce par quoi cette science nouvelle, sans véritablement renoncer au rationnel, accepte une rationalité détendue en usant constamment de l'analogie et en admettant

---

9. Schmidt, p. 503, A. 506 ; « La Pléiade », 1, p. 1149.
10. On trouvera une excellente présentation et un commentaire philosophique pertinent de cette histoire dans J. Merleau-Ponty, *Cosmologie du xxᵉ siècle*, et J. Merleau-Ponty et B. Morando, *Les Trois Étapes de la cosmologie*. Une esquisse des principes de cette science est exposée dans Lachièze-Rey, *Initiation à la cosmologie*, Paris, 1992. E. Zahar (*The Einsteinian Revolution*, La Salle, Ill., 1989, chap. 8, § 8.2) présente clairement le passage de la Relativité restreinte à la Relativité générale.

des hypothèses reconnues plus ou moins arbitraires. La cosmologie nous propose donc une figure quelque peu différente de
celle des autres sciences dites « dures » dont elle fait néanmoins
partie.

Son origine peut être datée, comme le propose justement
Jacques Merleau-Ponty, de l'article d'Einstein « Kosmologische
Betrachtungen » paru en 1917[11]. C'est donc ce texte que nous
commenterons d'abord, parce qu'il expose avec lucidité et précision les problèmes posés par la construction d'une cosmologie
scientifique, le moment critique et fécond où se détend la rigidité
de l'idéal rationnel. Cette science nouvelle n'est pas identique à
l'astronomie ou à l'astrophysique. La différence est que l'astronomie prend pour objet le système des corps célestes en tant qu'il
est ou pourra devenir accessible à l'observation, et le traite
comme *une partie* de l'univers. La cosmologie prend la *totalité* de
cet univers comme objet, indépendamment de l'accessibilité des
éléments qui le composent. Elle s'efforce d'en fournir un modèle
mathématique et pose à son sujet des questions d'évolution et de
genèse. Elle est bien en ce sens une science « idiologique », dont
l'objet est unique et en quelque sorte individuel ; mais cette
notion d'individualité perd sans doute ici tout son sens, dès lors
qu'il n'y a point pluralité d'individus dans une même espèce. Le
trait distinctif de cet objet est en fait non l'individualité mais la
totalité. La nouveauté profonde de l'entreprise d'Einstein vient
alors de ce qu'il conçoit cette idée de totalité à partir d'une théorie de l'objet physique déjà bien développée, à savoir la Relativité
générale[12].

---

11. *Sitzungsberichte der königlichen Preussischen Akademie der
Wissenschaften*, VI, p. 142-152.
12. Mais d'autres cosmologies ont été proposées qui n'utilisent pas le
concept relativiste d'espace-temps. Par exemple la « relativité cinématique »
de Milne qui se fonde sur une conception très originale de la mesure du
temps. (Voir sur ce point J. Merleau-Ponty, *Cosmologie du XXᵉ siècle*, chapitre V). En outre, Laplace, Herschel et les fondateurs de la thermodynamique font déjà au XIXᵉ siècle une préhistoire de la cosmologie moderne, qu'a
étudiée J. Merleau-Ponty dans *La Science de l'univers à l'âge du positivisme*.

2.2. Le point de départ de cette théorie fut le désir de construire une théorie de la gravitation, que n'intégrait pas la Relativité restreinte, physique des phénomènes mécaniques et électromagnétiques. Le principe d'équivalence, qui est à la base de la Relativité générale, revient à assimiler une représentation des phénomènes de gravitation, considérés classiquement comme dépendant d'un champ de forces dans l'espace-temps, à une représentation de la modification de cet espace-temps lui-même par la présence de masses. Il en résulte que les référentiels galiléens de la théorie restreinte perdent leur privilège, et que la « courbure » de l'espace-temps, en quoi consiste cette modification, doit rendre compte de la forme des trajectoires géodésiques de libres masses d'épreuves, exactement comme en rendaient compte les forces supposées du champ. Le problème cosmologique posé par Einstein est alors, en réduisant l'univers à cet espace-temps gravitationnellement structuré par la présence de masses, de définir la dépendance de cette structure — un espace de Riemann à quatre dimensions — par rapport à une distribution de ces masses. Ou plus exactement, puisque la Relativité restreinte a établi l'équivalence masse-énergie, à une distribution dans l'univers des énergies et des masses. Cette démarche fondamentale d'une cosmologie relativiste ne diffère en rien, jusqu'à ce point, de celles des autres sciences. Son objet a été simplifié et réduit à l'image virtuelle d'un monde de gravitation dont il faut établir les formes mathématiques, c'est-à-dire, en l'occurrence, la métrique d'un espace-temps riemannien. Aussi bien est-ce à ce niveau que se situent les confirmations de la Relativité générale : explication de la précession du périhélie de Mercure, de la déviation des rayons lumineux au voisinage de la masse solaire, du retard d'une horloge atomique dans un champ gravitationnel.

Mais pour tirer de la théorie une *cosmologie*, Einstein extrapole assez naturellement à l'univers entier la loi qui régit la gravitation locale sous la forme que lui a donné Poisson. Étant donné une boule de l'espace où sont distribuées des masses de densité moyenne ρ, les effets de la gravité peuvent être décrits au moyen d'une fonction scalaire, le potentiel, noté en coordonnées cartésiennes $\Phi(x, y, z)$, dont le gradient donne la force appliquée en chaque point à une masse d'épreuve. Pour que les effets soient exactement ceux de la mécanique de Newton avec le coefficient d'attraction γ, le potentiel doit obéir à une équation aux dérivées partielles du second ordre — $\Delta\Phi = 4\Pi\rho\gamma$ — pour les points intérieurs à la boule et $\Delta\Phi = 0$ pour les points extérieurs[13]. Le problème einsteinien est de déduire d'une équation analogue le ds^2 définissant l'espace-temps convenable, celui dont les géodésiques déterminent les mêmes trajectoires des masses que la représentation newtonienne des forces attractives. Mais, puisqu'il s'agit non d'une boule de l'espace-temps, mais de l'univers

« L'équation différentielle de Poisson combinée avec l'équation du mouvement d'un point matériel ne remplace pas encore complètement la théorie newtonienne de l'action à distance. Il faut y joindre encore la condition que le potentiel fini, dans un espace infini, tend vers une valeur limite[14]. »

Or, les difficultés proprement cosmologiques apparaissent justement lorsque l'on est amené à considérer, pour la résolution de cette équation poissonienne, des conditions aux limites fixant la valeur à l'infini des grandeurs qui entrent dans l'équation. Dans le cas local d'application de la Relativité générale au mouvement des planètes, Einstein avait fait avec succès l'hypothèse que les potentiels de gravitation prennent une valeur constante à l'infini spatial. Cependant, « il n'est *a priori* nullement évident, remarque-t-il, que l'on ait le droit de supposer de telles valeurs limites quand on considère des extensions plus grandes[15] » au-delà du cas local. Aussi bien, de telles difficultés ne sont pas propres à l'interprétation par la Relativité générale, elles concernent les limites à l'infini ; elles apparaissent en effet

---

13. $\Delta\Phi$, laplacienne de la fonction scalaire Φ, est la divergence du gradient de Φ, vecteur de composantes $\dfrac{\partial\phi}{dx^2}$, $\dfrac{\partial\phi}{dy^2}$, $\dfrac{\partial\phi}{dz^2}$o, c'est-à-dire en coordonnées cartésiennes: $\dfrac{\partial^2\phi}{dx^2} + \dfrac{\partial^2\phi}{dy^2} + \dfrac{\partial^2\phi}{dz^2}$, expression qui est évidemment une fonction scalaire.

14. *Kosmologische Betrachtungen*, p. 142.

15. *Ibid.*

déjà dans le système newtonien. Einstein les examine tout d'abord. La condition de la limite constante de ϕ entraîne alors que la densité de matière devient nulle à l'infini et que le monde newtonien est en un sens fini bien qu'il puisse contenir une masse infinie de matière. Si l'on suppose pour éviter cette difficulté que la limite du potentiel de gravitation est très grande à l'infini, les différences de vitesse des étoiles deviendront très grandes contrairement à ce que l'on peut observer. Enfin, considérant, par analogie, le système des étoiles comme un gaz de mouvement thermique constant, il en résulte que l'annulation de la densité de matière à l'infini entraînerait son annulation au centre même du système. Une modification de l'équation de Poisson éviterait cependant ces difficultés : il faudrait écrire $\Delta\Phi - \lambda\Phi = 4\pi K\rho$, en introduisant *arbitrairement* la nouvelle constante universelle λ. C'est là, dit Einstein, « une voie qui ne prétend pas comme telle être prise au sérieux ; elle ne sert qu'à mieux introduire ce qui va suivre[16] ». Ce qui va suivre est précisément la proposition d'une équation de la gravitation pour un univers relativiste. Il prévient lui-même le lecteur que son raisonnement ne va pas se présenter avec la rectitude ordinaire des déductions scientifiques :

« Je conduis le lecteur par des chemins parcourus par moi, quelque peu indirects et raboteux, de sorte que je puis seulement espérer qu'il trouve intérêt au résultat final[17] ».

Il propose donc une équation de la gravitation pour l'univers relativiste comportant une « petite modification » analogue à celle présentée pour le système newtonien : l'introduction dans le premier membre du potentiel multiplié par une constante nouvelle. Il en résulte que le continu à quatre dimensions représentant le monde doit être, dans son extension spatiale, « un volume fermé fini à trois dimensions ». On n'aura donc plus besoin d'hypothèses sur la limite du potentiel à l'infini (spatial). L'équation elle-même, transformation de l'équation de Poisson, doit permettre, conformément à la Relativité générale, de déduire

---

16. *Ibid.*, p. 144.
17. *Ibid.*

la métrique du continu riemannien à quatre dimensions qui représente l'univers. Einstein part de l'hypothèse physique que la distribution de la matière est uniforme si l'on considère l'immensité de l'espace, et de la généralisation de l'observation astronomique des faibles vitesses stellaires relativement à la celle de la lumière. De sorte qu'il existe « un système de coordonnées dans lequel la matière peut être considérée comme en repos[18] » et la densité de matière comme uniforme dans l'espace. Il *déduit* alors, conformément à la géométrie riemannienne, de l'équation du mouvement d'une masse matérielle sur une géodésique de l'espace-temps la valeur des coefficients $g_{i4} = 0$ (pour $i = 1, 2, 3$) et $g_{44} = 1$ du ds^2 convenable[19], et celle des autres $g_{\mu v'}$, en chaque point de l'espace-temps riemannien, en fonction du rayon de courbure en ce point. Postulant selon la Relativité générale que la structure de l'espace-temps est complètement déterminée par la distribution des masses, ou plus généralement des impulsions-énergies de la matière et du rayonnement, il propose alors son équation différentielle de la gravitation, où $G\mu v$ est le tenseur métrique dont les composantes viennent d'être définies, G le scalaire de courbure riemannienne qui en dérive, $T_{\mu v}$ le tenseur représentant la distribution d'impulsion-énergie, κ et λ des constantes[20] :

$$G_{\mu v} - \lambda g_{\mu v} = K(T_{\mu v} - 1/2 g_{\mu v} G),$$

écrite aujourd'hui le plus souvent :

$$R_{\mu v} - 1/2(R + 2\lambda)g_{\mu v} = k^2 T_{\mu v}.$$

---

18. *Ibid.*, p. 148.

19. Rappelons que le ds^2 de l'espace-temps riemannien est de la forme $\Sigma g_{ij} dx^i dx^j$, et dans le cas de l'espace-temps relativiste $c^2 dt^2 - (dx^2 + dy^2 + dz^2)$, où la quatrième dimension temporelle est notée ct ; la vitesse c de la lumière apparaît alors comme opérateur de transformation du temps en espace et rend homogène l'expression du ds^2. Les coefficiens g_{ij} constituent les composantes d'un objet mathématique invariant pour les changements de référentiel, le *tenseur* métrique de cet espace-temps. Ses composantes elles-mêmes se transforment d'un référentiel à l'autre selon des lois définies.

20. *Ibid.*, p. 151.

$R_{\mu\nu}$ est le tenseur de Ricci qui ne dépend que des $g_{\mu\nu}$ (dits alors « potentiels de gravitation »), de leurs dérivées premières, et qui est linéaire en leurs dérivées secondes. R est la courbure scalaire de l'espace-temps obtenue en contractant le tenseur de Ricci, $T_{\mu\nu}$ est le tenseur impulsion-énergie décrivant la distribution des masses en mouvement et des énergies électromagnétiques de l'univers, λ et k sont des constantes.

Telle est la conclusion de ce mémoire qui fonde mais ne résout pas complètement le problème d'une cosmologie, en particulier en raison de l'hypothèse empirique erronée du caractère statique de l'univers.

Le contenu de l'univers et le temps

3.1. On voit néanmoins que les seuls affaiblissements consentis par Einstein à l'idéal rationnel strict dans les *Kosmologische Betrachtungen* concernent l'introduction *ad hoc* de la constante λ dans l'équation poissonienne, l'hypothèse non véritablement contrôlable de la distribution de la matière, et celle, qui allait être réfutée par l'observation, de son état statique. Mais les développements d'une cosmologie vont entraîner des extensions notables de ces concessions. Nous les signalerons sommairement sur deux points essentiels : les conditions de détermination du tenseur $T_{\mu\nu}$ définissant le contenu de l'univers, et la prise en compte du phénomène du décalage spectral avec, plus généralement, l'introduction du temps.

Pour préciser la forme du tenseur d'impulsion-énergie, Friedman a dû faire l'hypothèse d'une assimilation du système stellaire à un fluide parfait, bien défini en physique locale par une densité et une pression. Le tenseur $T_{\mu\nu}$ prend alors une forme simple et les équations d'Einstein se réduisent à deux équations différentielles en la variable R (t), rayon de courbure de l'univers (plus tard interprété comme coefficient d'expansion) dépendant alors du temps, de ρ densité de la matière et de p pression du fluide-univers. Deux paramètres interviennent : la constante cosmologique λ introduite déjà par Einstein dans son équation du champ gravitationnel, et k, égale à 0, 1 ou –1 selon que l'espace est une variété euclidienne infinie, hypersphérique fermée, ou hyperbolique infinie[21]. Or, comme le fait remarquer Jacques Merleau-Ponty[22], la relation entre ρ et p relève d'hypothèses variées et malaisément vérifiables, la valeur du paramètre λ ne découle aucunement des autres postulats géométriques ou physiques de la théorie et relève d'une décision somme toute arbitraire ; k pourrait être décidé par des dénombrements de galaxies mais « le test est d'une application pratique difficile ».

La question du contenu de l'univers soulève encore une difficulté plus radicale, lorsque l'astronome de Sitter montre que les équations d'Einstein, avec la constante cosmologique λ, admettent une solution dans laquelle l'univers est *vide* (1917). Conséquence scandaleuse et tout à fait contradictoire avec l'idée directrice de la Relativité générale, selon laquelle la structure de l'espace-temps lui-même est entièrement déterminée par le contenu matériel de l'univers.

C'est cependant l'introduction du temps dans la théorie cosmologique qui va occasionner les difficultés les plus graves au maintien d'une rationalité complète qui satisfasse à la fois aux exigences de la déduction mathématique et à celles d'une interprétation suffisamment intuitive des résultats et des données. Un premier problème interne à la théorie relativiste vient de ce qu'en Relativité restreinte il n'y a point de temps universel, chaque référentiel galiléen ayant un temps local. Or, l'interprétation d'un univers en Relativité générale conduit le plus souvent le cosmologue à supposer un temps cosmique représenté par la variable t dans le ds^2 de la variété riemannienne. Dans son premier modèle statique où la matière n'a, statistiquement, à une échelle suffi-

---

21. Les équations de Friedman introduisent les dérivées de R (t) par rapport au temps : $\dfrac{2}{R}\dfrac{d^2R}{dt^2} + \dfrac{1}{R^2}(\dfrac{dR}{dt})^2 + \dfrac{kc^2}{R^2} - \lambda c^2 = -\dfrac{8\pi G}{c^2}\,p$

$$\dfrac{3}{R^2}(\dfrac{dR}{dt})^2 + \dfrac{3kc^2}{R^2} - \lambda c^2 = 8\pi G\rho.$$

22. *Cosmologie du XXe siècle*, p. 479.

samment grande, que des mouvements relativement lents et aléatoires, Einstein définit un temps universel comme celui d'une horloge liée à un repère pour lequel la matière est en repos moyen. Définition assurément peu satisfaisante rationnellement. L'élaboration postérieure par H. Weyl et Robertson de la théorie conduit à postuler, dans la variété riemannienne représentant l'univers, une famille de géodésiques qui sont les trajectoires des « particules » matérielles (par exemple, des galaxies...) ne s'entrecoupant pas (sauf peut-être en un point unique). En outre, il existerait une famille d'hypersurfaces à trois dimensions, du genre espace, orthogonales aux trajectoires. Le temps cosmique sera défini comme l'intégrale $s = \int ds$ de l'intervalle ds, prise sur une trajectoire entre ses intersections avec deux hypersurfaces. Ce temps cosmique coïncide donc pour chaque particule avec son temps propre sur sa trajectoire. On postule en outre que les surfaces équitemporelles sont des variétés homogènes, isotropes et de courbure scalaire constante. C'est ce temps cosmique ainsi défini qui est figuré par la variable t dans le ds^2 de Robertson-Walker. Einstein, en 1932, présentera avec de Sitter un modèle qui se rallie à l'idée d'un univers plat mais non statique où intervient un facteur R (t) d'expansion des mesures spatiales en fonction d'un temps cosmique. Mais Einstein et différents autres cosmologues n'ont cessé de reprendre et de tenter de résoudre ou d'évacuer la question d'un temps cosmique[23], tant il est vrai que l'on peut voir là le point nodal d'un véritable défi au rationnel.

Bornons-nous à dire un mot de l'une de ces tentatives les plus étranges, celle de Gödel[24]. Gödel veut construire un modèle conforme aux équations d'Einstein avec la constante λ, mais dans lequel le passage du temps ne peut être que relatif à un

---

23. On trouvera un exposé et une discussion de ces tentatives (Milne, Whithrow, Eddington, Dirac, Gödel, etc.) dans J. Merleau-Ponty, *op. cit.*
24. « A remark about the relation between Relativity Theory and idealistic philosophy », *in Einstein, Philosopher and Scientist*, p. 550-562. Voir aussi « Rotatory universes in general Relativity Theory », *Proceeding of the International Congress of Mathematics*, Cambridge, Mass., 1950, I, p. 175-181.

observateur donné. Il existe dans cet univers, entre deux événements A et B, des lignes fermées du genre temps : mais si B est dans l'avenir de A sur une certaine ligne d'univers, il existe aussi une ligne d'univers fermée sur laquelle A est dans le passé de B ; on peut donc voyager dans le passé, sans pourtant remonter *la même ligne* d'univers. Toutefois, ce modèle ne rend pas compte d'un phénomène astronomique essentiel dont la loi fut découverte par E. P. Hubble et M. Humason en 1929 : la proportionnalité à leur distance du décalage spectral vers le rouge de la lumière des galaxies lointaines.

3.2. Or, c'est ce phénomène du décalage vers le rouge qui joue sans doute le rôle essentiel dans le problème de l'introduction du temps, en suggérant une *histoire* de l'espace-temps. L'observation du spectre de la lumière venue de galaxies lointaines avait révélé un décalage constant vers le rouge, c'est-à-dire un accroissement $\Delta\lambda$ des longueurs d'ondes par rapport à celles d'une source identique associée à l'observateur. Ce phénomène, interprété comme effet Doppler-Fizeau[25], donne une relation entre ce décalage et une vitesse d'éloignement supposée de la source galactique : $\Delta\lambda = v/c$ (ou, au deuxième ordre d'approximation, $\dfrac{v}{c} + \dfrac{1}{2}\dfrac{v^2}{c^2}$) pour des valeurs petites de v par rapport à la vitesse c de la lumière. E. P. Hubble et M. Humason découvrent qu'une loi empirique simple relie cette vitesse radiale ainsi calculée et la distance d des galaxies, estimée selon les techniques astrophysiques connues : $v = Hd$. H est une constante qui ne dépend pas des longueurs d'onde. Bien entendu, sa valeur est assez incertaine, vu le manque de précision dans l'évaluation des distances ; elle est actuellement estimée entre 50 et 75 km/seconde par mégaparsec, et elle est utilisée pour déterminer les distances autrement non estimables de certaines galaxies très lointaines,

---

25. Une source d'ondes monochromatiques de fréquence v (son ou lumière) en mouvement de vitesse v par rapport au récepteur est reçue avec une fréquence apparente $v' = v(1-v/V)$, où V est la vitesse de propagation de l'onde et v la vitesse radiale de la source. Si v > 0 on a donc v' < v, et $\lambda' > \lambda$.

en supposant que la loi de Hubble demeure valable. L'interprétation spontanée du phénomène est évidemment que les galaxies s'éloignent uniformément et isotropiquement de quelque centre d'observation où l'on se place, si l'on postule l'homogénéité de la distribution des objets célestes ; autrement dit, l'univers lui-même est en expansion. Mais on voit que cette interprétation, d'une part, est en contradiction avec le premier modèle statique d'Einstein, et d'autre part n'a de sens que si l'on peut définir un temps cosmique universel. Le premier obstacle a été levé par la construction de modèles non statiques ; quant au temps cosmique, on a vu qu'il avait été introduit assez généralement. La question est alors de justifier l'existence du décalage vers le rouge et d'en préciser la loi dans les différents modèles cosmologiques. C'est Hermann Weyl qui a le premier montré la nécessité du décalage dans la solution sitterienne des équations cosmologiques proposées par Einstein en 1917.

Il convient cependant de remarquer que le phénomène cinématique auquel est attribué le décalage spectral n'est nullement expliqué comme un effet gravitationnel propre, comme un mouvement des galaxies dû à l'action d'un champ de forces. Il y a certainement là une nouveauté et en quelque sorte une anomalie dans l'application rationnelle d'une mécanique céleste. Conformément à la Relativité générale, si l'explication est bien recherchée dans la structure particulière de la variété qui représente l'espace-temps, elle repose sur la présence très spécifique dans son ds^2 d'un coefficient R d'expansion. Dans le ds^2 de Robertson-Walker, R est une fonction du temps cosmique, indépendante de l'espace et mesurant la variation de l'échelle des mesures d'espace au cours du temps[26]. Les équations de Friedman, avec leurs hypothèses sur le contenu de l'univers,

---

26. $ds^2 = c^2 dt^2 - \dfrac{R^2(t)}{\left[1 + \dfrac{kx^2}{4}\right]^2} \, d\sigma^2$ où $d\sigma^2 = dr^2 + r^2 d\theta^2 + r^2\sin^2\theta d\varphi^2$

en coordonnées polaires.

permettent alors de calculer R (t) et de déterminer l'indice de courbure k en fonction de ρ, p et l.

Comme la lumière parcourt, en Relativité, les géodésiques ds = 0, en faisant l'hypothèse physique que la période de la source dans son référentiel d'origine est la même que celle d'une source de même nature attachée à l'observateur, on peut alors déduire du ds² robertsonien la relation $\Delta t_1 / R(t_1) = (\Delta t_0 / R(t_0))$ où les Δt sont des temps de parcours mesurés à la source et à la réception, et les R (t) les valeurs du coefficient R au départ t_1 et à la réception t_0. On en tire la relation de Doppler cosmologique,

$\frac{\Delta\lambda}{\lambda} = \frac{R(t_0)}{R(t_1)} - 1$, correspondant bien à un décalage vers le rouge

si R est une fonction croissante du temps cosmique. Et en définissant convenablement la mesure D des distances galaxiques sur la variété riemannienne[27], on peut tirer du ds2 que $\Delta\lambda/\lambda$ dépend linéairement de cette distance. Le phénomène du décalage spectral, que la formule de Doppler-Fizeau interprète localement comme un mouvement dans un espace *stricto sensu* et cosmologiquement comme une expansion de l'univers, apparaît plutôt ici comme une propriété géométrique de l'espace-temps représenté par une variété riemannienne. Cependant, une difficulté fondamentale d'intelligibilité demeure en ceci que cet espace-temps, quoique cadre des transformations de la matière-énergie, a lui-même une *histoire*, comme conduit à le dire explicitement la discussion mathématique des modèles cosmologiques.

Conformément à la relation de Hubble v = Hd, une galaxie doit avoir parcouru la distance d en un temps T de l'ordre de d/v = 1/H, si v est sa vitesse moyenne de récession entre une origine et le moment de l'observation. L'inverse de la valeur actuelle de la constante de Hubble peut donc fournir une estima-

---

27. On pose, en tenant compte de l'expansion : $D = R_0(1 + z) \dfrac{r}{1 + k\frac{r^2}{4}}$,

où $z = \Delta\lambda/\lambda$ et R_0 la valeur du coefficient R au moment de l'observation.

tion de l'âge de l'univers. Plus rigoureusement, des équations de Friedman, en tenant compte de la dilution de la densité de matière due à l'expansion, en exprimant la constante de Hubble au moment de l'observation en fonction de R, $H_0 = \left[\dfrac{\dfrac{dR}{dt}}{R}\right]_0$, et en introduisant le coefficient de décélération de R,

$q_0 = \left[R\dfrac{\dfrac{d^2R}{dt^2}}{(\dfrac{dR}{dt})^2}\right]_0$, on peut calculer ce temps T plus précisément

par l'intégrale T= $H_0^{-1}\displaystyle\int_0^{\frac{R}{R_0}}(1-2q_0+2q_0x)^{-1/2}dx.$

L'histoire du cosmos

4.1. Que signifie cet « âge de l'univers » ? Du point de vue d'une représentation par un modèle d'espace-temps relativiste, il signifie que si l'on remonte selon le temps cosmique dans le passé d'une galaxie, la distance entre deux positions successives décroît, et l'on suppose qu'à la limite elle devient nulle. Tout le contenu de l'univers est alors concentré en un point dans un passé dont le calcul donne l'éloignement temporel *fini* (quelque treize milliards d'années...) par rapport à l'observateur actuel. Singularité au sens mathématique pour le modèle, mais origine des temps pour l'intuition, point limite qui marquerait le surgissement de toute réalité matérielle en même temps que l'origine du temps et de l'espace, le « big bang ». À moins de décider que cet événement singulier est une limite jamais atteinte, l'idée d'un tel temps premier et d'une telle production de matière à partir de rien tombe assurément sous la juste critique de l'antinomie kantienne.

Cependant, pour bien comprendre la portée de ce résultat inintelligible, il convient de rappeler qu'il dépend de deux circonstances fort distinctes. Tout d'abord, du choix d'un modèle mathématique qui, dans une large mesure, n'est nullement imposé, et tous ne conduisent pas au même résultat. En second lieu, de faits observés, mais utilisables seulement grâce à une interprétation théorique préalable *forte*. Ces faits sont, premièrement, le décalage vers le rouge de la lumière des galaxies lointaines que nous venons de mentionner ; deuxièmement, le rayonnement de fond fossile, découvert en 1965, diffus dans l'univers, correspondant à une température de 2,7 K ; troisièmement enfin, les connaissances fournies par la physique nucléaire concernant la nucléosynthèse et qui autorisent quelques conjectures sur le contenu et l'évolution d'un état primordial de l'univers. La reconstitution d'une histoire qui serait à la fois celle d'un cadre spatio-temporel évolutif des faits matériels et celle de ces contenus mêmes suppose donc que l'on accepte une sorte d'interdépendance beaucoup plus contraignante que dans les sciences dites « locales » entre les données d'observation et la théorie.

Le résultat d'une telle reconstitution fait conjecturer un accroissement de la densité et de la pression du pseudo-fluide univers à mesure qu'on remonte le temps, jusqu'à des valeurs limites incomparablement supérieures à celles qu'obtiennent aujourd'hui les instruments d'une physique locale. Le schéma adopté par beaucoup de cosmologues est alors que, dans l'univers jeune, de moins d'un million d'années, l'énergie était majoritairement présente sous forme de radiations, la matière ionisée réagissant avec les photons très énergétiques. Puis les électrons se seraient combinés aux noyaux pour former des atomes neutres. Le rayonnement désormais indépendant de la matière se serait refroidi de 4 200 K à 2,7 K, qui est sa température actuelle. La matière devenue plus ou moins transparente au rayonnement se serait condensée (on ne sait comment) et aurait formé ultérieurement des amas galactiques, des galaxies, des étoiles. Mais si cette histoire est décrite au moyen des équations d'un fluide-univers comme celles de Friedman, ce fluide est isentropique et nous n'avons plus le critère d'accroissement d'entropie pour fixer le sens physique du temps...

Toute cette partie de l'histoire est reconstituée dans le cadre d'un modèle comme, entre autres, celui des équations de Friedman, où l'on introduit comme données le *décalage vers le rouge* par le moyen de la fonction R (t), le rayonnement de fond à 2,7 K, et où l'on applique la physique locale du rayonnement et de la matière. La formation des espèces chimiques serait alors datée des premières minutes suivant le big bang, et la reconstitution de son histoire repose en effet sur l'extrapolation de phénomènes de nucléosynthèse, en principe productibles et explicables dans les conditions physiques du laboratoire, ou tout au moins représentables par des modèles d'une science physico-chimique locale[28]. Or l'observation de la proportion des éléments atomiques dans l'univers semble confirmer l'existence de tels processus, dans la mesure où les théories de nucléosynthèse prévoient justement ces proportions.

Mais la situation épistémologique est bien plus incertaine lorsque la reconstitution veut s'étendre en deçà, à une microseconde ou moins encore du big bang supposé. La science locale non seulement ne peut expérimenter dans les conditions de température et de pression alors conjecturées, mais encore elle ne possède pas de théorie assez assurée sur les réactions supposées entre particules élémentaires à très haute densité et très haute énergie, les hypothèses relevant alors d'une espèce de roman métascientifique, où libre cours est laissé à une imagination mathématiquement structurée. Des scénarios sont proposés, qui présupposent un état originaire dans lequel la physique locale ordinaire serait transgressée et la « grande unification » des quatre interactions fondamentales — gravitationnelle, électromagnétique, faible et forte —, qui est encore une sorte de mythe, serait réalisée à des niveaux d'énergie de l'ordre de 10^{19}

---

28. C'est la physique des particules, explorable expérimentalement au moyen d'énergies de choc supérieures à 100 Mev. On atteint même aujourd'hui des centaines de Gev, ce qui est pourtant encore loin des conditions prévues au voisinage du big bang.

Gev. Et la physique, avec ses lois ordinaires, n'apparaîtrait qu'à la suite d'une transition brutale nommée par les physiciens « brisure de symétrie », dont les conséquences sont décrites selon plusieurs scénarios possibles. C'est donc un bouleversement très profond de la rationalité physique qui est ici entrevu. Rien ne permet de nier que de telles spéculations puissent manifester quelque jour leur fécondité. Et c'est sans doute déjà le cas de la théorie dite « des cordes » *(strings)* qui en tout cas débouche sur des conceptions mathématiques nouvelles. Mais on ne peut manquer d'y voir, sous leur forme actuelle, un renoncement au moins partiel à l'idéal rationnel de vérification, ne pouvant au mieux se trouver alors confirmées que des conséquences lointaines et très indirectes des théories. En compensation et en contrepartie, nous assistons en physique des particules, qui demeure assurément une science locale et de rationalité traditionnelle, à la marche vers des instruments de plus en plus monstrueusement puissants permettant d'approcher les conditions physiques de la brisure de symétrie. Ainsi se manifeste une volonté de demander à l'expérience une réponse qui sans doute ne sera jamais vraiment comprise que par le futur coup d'éclat conceptuel d'un créateur de génie.

4.2. On voit que l'acceptation de l'irrationnel ne consiste nullement ici à abandonner ni même à relâcher la discipline du raisonnement mathématique. Des modèles sont construits dans la virtualité desquels se déploient démonstrations et discussions. Le double aspect que nous avons voulu mettre en lumière est, d'une part, le rapport particulier à l'empirie qu'entraîne l'inaccessibilité radicale de certains traits de l'objet, d'autre part, la rencontre de concepts non interprétables dans l'expérience, même indirectement, qu'entraîne le caractère de totalité de celui-ci. De telles circonstances occasionnent assurément le jeu d'une *imaginatio sibi permissa*, pouvant déboucher sur la fiction scientifique. Mais s'il n'est guère possible de mettre les conjectures bien fondées d'une cosmologie sur le même pied que les résultats des sciences locales de l'empirie, on doit pourtant considérer que ce mouvement d'une imagination semi-libérée a été, au cours de l'histoire des sciences, un puissant moteur de créations et d'avancées. La seule différence essentielle est que, dans les sciences locales, l'empirie effectivement explorable tient l'imagination beaucoup plus autoritairement en bride, généralement pour le meilleur, mais aussi quelquefois pour le pire. Aussi bien la cosmologie actuelle peut-elle être considérée comme une sorte de cas d'école pour montrer, dans la science, les jeux apparemment concurrents mais souvent secrètement concertés de la libre imagination et de la rigueur.

Chapitre VIII

MATIÈRE ET CONSCIENCE

Dans l'exemple de ce bref chapitre, le mouvement d'acceptation de l'irrationnel va paraître sensiblement plus poussé et plus délibéré que dans l'exemple précédent. L'occasion en est cette fois la rencontre, au cours d'un développement théorique, de la nécessité d'accepter une solution apparemment inintelligible parce qu'elle fait échec à un principe de causalité, ou plutôt de prédictibilité jusqu'alors apparemment adopté. Lorsqu'une telle situation n'empêche aucunement d'appliquer avec succès et de vérifier la théorie, elle est admise. Mais certains savants veulent la justifier au prix d'une inintelligibilité peut-être encore plus radicale, et qu'ils admettent pour des raisons philosophiques. Il ne s'agit plus alors pour eux de l'accepter comme un pis-aller, mais de l'intégrer dans un nouveau contexte d'explication, jusque-là étranger à la science. Ils proposent en effet de combler la lacune de causalité par une action qu'exercerait la pensée, ou comme ils disent d'ordinaire, la « conscience » de l'observateur, sur le phénomène physique observé.

Mais en quoi cette intervention de la conscience dans un phénomène traité et expérimenté par ailleurs comme physique constitue-t-elle un abandon à l'irrationnel ? Il peut sembler en effet qu'il n'y ait rien d'irrationnel à supposer que ce que nous éprouvons comme notre pensée puisse exercer en tant que telle une action sur la matière. Mais, pour demeurer dans la perspective d'une connaissance scientifique, il faut alors, d'une part, que la notion même de pensée reçoive une détermination conceptuelle pouvant être mise sur le même plan que les concepts de la science ; c'est bien, il est vrai, ce que tente de faire la psychologie dans certaines de ses tendances. Mais il faudrait aussi, d'autre part, que l'*interaction* avec la matière soit soumise aux mêmes critères de conceptualisation et de contrôle expérimental que ceux des sciences de l'empirie en général. L'abandon à l'irrationnel signifie donc ici que l'on renonce à ces exigences, ou, si l'on veut, que l'on étende le sens d'une explication rationnelle mais sans que les conditions de cette extension soient précisées.

La réduction du paquet d'ondes et le processus de mesure

Nous avons déjà mentionné (chap. 4, § 2.4) la situation théorique paradoxale connue sous le nom de « réduction » ou d'« effondrement du paquet d'ondes ». Un objet quantique, par exemple le phénomène « électro », avec ses propriétés dynamiques, est représentable par une fonction d'ondes f (x, y, z, t) d'un espace hilbertien, définie dans tout l'espace physique, et dont le devenir est complètement et causalement déterminé par l'équation de Schrödinger : $i\hbar\dfrac{\partial\psi}{dt} = -\dfrac{\hbar^2}{2m}\,\Delta\psi + V(x, y, z, t)\,\psi$. Cette équation linéaire et homogène en ψ a pour solutions des combinaisons *linéaires* d'ondes planes, ou paquets d'ondes, dont la transformation au cours du temps ne peut donner que des combinaisons linéaires de telles ondes. Mais si une intervention extérieure a lieu en vue d'effectuer la mesure d'une des propriétés dynamiques de l'électron, une valeur unique est alors évidemment obtenue, correspondant à l'une seulement des valeurs propres de l'opérateur de mesure, et l'état de la particule est désormais décrit non plus par un paquet d'ondes, mais par l'onde propre unique correspondante. Ainsi, non seulement la valeur de la mesure n'est prévisible que probabilitairement, mais encore l'état postérieur à la mesure est qualitativement altéré. Au changement continu et prévisible de l'onde ψ décrit par l'équation de Schrödinger, l'opération de mesure substitue donc un changement discontinu et imprévisible.

    1.2. Un essai de solution du paradoxe a été tenté par E. P. Wigner[1]. On considère alors l'opération de mesure comme interaction du phénomène à mesurer et de l'appareil de mesure. Si l'on attribue à cet appareil macroscopique une fonction d'ondes, le système devrait être décrit par une fonction d'ondes « pure », mais la mesure effectuée, avec réduction du paquet d'ondes, suppose qu'il soit décrit par un « mélange », où les ondes possibles ne sont pas superposées. En effet, soit l'état de l'objet décrit, pour simplifier, par la superposition des deux ondes $\phi 1$ et $\phi 2$: $\alpha\phi_1 + \beta\phi_2$. L'état du système composé avec l'instrument sera de la forme : $\alpha \cdot \phi_1\chi_1 + \beta \cdot \phi_2\chi_2$, que ne changera pas l'application de l'équation de Schrödinger utilisée pour décrire le passage du temps correspondant à l'opération de mesure. Or, cette fonction ne déterminerait pas la valeur unique observée de la quantité mesurée, mais un spectre de probabilités de valeurs propres. Il faudrait donc montrer qu'il existe un « mélange » — de la forme $(\alpha \cdot \phi_1 \cdot \chi_1)$ *ou* $(\beta \cdot \phi_2 \cdot \chi_2)$ —, qui fournirait, avec les probabilités α et β, *la* solution $\phi_1\chi_1$ *ou la* solution $\phi_2\chi_2$, donnant les mêmes résultats que la fonction d'état pur. Il est certes possible pour un opérateur de mesure de passer continûment du mélange à l'état pur, en substituant les matrices de densité aux amplitudes. Mais la réduction complète qui vaudrait pour *tout* opérateur de mesure est impossible. Il faut donc admettre que l'opération de mesure ne peut pas être représentée par une application de l'équation de Schrödinger et qu'elle fait disparaître la linéarité de superposition d'ondes qui conduirait non à un mélange mais à un paquet. C'est alors qu'apparaissent les interprétations de cette mesure comme intervention de la conscience de l'observateur.

---

    1. « Interpretation of quantum mechanics », 1976, *in* Wheeler et Zureck, *Quantum Theory and Measurement*, Princeton, 1983, p. 260.

1.3. Wigner, dans un autre texte de 1961[2], décrit l'opération de mesure comme observation *par un être conscient* auquel on demande le résultat de la mesure observée. Si on lui redemande encore après l'expérience : « Qu'avez-vous ressenti au sujet de l'éclair ? » (perçu comme signal de la mesure), il répond : « Je vous l'ai déjà dit : je l'ai vu. » Wigner en conclut, assez curieusement croyons-nous, que « la question de savoir s'il avait vu ou non l'éclair [de savoir quel était le résultat de la mesure] était déjà décidée dans son esprit avant que je le lui demande[3] », et que la fonction d'ondes du système était l'une ou l'autre des fonctions d'un « mélange » et non la fonction pure comportant des alternatives, ce qui impliquerait « absurdement » que l'observateur est « en état d'animation supendue » avant de répondre à la question[4]. Wigner en déduit alors que :

« C'est l'entrée d'une impression dans la conscience qui altère la fonction d'ondes, parce qu'elle modifie notre évaluation des probabilités des différentes impressions que nous nous attendons à recevoir dans le futur[5]. »

Mais on ne voit pas clairement en quoi le rôle d'une conscience est ici déterminant, car de quelle « impression » s'agit-il, si ce n'est celle du résultat de la mesure qui serait donc déjà fixé indépendamment de sa perception ? Par ailleurs, la mesure peut assurément être faite par *enregistrement* sur appareil. Les tenants de l'intervention de la conscience en sont alors réduits à postuler que c'est au moment où l'enregistrement est *lu* par l'observateur que la conscience intervient, pour fixer la valeur « enregistrée », supposant donc une remontée dans le temps de cette action mentale sur l'enregistrement déjà fait... Nouvelle anomalie majeure dont on verra qu'elle réapparaît chez certains physiciens sous la forme de la symétrie complète du passé et du futur.

Il est vrai que Schrödinger, qui le premier sans doute a signalé le paradoxe de la perception d'un fait unique correspon-

---

2. « Remarks on the mind-body question », 1961, *in* Wheeler et Zurek, *op. cit.*, p. 168.
3. *Ibid.*, p. 176.
4. *Ibid.*, p. 177.
5. *Ibid.*, p. 172.

dant à un paquet d'ondes[6], est moins radical dans son appel à la conscience. Il dit bien que si, dans l'opération de mesure, l'objet est amalgamé avec l'instrument, « il ne peut être à nouveau séparé que par un sujet vivant qui prend effectivement connaissance du résultat de la mesure[7] ». Mais il ajoute qu'« il n'est pas tout à fait juste » de dire que le ψ est changé à cause d'un acte mental, car *ce ψ avait disparu, il n'existait plus*. Quand il réapparaît dans la conscience de l'observateur,

> « quelque chose d'important est arrivé entre temps, à savoir l'interaction de deux corps [instrument et objet], durant laquelle l'objet ne possédait aucun catalogue propre de ses probabilités d'état, ni n'avait aucun droit d'en avoir, parce qu'il n'était pas indépendant[8] ».

Explication assurément peu convaincante, en ce qui concerne du moins le rôle d'une conscience observante, puisque le « quelque chose d'important » est produit par l'interaction des deux *corps*. Aussi bien trouve-t-on chez d'autres physiciens des interprétations plus absolues de ce rôle. D'Espagnat, par exemple, qui se dit partisan d'un « dualisme rapprochant l'esprit de la matière[9] », voisin de la conception de Wigner, écrit :

> « Ce n'est pas une interaction mystérieuse entre l'appareil et l'objet qui produit pendant la mesure un nouveau ψ du système. C'est seulement la conscience d'un " Moi " qui peut se séparer de la fonction ψ ancienne et *constituer* en vertu de son observation une nouvelle objectivité en attribuant dorénavant à l'objet une nouvelle fonction $\psi(x) = u_k(x)$. »

Et il se refuse à considérer l'observateur conscient lui-même comme entrant dans le cadre de la physique quantique... On obser-

---

6. Le « chat de Schrödinger ». Dans une enceinte, un chat est enfermé avec un dispositif répandant un poison violent quand se produit un événement quantique, par exemple l'émission d'un électron ou d'un photon, avec une probabilité 1/2. La fonction d'onde du chat est donc : $1/\sqrt{2}\Phi_1 + 1/\sqrt{2}\phi_2$; mais l'observateur voit au bout d'un temps t soit un chat vivant, soit un chat mort, et non la combinaison probabiliste du chat vivant et du chat mort.

7. « The present situation of quantum mechanics », *in* Wheeler et Zurek, *op. cit.*, p. 152.

8. *Ibid.*, p. 162.

9. *Conceptions de la physique contemporaine*, 1965.

vera que c'est l'interaction de l'objet et de l'instrument, tous deux appartenant au monde physique, qu'il qualifie de « mystérieuse », alors qu'il accepte sans plus d'explication celle de la conscience et de l'objet...

1.4. Il me semble que, dans tous les cas, le recours à une intervention de la conscience demeure mal explicité. Deux conceptions sont souvent confondues ou associées. Pour l'une, l'acte mental opère *dans le phénomène* lui-même ; pour l'autre, il opère *sur la représentation mathématique*. Or, dans la première acception, le processus d'interaction n'est pas précisé, comme on l'attendrait d'une explication ou du moins d'une description scientifique ; nous verrons cependant que certains ont tenté de le faire, en s'aventurant à prendre en considération des phénomènes « supranormaux » douteusement établis. Dans le second cas, l'intervention d'une conscience, qui n'est plus théorisante et contemplative comme celle du physicien constructeur de modèles et qui agirait dans l'univers représentatif des objets virtuels, reste une énigme. Quoi qu'il en soit, peut-être faut-il surtout comprendre que la motivation essentielle des tenants de l'intervention de la conscience est, comme l'exprime fort bien E. P. Wigner, de revendiquer la réalité de l'esprit, en un sens du reste assez cartésien, « retourner au *cogito* de Descartes, qui reconnaît la pensée, c'est-à-dire l'esprit *(mind)* comme réalité première[10] », ou, comme il le dit encore, « réalité ultime[11] ».

---

10. « Remarks », p. 169.

11. Rappelons que Descartes insiste sur l'impropriété de vouloir « concevoir la façon dont l'âme meut le corps, par celle dont un corps est mû par un autre corps » (« À Elisabeth, 21 mai 1643 », lettre CCCII, Adam et Tannery, tome 3, p. 667). Il décrit avec un grand luxe de détails le fonctionnement pour ainsi dire hydraulique des esprits animaux (*Traité de l'homme*, A. T., tome 11), mais ne donne aucune précision sur la manière dont l'âme agit sur la glande pinéale, ou réciproquement ; il dit simplement que celle-ci « peut être mue par les esprits en autant de diverses façons qu'il y a de diversités sensibles dans les objets ; mais qu'elle peut aussi être diversement mue par l'âme, laquelle est de telle nature qu'elle reçoit autant de diverses impressions en elle, c'est-à-dire qu'elle a autant de diverses perceptions, qu'il arrive de divers mouvements en cette glande. » (*Les Passions de l'âme*, article XXXIV, A. T., tome 11, p. 355).

Conscience et mouvements

2.1. Mais si la thèse cartésienne du rôle de la glande pinéale[12] ne donne aucune précision sur la manière dont la pensée infléchit le cours des esprits animaux, le postcartésianisme contemporain se pose tout naturellement le problème. C'est donc à propos de cette interrogation et des réponses qu'elle suscite que nous voudrions brièvement montrer comment s'articulent, ici encore, l'acceptation imaginative d'une intervention de l'incompréhensible avec un souci d'explication qui se voudrait encore rationnelle.

La première tentative en ce sens, se rapportant toujours au processus de mesure mais considéré plus généralement que dans le cadre quantique, semble due à L. Szilard, dans un article de 1929[13]. Szilard se propose de conceptualiser l'intervention possible d'un être intelligent dans un phénomène thermodynamiquement défini, et même d'en fournir une évaluation quantitative. Il s'agit donc ici non pas à proprement parler de l'action d'une « conscience », mais plus abstraitement des effets « antiphysiques » produits en particulier par un processus de mesure, c'est-à-dire d'une décroissance de l'entropie du système sans dépense de travail, et donc de la réalisation d'un mouvement perpétuel de seconde espèce. Aucun élément irrationnel ne semble alors intervenir, mais on verra plus loin quelle utilisation aventureuse a pu être faite des idées de Szilard pour introduire la pensée dans le monde physique.

Une mesure selon Szilard consiste à coupler la valeur y d'un paramètre (de l'instrument) à un certain moment à celle d'un

---

12. « Or est-il qu'il n'y a que cette glande seule, à laquelle l'âme puisse être anisi jointe ; car il n'y a qu'elle seule, en toute la tête, qui ne soit point double ». (« 1er avril 1640, Lettre à Mersenne n° 186 »). Mais il ajoute fort pertinemment : « Je crois que c'est tout le reste du cerveau qui sert à la mémoire... ; en sorte que, par exemple, un joueur de luth a une partie de sa mémoire en ses mains » (1er avril 1640, Lettre à Mersenne n° 186 », A. T., tome 3).

13. « On the decrease of entropy in a thermodynamic system by intervention of intelligent beings », in Wheeler et Zurek, op. cit., p. 1644.

paramètre x variable (de l'objet à mesurer), de façon à pouvoir conclure de la valeur de y restée stable à celle de x au moment de la mesure, qui a varié. Selon Szilard, une certaine *mémoire* intervient nécessairement, puisque la valeur du paramètre y au moment de la lecture indique la valeur du paramètre x à un moment antérieur. Et c'est cette intervention d'une mémoire qui pourrait faire décroître de façon permanente l'entropie du système instrument-objet, et par conséquent mettre apparemment en échec le second principe de la thermodynamique. Mais le processssus *physique* de mesure produit selon Szilard au moins une quantité k.log2 d'entropie (k est la constante de Bolzmann), qui compenserait la *néguentropie d'information* due à la mémoire[14]. Et c'est cette entropie qui définirait le degré d'intervention de l'intelligence mesurante dans le phénomène. Szilard imagine, pour mesurer ces deux grandeurs équivalentes, un cylindre contenant un gaz monomoléculaire dans lequel la détermination de la position de la molécule de gaz est obtenue par l'introduction d'un diaphragme en son milieu, de sorte que la position de la molécule est définie comme étant au-dessus ou au-dessous du diaphragme. Le travail fourni par l'expansion isotherme du gaz, qui repousse le diaphragme vers le haut ou vers le bas en occupant tout le cylindre, fait décroître l'entropie du système d'une quantité calculable. Elle serait égale à l'information que produit la mesure. Comme le dit von Neumann commentant Szilard, « nous avons échangé notre connaissance [de la position de la molécule] contre la décroissance de l'entropie k.log2[15] ».

L'idée fondamentale est donc la compensation d'une entropie par une information que produit la mesure. Mais on ne saurait oublier que Szilard note « qu'un organe non humain » peut effectuer ce couplage « mémoriel » des deux valeurs qui

---

14. $k \cdot log 2$ est aussi la valeur « thermodynamique » de l'information sur la position de la molécule qui consiste en une alternative : dans l'expérience de pensée qui va suivre, la molécule est au-dessus ou en dessous du diaphragme.
15. « Measurement and irreversibility », 1932, *in* Wheeler et Zurek, *op. cit.*, p. 602.

constitue la mesure. C'est cependant cette équivalence d'une information acquise par une conscience et d'une entropie, grandeur purement physique que retiendront les promoteurs les plus audacieux d'une interaction de la conscience et de la matière.

2.2. Les développements de cette idée que nous voudrions maintenant présenter montreront très clairement la dérive vers l'irrationnel qui peut s'effectuer sous le couvert de démarches de type scientifique. Le prototype de ces attributions d'effets matériels directs à une conscience est sans doute l'image du démon de Maxwell, apparente dans l'expérience de pensée conçue par Szilard, que nous venons de décrire. Il s'agissait en effet d'extraire de l'énergie d'une source froide unique en utilisant les fluctuations de l'énergie des particules, le démon étant supposé capable de sélectionner celles-ci de façon à accumuler leurs énergies, *sans dépenser lui-même un travail*. La conjecture de style scientifique est alors que c'est un accroissement d'information qui contrebalance l'évolution antiphysique du système ; le processus de mesure n'était en somme qu'un cas particulier assez simple du processus général d'évolution antiphysique. D'autres physiciens s'avanceront bien davantage que Szilard sur la voie ouverte sans grand succès par le Descartes du *Traité de l'homme*.

R. D. Mattuck[16], par exemple, interprète la réduction du paquet d'ondes comme un acte mental faisant passer d'une onde ψ_1 à une onde ψ_2 par une « manipulation de l'information » que représente la formule : $-\log 2 \, P$ (P= probabilité de réduction de ψ_1 à ψ_2). Et il souligne que cette action ne s'accompagne d'aucune « production de force, de l'apparition d'aucun potentiel supplémentaire dans l'équation de Schrödinger[17] ».

Ici encore, on ne voit guère comment cette « manipulation d'information », concernant la conscience de l'observateur, se

---

16. « Une théorie quantique de l'interaction entre conscience et matière », *in Science et conscience, les deux lectures de l'univers*, Colloque de Cordoue, 1980.

17. Comme dans la théorie de Bohm et Hiley qui introduit au contraire un « potentiel quantique » *sui generis*, lequel, il est vrai, quoique purement physique, est interprété comme un facteur d'« information active » : « Une forme ayant peu d'énergie entre dans un processus beaucoup plus énergétique et le dirige » (Bohm et Hiley, *The Undivided Universe*, 1993, p. 35).

manifesterait par une transformation de l'objet qui ne saurait évidemment se réduire à la *modification d'une observation consciente postérieure*, à moins de se résigner à un idéalisme à la Berkeley. Or à cet *esse est percipi* ne se résignent pas même les plus audacieux des physiciens tenants de l'action de la concience.

Mais l'action supposée de la conscience ne se limiterait pas aux phénomènes quantiques. Le désir d'atteindre par la voie de la science au merveilleux et à l'étrange est apparemment si fort qu'il conduit à tenter d'appliquer la même idée à l'explication de phénomènes dits « paranormaux », comme la télékinèse et la modification de la structure interne des matériaux « par la pensée ». R. D. Mattuck et E. H. Walker sont parmi les physiciens qui se sont le plus attachés, d'une part, à faire admettre sinon à établir l'objectivité de tels phénomènes, paraphysiques et parapsychiques, et d'autre part à montrer l'intérêt et la possiblité d'une telle explication. Il ne m'appartient pas de discuter de l'objectivité des expériences qu'ils invoquent, qui demeure toutefois largement contestée. Je me bornerai à citer l'une de celles dont Mattuck fait état pour montrer l'influence de la pensée sur la température des corps. Un sujet particulièrement sensible tient un thermomètre par l'extrémité autre que le réservoir ; après vingt minutes, dit Mattuck, la température est passée de 36 à 40 °... Expérimentation singulièrement simpliste, peu contrôlée et inanalysée, qui devrait difficilement emporter la conviction du physicien. On sait également que dans plusieurs cas les expériences de modification de la structure interne des métaux (les cuillères tordues, par exemple) ont été démontrées comme des supercheries d'illusionnistes très habiles. Quoi qu'il en soit du contenu objectif de ces faits dits « paranormaux », le mode d'explication scientifique invoqué est toujours une réorganisation de l'énergie présente dans la matière aux microniveaux, correspondant à une *information* traitée par la conscience, ou plus exactement par une instance non consciente du psychisme. Et il semble que, dans l'état actuel de ces théories, le paralogisme fondamental soit une confusion de sens entre les concepts boltzmanniens de la mécanique statistique, qui fournissent une représentation du « désordre » ou de l'« ordre » de la matière aux microniveaux, et les concepts homonymes de la théorie de l'information shannonienne, qui représentent l'*organisation de la représentation* elle-même, en tant que système symbolique. C'est, croyons-nous, le point de départ d'un déplacement des raisonnements scientifiques vers l'irrationnel, puissamment favorisé, comme nous le notions, par un goût très prononcé et sans doute assez naturel de l'étrange. C'est bien ce qui s'exprime ouvertement sinon clairement chez Costa de Beauregard par exemple, qui écrit :

> « L'objectivité chère à la science classique doit ouvrir le passage à l'intersubjectivité, un paradigme proche de la Maya de l'hindouisme : celui d'un vaste rêve éveillé collectif dont le lourd voile peut être à l'occasion percé comme le montre l'occurrence des phénomènes paranormaux[18]. »

2.3. Il est cependant une autre voie, issue également de considérations microphysiques, qu'ont explorée les tenants de l'intervention de l'esprit dans la matière. Costa de Beauregard en est justement l'un des responsables principaux. L'idée est que, si les phénomènes macroscopiques présentent bien une irréversibilité temporelle et montrent une causalité du passé vers le présent ou le futur, cette irréversibilité n'ayant qu'un caractère statistique selon l'interprétation thermodynamique, il doit être permis de rechercher si la causalité macroscopique ne peut remonter exceptionnellement le cours du temps et si la conscience ne pourrait sous certaines conditions explorer le futur. Le point de départ d'Olivier Costa de Beauregard est une remarque de Boltzmann sur la symétrie temporelle des équations de la mécanique (y compris, nous le savons aujourd'hui, celles de la mécanique quantique) paradoxalement opposée à l'irréversibilité thermodynamique globale des phénomènes, paradoxe explicité par Loschmidt[19]. Costa de Beauregard insiste donc sur la réversibilité fondamentale du temps maintenue dans les microphénomènes.

---

18. *Le Temps déployé*, 1988, p. 172.
19. Soit un système isolé évoluant de t_0 à t : son entropie augmente. Étant donné la symétrie temporelle des équations de la mécanique, si à t on inverse les vitesses de toutes les parties du système, celui-ci repasse par les mêmes états et se retrouve au temps 2t dans son état initial. Mais son entropie aura *diminué*, en contradiction avec la théorie boltzmannienne.

Dès l'époque des controverses à propos du paradoxe EPR (voir chapitre 4, § 2.4), il avait proposé à son maître Louis de Broglie de considérer qu'à l'instant de la mesure effectuée sur l'un des systèmes séparés, le résultat de cette mesure « remonte vers le passé », vers le moment de la séparation, et fixe ainsi la valeur de la grandeur mesurée sur l'autre système séparé, sans qu'on ait à supposer l'existence originaire de cette valeur comme « variable cachée » dans le système primitif non dissocié. Un tel effet « avancé » peut apparaître comme une causalité finale qui serait, en raison de la symétrie de droit fondamentale passé-futur, tout aussi normale que la causalité « retardée » du passé et du présent vers le futur. Mais si la prédiction probabiliste du futur à partir du passé est univoque, la rétrodiction dans les systèmes complexes, en usant de la probabilité des causes, ne l'est plus. Aussi bien est-ce une causalité retardée que nos consciences expérimentent constamment. C'est que « la vie et la conscience regardent dans la direction de la certitude[20] », affirme Costa, cette orientation étant le résultat d'une « adaptation de la vie et de la conscience aux conditions de l'univers quadridimensionnel[21] », qui seule rendrait possible l'articulation de notre connaissance à notre action. Mais une visée inverse de la flèche du temps n'en serait pas moins possible, en raison de l'irréversibilité foncière des phénomènes aux microniveaux, permettant par exemple, exceptionnellement, l'interprétation finaliste des événements. Pour développer sa thèse, Costa de Beauregard associe à l'idée de réversibilité la conception de l'espace-temps en relativité restreinte. C'est dans cet espace-temps qu'en réalité fonctionnerait notre conscience ; elle pourrait en principe embrasser un temps « déployé » où, à partir de son présent, elle saisirait symétriquement son passé et son futur dans le cône d'espace-temps qui lui est accessible : « Le psychisme doit être conçu comme coextensif à l'espace-temps[22] ». Et même, il doit être possible de « télégraphier dans l'ailleurs », directement inaccessible selon la relativité restreinte, « en prenant un relais

---

20. « Symétrie microscopique et dissymétrie macroscopique », *Revue de synthèse*, 1957, p. 23.
21. *Ibid.*, p. 24.
22. *Ibid.*, p. 26.

dans le passé ou dans le futur[23] ». Ainsi Costa de Beauregard justifie-t-il *a priori* la clairvoyance du futur, la vision à distance, et en raison de l'équivalence information-entropie qu'il admet, la psychokinèse.

Mais on voit bien que, par exemple, l'expression « prendre un relais dans le passé ou le futur » a surtout un sens métaphorique, et que ces merveilleux voyages dans le temps et l'espace de notre macro-univers évoquent davantage le percement quasi mystique du « lourd voile » de « rêve éveillé » dont parle Costa plutôt qu'une représentation rationnelle et manipulable, fût-elle hautement abstraite, des phénomènes que nous expérimentons.

2.4. Dans un tel prolongement donné à la science, l'irrationnel n'est pas ressenti comme une opposition au rationnel, mais plutôt comme une ouverture vers un monde caché en même temps que le signe avant-coureur, encore indistinct, d'une science future. Aussi bien sommes-nous ici sur le chemin du récit de science-fiction. Certes les savants dont nous avons recueilli le témoignage maintiennent pour ainsi dire « tactiquement » l'usage du raisonnement scientifique ; mais ils extrapolent « stratégiquement » des résultats locaux au bénéfice d'un élargissement non garanti de l'expérience. C'est ainsi, comme on l'a vu, que le thème de la symétrie du temps, qui a un sens précis et opératoire, par exemple en électrodynamique quantique pour représenter au niveau microphysique les rapports matière-antimatière associés aux concepts de symétrie de charge et de parité[24], est directement transposé dans le domaine de l'expé-

---

23. « Cosmos et conscience », *in Science et conscience, op. cit.*, 1980, p. 68.

24. On est amené à considérer les opérations de conjugaison de charge, qui transforment une particule de charge e en la particule de charge –e, de même les propriétés de parité, qui transforment la particule par une réflexion dans un miroir, permutant la gauche et la droite, et l'opération de renversement du temps. On admet que le produit de ces trois symétries CPT laisse identique une particule. Mais chacune de ces transformations ne laisse pas toujours invariantes les autres propriétés d'une particule : il peut y avoir « brisure de symétrie ». La théorie de l'électron de Dirac fait intervenir des « états d'énergie négative ». Feynman les interprète comme particules remontant le cours du temps, ou antiparticules, de charge opposée, se déplaçant dans le sens du temps.

rience macroscopique, comme s'il y conservait son sens. Les romans de science-fiction font état de données scientifiques, quelquefois même esquissant des raisonnements dont la forme, sinon les prémisses, sont celles des raisonnements de la science, mais s'affranchissant des contraintes de celle-ci. Et c'est bien ce qu'à un moindre degré font les théoriciens que nous avons pris pour exemples. Alors que ceux-ci conservent la plupart du temps certaines de ces contraintes, comme garde-fous contre l'abandon au mysticisme, les romanciers de science-fiction n'utilisent guère la pensée scientifique que comme instrument d'accès à l'imaginaire futur et à l'étrange. Cette forme littéraire n'en offre pas moins de très remarquables exemples de ce que peut produire une libre imagination partie de la science mais totalement déliée de ses contraintes. Un spécimen particulièrement intéressant, réussi, et en quelque sorte intermédiaire entre la spéculation proprement scientifique et ce libre jeu, nous est donné par un roman du brillant astrophysicien Fred Hoyle, *The Black Cloud*, paru en 1957.

Des astronomes anglais et américains découvrent qu'un nuage de poussières interstellaires se dirige vers le Soleil. Par des calculs cinématiques élémentaires, reproduits dans le roman, ils prévoient que le nuage atteindra le système solaire et occultera le Soleil dans quelques mois. Des calculs supposés de mécanique céleste, effectués, à l'instar de ceux de Leverrier, à partir de déplacements observés de Jupiter et Saturne, permettent plus tard de préciser la masse, la vitesse et la distance de l'objet à la Terre. Des hypothèses physiques sur la structure du nuage, assez vagues au demeurant, conduisent par des considérations thermodynamiques seulement esquissées à prédire le genre de catastrophe qui menace alors la Terre : refroidissement radical ou élévation de température, impropres à la vie. Mais peu avant ce moment prévu pour que soit atteint le paroxysme fatal de cette évolution, le nuage s'arrête inexplicablement et les conditions climatiques terrestres se rapprochent de la normale. Certains phénomènes électrodynamiques provoqués sur des longueurs d'ondes bien déterminées par le voisinage du nuage suggèrent alors à l'un des astronomes particulièrement perspicace que ce changement pourrait être dû au comportement volontaire d'un être pourvu d'intelligence. On envoie donc des signaux radio vers la « bête » supposée, qui répond, et même ne tarde guère à décoder le système de communication et la langue de ses interlocuteurs terrestres. Un dialogue a lieu alors entre les savants et le nuage, qui explique aux hommes les processus par lesquels se sont formés dans sa masse gazeuse des cellules organiques et des centres nerveux, comment et pourquoi un support gazeux est justement plus favorable au développement et au progrès continu d'une intelligence, et comment l'introduction de corps radioactifs en son sein perturbe et endommage le fonctionnement de sa conscience. Le tout étayé, dans le roman, par des considérations, d'allure scientifique, d'électrodynamique et de théorie des communications (la théorie de l'information shannonienne est toute récente au moment de la publication du livre). Bien entendu, l'intérêt du lecteur est soutenu grâce à la mise en scène d'une communauté de savants constituée par le gouvernement britannique en un lieu clos pour étudier le phénomène et garder le secret, et par les conflits qui surgissent entre le pouvoir politique, anglais et américain, et le pouvoir scientifique.

On voit que, dans une telle fiction, œuvre d'un savant authentique, l'imagination scientifique, usant assez librement de connaissances réelles, introduit des données fantaisistes ou suffisamment vagues pour que deviennent assez plausibles des phénomènes qui s'en déduisent, jusqu'alors non attestés et extraordinaires. Il se trouve du reste que la question « matière-esprit » que nous avons prise pour exemple est, dans le cas du *Nuage noir*, implicitement posée par l'existence de cette intelligence et de cette conscience, capable même de connaître ses propres états neurologiques et d'interpréter à partir d'eux ceux que transmettent les symboles d'un langage humain.

D'une manière générale, la majorité des œuvres de science-fiction les plus remarquables du point de vue qui nous intéresse ici, d'une part, extrapolent les problèmes et feignent d'anticiper des solutions dans le domaine des sciences physiques, mais aussi et d'autre part — ce qui n'est pas le cas dans *Le Nuage noir* — supposent que des progrès extraordinaires ont été accomplis par les sciences de l'homme. Sur le premier point, il suffirait de citer

les voyages cosmiques dans l'hyperespace à des vitesses superlu-
miniques, une nouvelle théorie physique étant alors supposée
supplanter la Relativité einsteinienne ; ou encore le transport
immatériel, par radio, de corps inanimés ou vivants, reconstitués
après communication de l'information complète contenue dans
leurs atomes et leurs cellules... Le second point nous intéresse
spécialement, car il fait apparaître directement l'affinité entre les
thèses examinées dans ce chapitre et les créations imaginaires de
la science-fiction. Les rapports de la matière et de l'esprit sont en
effet au cœur même d'un grand nombre de nouvelles ou de
romans sur les robots. L'une des questions posées est alors celle
de la frontière entre le comportement robotique et le comportement humain. La mécanique du robot peut-elle produire ou
seulement simuler la pensée, et surtout l'affectivité éprouvée par
les humains ? Sous une autre forme, une question de même
ordre est présentée dans un roman où le cerveau d'une jeune
morte est greffé dans le crâne d'un vieil homme, et les péripéties
de l'interférence de ce greffon avec son support physique sont
exploitées avec talent par l'auteur. Bien entendu, il ne s'agit là
que de quelques-uns des thèmes de la science-fiction, qui ne sont
d'ailleurs pas dominants chez tous les auteurs, même s'ils se
combinent, quelquefois avec bonheur, par exemple avec celui de
l'anticipation sociale, de l'utopie, de la psychologie des senti-
ments ou d'une poésie du fantastique.

Je n'ai évidemment pas prétendu identifier les physiciens
cités plus haut à des auteurs de science-fiction. J'ai seulement
voulu mentionner que le désir de proposer l'impossible imagina-
ble, qui se manifeste esthétiquement dans certaines œuvres de
science-fiction, est le même qui, sous une forme embryonnaire,
amène ces physiciens à renoncer au moins partiellement au
rationnel. Mais il est vrai que ces essais de reconnaître un
rapport définissable entre matière et conscience conduisent
aussi les savants aux frontières, qui demeurent pour certains
d'entre eux incertaines, entre connaissance scientifique et
connaissance philosophique. Le problème philosophique classique de l'esprit et de la matière est alors introduit de façon ambiguë, la connaissance scientifique en étant ici réduite à opérer sur

des concepts trop vagues, la connaissance philosophique à traiter directement et non plus métathéoriquement des concepts de
l'empirie. C'est cette erreur de *topique*, au sens d'une confusion
des niveaux, des régions et des visées de la spéculation, qui nous
paraît être dans ce cas la marque d'une irrationalité acceptée et
d'un renoncement à la pensée claire qu'exigent, chacune en son
sens, la philosophie aussi bien que la science.

Chapitre IX

LA SCIENCE ET LES MYTHES
PSEUDO-PHILOSOPHIQUES

Nous voudrions, pour finir, présenter une étape ultime du renoncement au rationnel, prolongeant la pensée de quelques savants et les portant alors décidément au-delà des bornes admissibles et *raisonnables* de la science. L'abandon à l'irrationnel que nous allons tenter de décrire ne concerne donc que des penseurs qui ont, à des degrés divers, participé au travail même de la science, qui ont à une époque antérieure adopté et pratiqué effectivement les disciplines de la rationalité, qui continuent même, pour certains, de s'y conformer pleinement, malgré les échappées où ils se complaisent par ailleurs. C'est justement cette sorte de double vie intellectuelle qui nous intéresse comme forme extrême de ce qui n'était que reconnaissance ou recours dans les aspects précédemment considérés. Le problème épistémologique qui s'y pose pourrait être résumé sous deux chefs.

D'une part, quels cheminements *internes* aux systèmes conceptuels mêmes développés par un savant rendraient compte de ce passage à l'irrationnel ? Non pas, bien entendu, les voies de l'histoire empirique d'une pensée que pourrait décrire une psychologie du savant comme individu, mais celles que paraît ouvrir, dans les œuvres, la dynamique propre des concepts.

D'autre part, quels retentissements, s'il en fut, sur son travail de savant, a pu avoir chez tel penseur cette échappée ?

Dans certains cas, la séparation des deux régimes a pu être complète, quoi qu'en aient dit les auteurs mêmes. Dans d'autres, un gauchissement perceptible de la démarche scientifique a pu se produire, et le bilan en est-il alors, ou non, tout à fait négatif ?

Nous reconnaissions en terminant le précédent chapitre qu'était atteinte par quelques-uns la frontière de la philosophie et de la science. Dans les exemples que nous allons évoquer, le pas est effectivement franchi, pour le meilleur et parfois pour le pire. Qu'on ne se méprenne pas sur nos intentions. Si nous employons en ce cas l'expression « renoncement au rationnel », ce n'est assurément pas que nous considérions la philosophie comme se situant par nature dans la mouvance de l'irrationnel. Que telle ne soit pas notre pensée, nous nous sommes efforcé de le montrer naguère[1], et aussi, autant que possible, dans notre propre style de philosopher. Mais il s'agit ici de décrire, comprendre, et éventuellement dénoncer l'entreprise de savants qui pensent pouvoir, et devoir résolument, renoncer aux exigences d'une connaissance scientifique, pour accéder, dans le prolongement de celle-ci, à une autre espèce de connaissance. Et si cette connaissance recherchée mérite bien quelquefois le nom de philosophique, elle peut n'en être aussi qu'une parodie. Pour justifier l'expression « renoncement au rationnel » il convient de préciser la nature de cette parodie, et en quel sens nous croyons que la confusion du scientifique et du philosophique implique une altération de l'un et de l'autre, à quoi nous donnons le sens élargi d'irrationalité.

Rappelons brièvement ce que nous croyons être la distinction nécessaire. La science vise à produire, de l'expérience, une représentation abstraite, la transposant en concepts et en faits *virtuels* manipulables dans des systèmes symboliques. Une telle représentation se présente comme confrontable à l'expérience même, c'est-à-dire à des concepts et à des faits *actuels* ; et elle rend possibles, au moins dans certains domaines, des applications techniques. La philosophie, dans l'acception que nous

---

1. Voir par exemple *Pour la connaissance philosophique*, 1988.

donnons à ce terme, et qui, croyons-nous, convient assez bien et pour l'essentiel aux grandes œuvres qui portent ce nom, consiste à interpréter le sens de l'expérience des sujets dans un monde. Elle ne produit ainsi aucune représentation, en tant que « modèle » abstrait manipulable, comme dans les sciences, bien qu'elle *représente* évidemment elle aussi l'expérience au moyen de *concepts*. Certains philosophes l'ont considérée comme applicable à la conduite de la vie, mais certainement en un sens différent de celui selon lequel est applicable, à travers des techniques, un savoir scientifique. Ainsi donc, même si l'on voit dans la philosophie une forme spécifique de connaissance, elle ne saurait être le substitut ni l'imitation d'une connaissance scientifique. Or, c'est la méconnaissance de cette distinction radicale que nous croyons reconnaître dans certaines des extrapolations de la science, et particulièrement de la physique, que nous nous proposons de présenter.

On s'étonnera sans doute, à juste titre, qu'une aussi rigoureuse séparation puisse être instituée. Il faut donc dissiper tout d'abord un malentendu. Nous ne prétendons évidemment pas nier les rapports étroits que l'histoire des sciences et l'histoire de la philosophie nous présentent entre les deux disciplines. Laissant de côté les périodes anciennes pour ne considérer que les périodes pour ainsi dire « laïcisées », où le projet et les méthodes de la science telle que nous la connaissons se sont constitués, on voit bien qu'un Descartes, un Leibniz, un Cantor, un Poincaré, un Einstein, entre autres, ont associé dans leur œuvre science et philosophie. Mais ce n'est nullement en en confondant les buts et les moyens, même si — et c'est la marque de la fécondité de cette association des deux registres — de l'interprétation philosophique de l'expérience et de celle des procédures mêmes de la connaissance ils ont, les uns et les autres, su tirer des conséquences pour leur pratique scientifique. Il suffirait d'examiner très sommairement les exemples de Descartes et de Leibniz pour se convaincre qu'il ne s'agit alors nullement d'une confusion des deux registres, et que les rapports de la méditation philosophique et de la création de concepts scientifiques peuvent être très diversifiés.

Pour Descartes, il semble que ce soit la mise en forme de concepts philosophiques qui se trouve inspirée par la découverte mathématique antérieure, même si le philosophe propose sa mathématique nouvelle comme dérivant de sa philosophie. Car les règles de la méthode sont, premièrement, les règles du traitement des équations algébriques exposées d'abord dans les *Regulae ad directionem ingenii*, puis au premier livre de la *Géométrie*. La transposition philosophique qui en est tirée déborde alors l'univers des objets mathématiques pour concerner plus généralement le « bon sens », l'interprétation de la connaissance en général, et son application à la pratique de la vie.

Il apparaît que dans l'œuvre de Leibniz au contraire, c'est plutôt une conception philosophique — une métaphysique — qui serait le moteur d'un élargissement du champ des mathématiques. À la mathématique cartésienne essentiellement relative au traitement « par ordre » des grandeurs, Leibniz va substituer une mathématique des *formes*, et à l'idée de nombre résultat de mesure, il va substituer le concept d'une règle de construction pouvant faire intervenir l'infini[2]. Mais pas plus que le *Discours de la méthode* n'est une espèce de calcul, le calcul infinitésimal leibnizien n'est un discours philosophique sur l'infini.

C'est cette différence de genre qui se trouve justement abolie ou estompée dans les œuvres que nous allons prendre comme exemples d'une sorte de dégénérescence de l'idéal rationnel de la science, en même temps que d'une adultération de la pensée philosophique.

Il nous semble que cette dégénérescence se produit essentiellement à partir de l'exploitation d'un thème nodal, déjà entrevu au précédent chapitre, qui est celui de l'unité de la pensée et du monde physique. Pour faire apparaître la multiplicité des variantes et des degrés sous lesquels se présente le renoncement au rationnel qui peut en découler, nous en présenterons quelques formes qui se différencient principalement par le degré d'insistance sur la construction d'un véritable *système* philoso-

---

2. Voir sur ce point Granger, « Philosophie et mathématique leibniziennes », *in Formes, Opérations, Objets*, Vrin, 1994, chap. 12.

phique et par le degré d'implication des concepts et des théories scientifiques dans l'édifice proposé. Nous avons choisi, non sans quelque arbitraire, cinq exemples qui en tout cas montrent assez bien ces différences :

1. La « nouvelle alliance » de Prigogine et Stengers.

2. Le « subjectivisme sélectif » de la « théorie fondamentale » d'Eddington.

3. La métaphysique moniste de D. Bohm.

4. Le « schème cosmologique » de Whitehead.

5. Le « Tao de la physique » de F. Capra.

Pour justifier ces choix, on pourrait tenter de classer sommairement ces exemples dans une table à double entrée dont la première colonne — A — représente le degré d'orientation vers un système, la seconde colonne — B —, le degré d'implication des concepts proprement scientifiques ; des signes + et – figureront l'intensité de ces degrés :

	A	B
Prigogine	–	+
Eddington	–	++
Bohm	+	+
Whitehead	++	–
Capra	+	–

La nouvelle alliance de Prigogine et Stengers

1.1. Le point de départ de l'interprétation pararationaliste que nous voulons prendre pour premier exemple est donné par les travaux d'Ilya Prigogine, prix Nobel pour ses travaux sur la thermodynamique des processus loin de l'équilibre, lesquels présentent alors des évolutions vers des états thermodynamiquement improbables d'organisation spatiale ou temporelle accrue.

La thèse générale de la thermodynamique est l'accroissement de l'entropie — et par conséquent du désordre — au cours de l'évolution non réversible de systèmes, l'équilibre d'un système isolé étant atteint lorsque son entropie est maximale, mais est minimale sa production interne d'entropie, qui devient nulle pour un processus réversible au voisinage de l'équilibre. Cette production d'entropie positive pour les phénomènes irréversibles est gouvernée par une relation *linéaire* entre des grandeurs caractérisant la dissipation d'énergie dans l'évolution, alors univoque, du système vers un régime d'équilibre. Mais à grande distance de l'équilibre, la relation cesse d'être linéaire et le système peut évoluer vers différents états stables, la réalisation d'un de ces nouveaux régimes étant imprévisible. Et contrairement à ce qui se produit par dissipation d'énergie au voisinage de l'équilibre, le nouveau régime peut être plus structuré que celui de départ[3]. Selon une expression du livre sur le temps,

« un milieu loin de l'équilibre est caractérisé par des corrélations intrinsèques à longue portée[4] ».

Et ce sont alors des fluctuations aléatoires qui amènent le système à un nouveau régime. L'idée développée par Prigogine-Stengers est que de tels processus pourraient expliquer la naissance d'organismes et de la vie à partir de phénomènes assujettis aux seules lois de la physique.

Parallèlement à ce thème de l'évolution organisante issu de la thermodynamique, Prigogine-Stengers développent celui du *temps*, qu'ils veulent montrer comme essentiellement irréversible, « à tous les niveaux de la physique[5] », et par conséquent rapprocher du temps vécu bergsonien. Aussi les auteurs font-ils état des nouvelles théories cosmologiques qu'ils interprètent comme justifiant la thèse que « l'irréversibilité est l'aspect essentiel du passage à l'existence de l'univers[6] ».

---

3. Exemple de phénomènes « dissipatifs » : formation de cellules stables dans un fluide chauffé par en dessous à une température critique où la production d'entropie est importante.
4. *Entre le temps et l'éternité*, p. 53.
5. *Ibid.*, p. 181.
6. *Ibid.*, p. 150.

1.2. C'est à partir de ces considérations directement dérivées d'une réflexion sur des théories et des conjectures proprement scientifiques que les auteurs exposent une conception de la science où transparaît, me semble-t-il, à tout le moins l'ébauche d'un mouvement de renoncement au rationnel. Ils font observer que la science, « depuis bientôt deux siècles », a consommé une séparation de l'homme et de la nature, rompant avec une « alliance animiste » toujours présente dans la philosophie antique et reprise en un sens nouveau par le christianisme[7]. Les développements actuels de la science, et en particulier de la thermodynamique et de la cosmologie, représenteraient une récupération du temps comme expérience vécue et de l'imprévisibilité comme fait fondamental de la nature. Il en résulterait une aspiration philosophique à une « nouvelle alliance », où la science redécouvrirait l'unité de l'homme et de la nature.

Sans même que soit jamais effectivement abandonnée par Prigogine, sur le plan de la technique scientifique, la méthodologie classique des théoriciens de la physique, une telle conception de la science en altère profondément la signification. Elle tend en effet, malgré tout, à dévaloriser le projet et l'idéal de la science actuelle, celle-là même que pratique le physicien Prigogine. Elle tend ouvertement à lui substituer une « science nouvelle », dont à vrai dire la thermodynamique des états loin de l'équilibre ne fournit nullement un modèle convaincant, pas plus que les théories du « chaos » auxquelles il est fait allusion dans le livre sur le temps. Car ces théories, si novatrices qu'elles soient quant aux aspects des phénomènes qu'elles mettent en vedette, et des outils mathématiques qu'elles emploient, n'en usent pas moins des mêmes instruments *conceptuels* que la science classique. Faut-il alors parler avec les auteurs de « questions niées par la science classique » et dire que « c'est le travail de ces questions qui a rendu notre science capable de métamorphoses[8] » ? Questions délaissées sans doute ou même provisoirement occultées, plutôt que niées. S'il est bien vrai que c'est souvent une autocritique qui

---

7. *La Nouvelle Alliance*, p. 88.
8. *Ibid.*, p. 24.

a fait avancer la science, on perçoit à travers leurs considérations le souhait à demi formulé que cette critique interne donne finalement naissance à une vision mystique dans laquelle le projet et les exigences scientifiques auraient subrepticement disparu. Peut-être est-ce là ce que les auteurs reconnaissent implicitement lorsqu'ils écrivent :

> « Les scientifiques, lorsqu'ils cherchent les moyens de réfléchir à la signification existentielle de leur activité, se tournent vers les philosophies de type oriental[9]. »

La « théorie fondamentale » d'Eddington

2.1. Sir Arthur S. Eddington (1882-1944)[10] a été l'un des fondateurs de l'astrophysique avec ses travaux sur les étoiles, et l'un des plus pénétrants représentants et premiers défenseurs de la Relativité générale. Ce que nous voudrions présenter dans cette section, c'est le développement par ce savant d'une théorie dont l'élaboration scientifique est très raffinée mais demeure très étrange. Il y a longtemps travaillé mais elle est surtout exposée, quoique encore inachevée, dans son ouvrage posthume *The Fundamental Theory* (1946-1953)[11]. Il se propose d'y *déduire* la valeur des principales constantes de la physique. Il s'agit bien ici de l'œuvre d'un savant d'une envergure exceptionnelle, à la fois astronome observateur et théoricien. Néanmoins, il nous semble pouvoir reconnaître dans cette entreprise de la « Fundamental Theory » le passage à une vision de la science qui suppose l'espoir de parvenir, en en poursuivant apparemment le dessein, à une connaissance sans doute incompatible avec l'un des fondements généralement reconnus de sa rationalité. Le succès de

---

9. *Entre le temps et l'éternité*, p. 16.
10. Voir sur l'œuvre d'ensemble d'Eddington l'ouvrage de J. Merleau-Ponty (*Philosophie et Théorie physique chez Eddington*, 1965), particulièrement sur la *Fundamental Theory*, p. 83-117.
11. Une première présentation de la *Fundamental Theory* se trouvait dans *Relativity Theory of Protons and Electrons*, Cambridge, 1936, puis dans les *Dublin Lectures* (« The combination of Relativity and quantum theory », 1943).

l'entreprise abolirait en effet pour une large part la distinction de l'empirique et du rationnel.

Cet espoir et ce désir sont étroitement associés aux idées philosophiques sur la nature de la physique que le savant a commencé à proposer vers 1927[12], et dont il poursuivra et fera évoluer l'exposition durant les dix dernières années de sa vie. Il intitulera cette conception « subjectivisme sélectif » (par exemple dans *The Philosophy of Physical Science*, 1939). Le mot de subjectivisme ne recouvre point ici un idéalisme au sens berkeleyien, par exemple, car Eddington insiste souvent sur sa croyance en la réalité empirique du monde. Mais il renvoie à une thèse de l'importance primordiale des réflexions sur la connaissance comme source des principes de cette connaissance même. C'est ce qu'il nomme « physique épistémologique, dont les investigations portent sur la *connaissance*, non sur des entités[13] ». Aussi bien,

> « les généralisations qui peuvent être atteintes épistémologiquement ont une sécurité qui est déniée à celles qui ne peuvent être atteintes qu'empiriquement[14] ».

Il donne maints exemples de leur fécondité, et n'hésite pas à affirmer en particulier que la théorie de la Relativité restreinte est sortie tout entière d'une réflexion (« épistémologique ») sur l'impossibilité de définir directement la contemporanéité de deux événements non contigus, la théorie relativiste de la gravitation d'une réflexion sur la non-intégrabilité des distances, la physique quantique d'une réflexion sur le caractère seulement probabiliste des résultats de mesure. C'est pourquoi l'œuvre d'Einstein lui paraît exemplaire.

> « L'aspect le plus attirant de l'œuvre d'Einstein est qu'il déduit un grand nombre de phénomènes remarquables à partir seulement de deux principes généraux, à l'aide d'un calcul mathématique très puissant[15]. »

---

12. *The Nature of the Physical World*.
13. *Ibid.*, p. 49.
14. *Ibid.*, p. 19.
15. *Space, Time, Gravitation*, 1920, p. 180.

2.2. Si la connaissance physique peut ainsi, selon Eddington, dériver fondamentalement de principes « épistémologiques », c'est qu'elle est essentiellement *relationnelle*. Rien d'absolu ne peut être connu par la science : « Les méthodes de la physique sont incapables de découvrir des fragments de vérité absolue dans le monde extérieur[16] ». Mais elles nous donnent tout ce qu'il est possible d'en savoir. Il notait déjà en 1920 qu'il aimerait renverser le mot de Descartes : « Donnez-moi la matière et le mouvement, et je reconstruirai le monde », et dire au contraire : « Donnez-moi un monde — un monde dans lequel il y a des relations — et je construirai la matière et le mouvement[17] »...

Il faut comprendre que, dès cette époque, le physicien entrevoit la possibilité et la nécessité pour sa science, établie sur des bases « épistémologiques », donc « subjectives », de reconstituer sinon l'expérience, du moins la *forme de son contenu*. À mesure qu'il avance en âge, cette idée mûrit. À l'époque de *Space, Time, Gravitation* (1920), il pensait, dira-t-il plus tard dans *The Philosophy of Physical Science* (1939), que la Relativité délimitait le domaine de ce qu'il appelle les « lois subjectives », c'est-à-dire les lois de la nature issues de la réflexion épistémologique ; le contenu de la microphysique aurait au contraire concerné les « vraies lois du gouvernement de l'univers objectif[18] ». Mais quand il écrit l'ouvrage que nous venons de citer, il pense que même la microphysique expose des lois « subjectives », quoique avec le trait nouveau et *sui generis* d'indétermination. Il ne faut donc pas s'étonner si Eddington s'investit emblématiquement alors dans cette entreprise probablement chimérique, et qu'il n'a évidemment pu mener à bien, d'une déduction « épistémologique » des valeurs empiriques des quatre constantes universelles de la physique : elles sont, écrit-il en 1939, « prédictibles *a priori*[19] ». C'est cette poursuite, dont nous verrons qu'elle le conduit parfois, malgré sa

---

16. *The Philosophy of Physical Science*, p. 185.
17. *Space, Time, Gravitation*, p. 198.
18. *The Philosophy of Physical Science*, p. 181.
19. *Ibid.* p. 58.

méthode scientifique, à s'écarter de certaines exigences rationnelles, que nous considérons comme une forme douce d'abandon à l'irrationnel.

2.3. Il peut assurément paraître outrecuidant de prétendre déceler une forme d'abandon à l'irrationnel chez un savant aussi méticuleusement rationaliste, dans ses calculs et ses hypothèses de physique et d'astronomie, que sir Arthur S. Eddington. Cependant, c'est dans la poursuite hyperbolique mal contrôlée de cet idéal rationaliste que se manifeste justement cet abandon.

L'inspiration motrice de la *Fundamental Theory* est la volonté de construire une théorie de la *totalité* du réel qui unifie complètement la macrophysique relativiste et la microphysique quantique[20]. Et l'on peut voir dans cette ambition la source de cette rationalisation, qui sera démesurée dans son dépassement de l'explication localisée d'une totalité toujours relative qui est le lot de la science. Certes, Einstein lui aussi a voulu tenter une unification de sa représentation du monde, mais en en reconnaissant justement le caractère relatif. Eddington se propose donc de relier démonstrativement à l'intérieur de cette théorie fondamentale les valeurs des constantes cosmologiques à celles des constantes microscopiques, le rayon de courbure d'un univers einsteinien et la masse de l'atome d'hydrogène, la constante de gravitation et la constante de Planck, enfin toutes les constantes dont il dresse la liste des valeurs calculées par lui et des valeurs observées.

Il utilise pour cette démonstration un outillage mathématique complexe mais parfaitement bien élaboré. Il lui donne le nom de « système des *nombres E* » propre à une représentation adéquate de *toutes* les grandeurs physiques, mécaniques et électriques. Il s'agit d'une algèbre non commutative, une « double algèbre de quaternions[21] » comportant 16 symboles définis par leur table de multiplication[22]. Ces symboles, convenablement

---

20. Voir par exemple *Fundamental Theory*, p. 82.
21. *Ibid.*, p. 106.
22. Cette algèbre est en effet le carré tensoriel de l'algèbre de quaternions de Hamilton avec $p = q = -1$ sur le corps des complexes.

associés en sous-groupes selon leurs propriétés algébriques, serviraient de cadre aux différents vecteurs et tenseurs par lesquels sont décrits les macro- et microphénomènes. Eddington élargit ce cadre en considérant le carré tensoriel de son E - algèbre, qu'il nomme alors « EF-algèbre », comportant 256 symboles, nombre quasi magique qui va jouer, avec le nombre 136^{23}, un rôle essentiel dans le calcul du nombre cosmique $N = 3/2.136.2^{256}$...

C'est à partir de considérations d'algèbre symbolique sur cet appareil mathématique qu'Eddington veut parvenir à l'évaluation du nombre cosmique dont seraient dérivables toutes les autres constantes universelles. Ce nombre est bien « décrit de façon très pittoresque comme le nombre des protons et des électrons de l'univers[24] » ; mais Eddington souligne que son statut fondamental est d'être une constante dont la nature permet de déduire tout d'abord le rapport des forces électriques aux forces gravitationnelles dans les noyaux atomiques. Le passage à l'interprétation comme nombre des particules de l'univers se fait par la considération d'une distribution en équilibre des atomes d'hydrogène à la température absolue 0, le nombre N étant alors déterminé comme le nombre de particules suffisant pour que l'espace soit un univers *fermé* sur le modèle einsteinien. Le fondement de la démonstration serait l'expression

« dans un symbolisme mathématique de ce que nous croyons que nous faisons quand nous mesurons les choses... Tous nos résultats sont dérivés de la condition que l'interprétation conceptuelle des résultats de mesure doive être cohérente avec notre interprétation conceptuelle du processus de mesure[25] ».

C'est précisément cette condition que satisferait la représentation fournie par le système des nombres EF. Et le calcul du

---

23. 136 = 137 − 1, nombre des éléments de la 16-matrice carrée figurant un nombre EF, et 137 est assimilé par Eddington à la valeur de la constante de structure fine dont la valeur mesurée est aujourd'hui 137,038 8 ±0,001 9. La coïncidence paraît bonne ; on voit cependant que l'écart 0,038 à la valeur entière 137 est plus de 30 fois supérieur à l'incertitude expérimentale 0,001.
24. *Ibid.*, Appendice, p. 265.
25. *Ibid.*, p. 266.

nombre cosmique N s'obtiendra grâce à des considérations d'algèbre symbolique, interprétée comme conditionnant toute mesure, à vrai dire bien difficiles à suivre même pour des physiciens et mathématiciens infiniment plus compétents que le présent auteur :

> « Nous n'avons pas, dit Eddington, à montrer qu'il y a N particules dans l'univers, mais que quiconque accepte certains principes élémentaires de mesure doit, s'il est cohérent, penser qu'il en est ainsi[26]. »

Il ajoute, conformément sans doute à son « subjectivisme sélectif », que, si le mouvement de sa recherche

> « pousse le physicien à considérer un univers de $N = 3/2.136.2^{236}$ particules, il n'est pas douteux que c'est le résultat de cette pression, et non pas le fait d'une quelconque particularité du monde extérieur[27] ».

Ainsi est-ce seulement après ses calculs de pure algèbre symbolique qu'Eddington se propose de confronter à l'expérience les résultats trouvés pour les valeurs des constantes universelles tirées de la forme et de la valeur du nombre N. La coïncidence est apparemment très bonne ; mais on ne peut s'empêcher de craindre qu'elle ne soit le résultat de savants artifices, quand on s'aperçoit que les révisions successives des valeurs expérimentales des constantes les ont sensiblement écartées des valeurs calculées. La *Fundamental Theory* n'en demeure pas moins sans doute, avec ses aspects positifs et ses aspects négatifs, le plus brillant exemple contemporain d'une philosophie de la nature.

L'« ordre impliqué » de David Bohm

3.1. Le physicien David Bohm, aux idées toujours très originales dans son domaine, a développé, à propos d'une solution qu'il

---

26. *Ibid.*, p. 265 et p. 79.
27. *Ibid.*

proposait aux difficultés de la théorie quantique[28], une conception hétérodoxe de la réalité tant physique que psychique, qui transcende délibérément les limites d'une théorie scientifique.

Le point de départ proprement scientifique est le problème conceptuel posé par la double représentation des phénomènes quantiques, d'une part dans l'espace-temps, décrivant alors un ordre cartésien, d'autre part dans le cadre abstrait d'un espace hilbertien. Une conséquence particulièrement frappante en avait été présentée par le paradoxe EPR et le problème de la non-séparabilité dans l'espace-temps des événements quantiques. L'idée directrice de Bohm est alors que cette dualité de description recouvre une unité « de plus haute dimension[29] ». En quoi consiste cette unité ?

Elle relèverait d'un ordre « impliqué » *(enfolded)*, qui se manifesterait dans l'ordre « expliqué » *(unfolded)* des phénomènes. Bohm, pour faire comprendre la relation de ces deux ordres (l'idée d'ordre elle-même étant assez vaguement définie par lui comme « différences semblables et similarités différentes[30] »), Bohm use de deux métaphores. L'une est celle de la trajectoire d'une goutte d'encre dans un cylindre tournant plein de glycérine ; cette trajectoire se forme, puis disparaît quand la vitesse de rotation augmente, puis réapparaît dans une rotation inverse. Ce serait là une image de l'« enfolding » et de l'« unfolding » d'une structure. La seconde métaphore, sensiblement plus élaborée, est celle de l'hologramme. L'ordre de l'image vue ou enregistrée serait, dans l'hologramme, impliqué, puis restitué sous forme expliquée par la superposition d'un rayon lumineux cohérent convenable. Rappelons sommairement le principe de l'holographie.

Les récepteurs, œil humain ou plaque photographique, sont sensibles aux intensités des ondes lumineuses, mais non à leurs phases[31]. Or, une onde réfléchie par un objet a subi par rapport

28. Voir chap. 8, p. 7, note 5.
29. *Science et Conscience, Colloque de Cordoue*, p. 120.
30. *The Undivided Universe*, p. 363.
31. C'est-à-dire aux décalages angulaires de la production d'ondes de même période.

à l'onde incidente des variations d'intensité mais aussi de phase. La réception comporte donc une perte d'information. Les procédés holographiques ont pour effet de restituer cette information en transformant les variations de phase en variations d'amplitude qui, se traduisant par des variations d'intensité correspondantes pour une fréquence donnée, deviennent perceptibles ou enregistrables. Cette transformation est obtenue en superposant à l'onde réfléchie une onde témoin de même fréquence. Si ces deux ondes sont cohérentes, c'est-à-dire de différences de phase stables, des interférences ont lieu qui dépendent seulement des variations de phase de l'onde réfléchie. Une image réelle ou virtuelle de ces interférences, ou hologramme, contient donc toute l'information que perdait l'enregistrement direct. La superposition d'une onde cohérente de même fréquence que l'onde témoin à l'onde émise par l'hologramme « lu » restituera une image complète qui sera vue comme objet dans l'espace par l'œil humain. Selon la métaphore de Bohm l'hologramme contient donc, *impliqué*, mis en mémoire, l'ordre optique qui se trouve *expliqué* lors de sa lecture.

3.2. La complémentarité de l'impliqué et de l'expliqué est appliquée par Bohm, comme on l'a dit, à la solution qu'il croit pouvoir donner de l'opposition entre le déterminisme du devenir des fonctions d'onde, réglé par l'équation de Schrödinger, et l'indéterminisme des états quantiques après une mesure. Si, remarque Bohm, on porte dans l'équation de Schrödinger — $i\hbar\dfrac{\partial\Psi}{\partial t} = -\dfrac{\hbar^2}{2m}\Delta\Psi + U\Psi$ — l'expression d'une fonction d'onde sous forme polaire — $\Psi = Re^{iS/h}$ où S est l'hamiltonien —, l'une des équations qu'on obtient est : $\dfrac{\partial S}{\partial t} + \dfrac{(\nabla S)^2}{2m} + U - \dfrac{h^2}{2m}\dfrac{\Delta R}{R} = 0$. Dans cette équation les termes $\dfrac{(\nabla S)^2}{2m} + U$ donnent la valeur d'un potentiel au sens ordinaire du mot[32]. Le terme $Q = \dfrac{\hbar^2}{2m}\dfrac{\Delta R}{R}$ serait alors interprétable comme l'analogue d'un potentiel dénommé par Bohr « potentiel quantique ». L'équation du mouvement d'une particule aurait ainsi la forme quasi classique : $m\dfrac{dv}{dt} = -U - Q$, où le gradient ∇Q représenterait la « force quantique ». Le potentiel et la force quantiques seraient des éléments « implicites » guidant la particule, agissant non comme des grandeurs dynamiques « explicites » mais comme une « information active »[33] dépendant du système considéré dans son ensemble (non localisé), le potentiel U décrivant au contraire la partie du changement temporel de l'information qui est local. Comme Bohm le dit dans le dernier chapitre, le potentiel quantique *agit dans un ordre impliqué.*

3.3. Si cette notion d'ordre impliqué conserve dans cette application un caractère scientifiquement assez vague, c'est sans doute qu'elle est fondamentalement dans la pensée de Bohm un concept *philosophique*, qui ne relève pas, en tant que tel, de l'objectivité mais d'une interprétation du *sens* de la réalité. Il le rapproche, dans son article du colloque de Cordoue, de la monade leibnizienne, en soulignant toutefois que l'ordre implicite est fait de « moments fugitifs[34] », non d'entités permanentes. Néanmoins, on trouve dans *Undivided Universe* cette formule très leibnizienne : « La totalité de l'univers est impliquée *(enfolded)* en toute chose, et chaque chose est impliquée dans le tout[35]. » De même, il dit dans l'article du colloque de Cordoue que « cosmos et conscience sont une totalité unique et indivise », que « la matière et la conscience ont en commun l'ordre

---

32. En mécanique classique le gradient d'un potentiel U est une force f. ∇ est l'opérateur gradient, Δ est l'opérateur laplacien du § 2.5, note 55, chapitre IV, identique à ∇^2.

33. *The Undivided Universe*, p. 35.

34. *Op. cit.*, p. 117.

35. *Ibid.*, p. 182.

impliqué », car dans la matière en général comme dans la conscience, « il existe un processus de déploiement créateur[36] ». Ainsi retrouve-t-on ici le leitmotiv majeur de l'unité de la matière et de la pensée souligné au début de ce chapitre.

On voit que, dans une certaine mesure, le concept philosophique de l'« implicite » a bien influencé le travail scientifique de Bohm dans cette hypothèse du « potentiel quantique ». On ne saurait dire que cette incursion au-delà du raisonnement scientifique ait permis une avancée reconnue dans la science quantique, car la théorie de Bohm demeure discutée. Il semble en tout cas que la notion d'implicite apparaisse dans sa pensée sous deux formes alternées. Tantôt elle se rapproche d'un concept scientifique, quoique pour ainsi dire inachevé. C'est le cas dans l'application que nous venons de voir au « potentiel quantique » ; c'est aussi le cas de la prise en compte par Bohm d'une idée de Pribram selon laquelle les souvenirs seraient enregistrés « holographiquement » — donc sous forme « implicite » — dans l'ensemble du cerveau, pour être ensuite partiellement réactivés — « unfolded » — dans le processus d'évocation[37]. Mais tantôt au contraire la notion est présentée sous une forme nettement philosophique, détachée d'une représentation objective contrôlable des phénomènes. C'est le cas de l'allusion à la monade de Leibniz et de l'interprétation du sens du rapport matière-conscience. Ce balancement et cette indistinction de la représentation abstraite et de l'interprétation signifiante constituent ce que nous avons désigné comme abandon à l'irrationnel.

Alfred North Whitehead : un « schème cosmologique »

4.1. L'exemple que nous voudrions maintenant présenter est sensiblement différent. C'est celui d'un mathématicien et logicien qui se propose de construire un véritable *système* philosophique, sans doute inspiré par son œuvre de savant mais

---

36. *Science et Conscience*, p. 110 et 116.
37. *Colloque de Cordoue*, p. 111.

nullement confondu avec elle. Il s'agit donc ici d'une espèce de conversion à la philosophie, et notre dessein sera de simplement repérer certaines conséquences que cette conversion peut entraîner relativement à l'idée que se fait le savant de la science. Notons tout d'abord que la motivation de Whitehead, explicitée au début de son livre *Process and Reality* (1929), est clairement associée à sa pensée scientifique. Il veut constituer

> « un système d'idées qui mette en relation les intérêts esthétiques, moraux et religieux avec les conceptions du monde qui ont leur origine dans la science de la nature[38] ».

Or la science est, selon lui, une interprétation cohérente de l'expérience sensible, et son système philosophique devra proposer de même une interprétation cohérente de la totalité de l'expérience. Elle exposera donc un « schème cosmologique » qu'il dit être proche de la pensée spinoziste[39]. Ce n'est pas sûr. En tout cas, le mot « cosmologique » ne renvoie pas à l'univers des cosmologues, mais à la totalité de l'être. « La cosmologie est l'effort pour former un schème du caractère général du présent état de l'univers[40] », c'est-à-dire de l'ensemble de notre expérience.

Le lien entre science et philosophie est surtout fort dans l'« âge infantile de la science » où des idées très générales leur sont communes. Mais on ne saurait confondre, en son âge actuel, la science avec la philosophie. Cette dernière perdrait son sens si elle prétendait se substituer à la science :

> « La philosophie détruit son utilité quand elle se laisse aller à de brillants exploits d'explication des faits. Elle empiète alors avec un équipement inadéquat sur le domaine des sciences particulières[41]. »

On ne saurait donc découvrir chez Whitehead, du moins en intention, cette déviation du rationalisme que nous désignions comme confusion de la science et de la philosophie. Aussi bien revendique-t-il le droit pour une philosophie d'être « spé-culative », tout

---

38. *Process and Reality*, p. VI.
39. *Ibid.*, p. 10.
40. *The Function of Reason* III, p. 61.
41. *Ibid.*, p. 25.

en refusant de penser qu'en philosophie « des incohérences puissent indiquer autre chose que quelques erreurs qui les ont précédées[42] ». Une philosophie « spéculative » est en effet pour lui « un système cohérent, logique, nécessaire d'idées générales dans les termes desquelles tout élément de notre expérience peut être interprété[43] ».

L'idée de « spéculation » est alors fondamentale. Elle est la fonction de production des « schèmes abstraits », l'un des deux aspects complémentaires de ce qu'il nomme la raison, l'autre, la « raison pratique », fournissant « la matière première nécessaire au succès de la raison spéculative[44] ». La spéculation est à l'origine de la philosophie comme de la science, mais se distingue de celle-ci en ce qu'elle « exprime la transcendance relativement à toute méthode particulière[45] ».

4.2. Ce n'est pas ici le lieu de résumer ce système. Nous en citerons simplement le principe, dit « subjectiviste », qui pose que « la totalité de l'univers consiste en éléments qui se révèlent dans l'analyse des expériences des sujets[46] ». Nous ferons seulement deux remarques concernant l'impact de cette « philosophie de l'organique » *(philosophy of organism)* sur la conception que se fait Whitehead de la science.

La première est que le concept de « réalisme organique » implique une hypothèse sur la nature profonde de la réalité physique :

« Dans le langage de la science physique, le passage du matérialisme au "réalisme organique" [...] consiste dans le remplacement de la notion de matière *(stuff)* statique par celle d'énergie fluente[47]. »

La seconde, qui dépend étroitement de la première, est que cette philosophie conduit à décrire d'une certaine manière les concepts fondamentaux d'une science de la nature :

---

42. *Ibid.*, p. VIII.
43. *Ibid.*, p. 4.
44. *The Function of Reason* II, p. 31.
45. *Ibid.*, III, p. 52.
46. *Ibid.*, p. 252.
47. *Ibid.*, p. 471.

« Ce qui a disparu, écrit-il, des concepts ultimes de la science,
c'est la notion d'une existence matérielle vide, douée d'une
persistance *(endurance)* passive, avec des attributs primaires
individuels et des événements *(adventures)* accidentels[48]. »
Ces conséquences épistémologiques de sa philosophie sont assurément très générales. On peut néanmoins se demander si elles
n'empiètent pas quelque peu, contrairement au vœu même de
Whitehead, sur les domaines de la science. Certes, sa conversion
à la philosophie ne saurait être considérée comme un abandon à
l'irrationnel, et il proclame hautement son « espoir dans le
rationalisme », qui est pour lui « la foi qui motive la poursuite,
au même titre, de toutes les sciences, y compris la
métaphysique[49] ». Mais le recours à cette « métaphysique » pour
tracer à la connaissance objective des voies, fussent-elles très
générales, pourra inspirer un saut dans l'irrationnel à des esprits
moins fortement soutenus par une telle foi. Pour Whitehead, elle
commande en tout cas une réintroduction des causes finales
dans la science. La fonction de la raison serait en effet « de constituer, mettre en exergue et critiquer les causes finales ». Car
« l'univers construit en termes de causalité efficiente des interconnexions purement physiques présente une simple et insoluble
contradiction[50] ».

Frijthof Capra : le Tao de la physique

5.1. Ce dernier exemple est sans doute le seul qui mérite
pleinement la qualification d'abandon de la rationalité. Frijthof
Capra est un physicien, donc un savant pratiquant, même s'il ne
peut être mis sur le même plan que les grands créateurs précédemment évoqués. Mais, contrairement aux autres cas, on trouvera dans celui-ci une fusion (une confusion peut-être) entre des
connaissances scientifiques, auxquelles il n'est du reste que fait

---

48. *Ibid.*, p. 471.
49. *Ibid.*, p. VI.
50. *Ibid.* I, p. 20.

allusion, et des thèses philosophiques orientales, hindouistes, taoïstes et bouddhistes zen ; Capra se rattache par ailleurs délibérément à une tradition mystique, comme en témoigne ce passage lyrique de la préface de son livre :

« Je vis des cascades d'énergie descendre de l'espace au sein desquelles les particules étaient créées et détruites selon des pulsations rythmiques, et à ce moment précis je sus que c'était la danse de Shiva, le seigneur de la danse adoré par les hindous[51]. »

Bien que les philosophies orientales en question ne soient jamais véritablement présentées au moyen de textes importants et commentés, Capra nous assure que

« la théorie des quanta et la théorie de la relativité nous conduisent à une perception du monde très parente de celle d'un bouddhiste ou d'un taoïste[52] ».

5.2. Son idée maîtresse est qu'une profonde unité et indistinction de toutes choses s'exprime aussi bien dans les philosophies orientales que dans la physique moderne. Toutes choses sont connectées, et aucune n'est plus fondamentale qu'une autre. « Chaque objet du monde n'est pas seulement lui-même, mais comprend chacun des autres et est en fait tous les autres[53]. » Il voit dans les interconnexions formulées par la physique quantique la même unification que celle du monde de la méditation profonde, où « toutes les choses sont unifiées[54] ». Et dans le *Yi King* chinois, il retrouve l'idée que

« les lois naturelles ne sont pas des forces extérieures aux choses, mais représentent l'harmonie de leur mouvement intrinsèque[55] ».

Cela, dit-il, apparaît particulièrement juste à la lumière de la théorie du champ quantique, où les forces entre les particules

---

51. *Le Tao de la physique*, 2e éd. 1982, trad. 1985, préface.
52. *Ibid.*, p. 19.
53. Article « Le Tao de la physique », *in Science et Conscience, colloque de Cordoue*, p. 53.
54. « Le Tao de la physique », p. 53.
55. *Ibid.*, p. 176.

sont considérées comme des schèmes dynamiques inhérents à celles-ci[56].

5.3. Qui a lu ce livre est frappé par le caractère vague des rapprochements entre des thèses philosophiques et religieuses exprimées en langage ordinaire, quelquefois poétiquement, et des propositions de physique formulables dans un symbolisme mathématique (jamais utilisé ici). Les rares fois où une comparaison plus précise est indiquée, le résultat n'est guère convaincant.

C'est ainsi que la structure de l'atome, avec la stabilité de son noyau et le mouvement des électrons alentour, est rapportée à l'idée taoïste que « le repos en mouvement fait apparaître le rythme spirituel qui pénètre le ciel et la terre[57] ». De même, l'expérience de méditation transcendantale manifestant « le niveau de la conscience bidimensionnelle[58] » répondrait aux thèses relativistes. Ou encore, et de façon encore plus énigmatique, les trigrammes divinatoires du *Yi King* seraient des préfigurations de la matrice S dans la théorie de Dirac et Feynman pour l'évolution de la fonction d'onde d'un groupe de particules dans un champ...

Les quelques cas proposés dans ce chapitre d'un renoncement par des savants au rationnel sont, comme on le voit, de signification et de portée bien différentes. Quelle que soit l'ampleur du renoncement, on ne saurait pourtant jamais l'interpréter, sauf peut-être dans le dernier exemple, comme un déni du rôle singulier et des pouvoirs originaux de la pensée rationnelle que les savants ont pratiquée. Il s'agirait plutôt de la prolonger par une démarche plus aventureuse et moins contrôlée qui décolle ouvertement du monde phénoménal. Ce n'est pas, assurément, ce décollage lui-même qui introduit l'irrationnel, puisqu'il est un des traits essentiels de la science même. Mais c'est qu'il s'effectue sans la garantie constante que la pensée fonctionne en *concepts*. Certes, l'adultération de la qualité concep-

---

56. *Ibid.*, p. 225.
57. *Le Tao de la physique*, p. 47.
58. *Ibid.*, p. 48.

tuelle se produit parfois par degrés et par nuances, comme dans les cas invoqués de Bohm et d'Eddington. L'idée introduite — « potentiel quantique », ou « nombre cosmique », nombre total des particules dans l'univers — conserve alors les apparences de concept scientifique bien construit, mais elle a commencé de perdre les aspects qui la rattacheraient effectivement, opératoirement, à une représentation du monde. Il peut arriver sans doute — ce serait bien imprudent et vain de la part du philosophe de le nier — que de tels quasi-concepts puissent servir à inspirer aux savants futurs des *concepts* véritables et des hypothèses bien formées et fécondes. On en trouverait des témoignages dans l'histoire plus ancienne des sciences de la nature. Il n'en est pas moins vrai que ces décollements délibérés et passionnels du rationnel ne constituent jamais que des déviations mineures de la science, sur des chemins qui, pris en eux-mêmes, ne mènent nulle part.

CONCLUSION

Le mot d'irrationnel qui a été si souvent employé ici correspond assurément à une réalité dans la pratique des hommes, tant et si bien qu'on oserait la dire *la chose du monde la mieux partagée*. Bien qu'on ait commenté dans l'introduction la vanité de tenter préalablement une définition proprement dite de l'irrationnel, métaconcept philosophique et aussi, dans le langage de Wittgenstein, « ressemblance de famille », le lecteur, à bon droit, s'étonnerait qu'on n'en tentât pas, au terme de ce livre, une caractérisation un peu générale. Est-il possible de formuler une telle caractérisation sous laquelle entrerait l'acception attribuée ici au vocable ? Si la réponse doit être positive, ce ne peut être, à ce qu'il me semble, qu'à travers une détermination de la rationalité. Non pas, certes, une définition véritable, mais une élucidation et un commentaire.

Observons tout d'abord que la rationalité suppose une distinction entre des impressions et une *représentation*, production *symbolique* d'un sujet. En ce sens, la rationalité relève donc toujours, au sens large, d'une connaissance. Néanmoins, en un sens plus étroit, une distinction nous a paru s'imposer sur laquelle il nous faut revenir : celle d'une rationalité dans l'action et d'une rationalité dans la connaissance, qui correspondent à des formes distinctes, quoique éventuellement enchevêtrées, de l'irrationnel.

Dans l'action même nous avions distingué une rationalité *technique* et une rationalité *axiologique* ou plus précisément *éthique*. La première serait une adaptation optimale des moyens aux fins. Elle concerne donc les résultats d'actions individuées, et l'aspect « connaissance » se rapporte alors à la représentation d'événements concrets, *non nécessairement* insérés dans un système plus général de virtualités qui en donneraient une explication scientifique. Elle suppose cependant que des valeurs positives et négatives soient attribuées aux moyens et aux fins, pouvant donner un sens à l'optimalité recherchée. Dans la rationalité axiologique, cette attribution de valeurs est essentielle, mais elle s'applique à l'action même. Elle dérive alors d'une *subordination à des principes*. De tels principes ne concernent plus directement des actions singulières, individuées, mais la rationalité consiste en leur application *non contradictoire* à ces actions *hic et nunc*. La philosophie dès ses origines connues, qu'elle fût hellénique ou orientale, s'est constamment posé le problème de la nature et du contenu de ces principes, proposant au reste les solutions les plus diverses, que soit ou non prononcé un mot équivalent à celui de rationalité. En tout cas, l'idée en est présente dès que les principes d'action apparaissent comme des *métaprincipes*, transcendant les motivations d'actions singulières, et qu'ils forment une totalité.

Qu'en est-il du cas particulier d'une rationalité de connaissance ? Nous disons « cas particulier », car il n'est pas douteux que le connaître soit à sa manière un agir. La connaissance relève donc en ce sens des deux formes précédentes de rationalité, selon que l'on y considère des résultats ou des actes.

Il est par conséquent légitime de qualifier une connaissance de « techniquement » bien ou mal exécutée, ou de la considérer « éthiquement » comme un comportement bon ou mauvais, principalement par ses conséquences. Mais une connaissance a un *objet* et sa rationalité propre concerne la nature de cet objet. Nous dirons qu'une connaissance est rationnelle si elle conçoit et organise son objet de telle sorte que ses parties ne soient pas reconnues comme *contradictoires* entre elles, ni contradictoires avec le tout. S'introduit donc ici de nouveau l'expression « non contradictoire », que nous avons à dessein laissée en suspens à propos du rationnel éthique et que nous souhaiterions pouvoir remplacer par un terme plus général.

Elle s'applique à un système d'enchaînement de pensées pris dans une acception très générale, un cas fondamental mais pourtant particulier étant celui d'une *logique stricto sensu*. Il suffit, quelles que soient leur nature et leur portée, que des règles, explicites ou non, président à un enchaînement de pensées. Il y aura contradiction au sens où nous l'entendons ici lorsque *l'enchaînement est interrompu par impossibilité d'appliquer les règles* ; dans le cas proprement logique il s'agit alors de l'obtention conjointe, selon les règles de production adoptées, de la position et de la négation d'un énoncé, c'est-à-dire, si l'on adopte la conception que nous avons proposée ailleurs du logique[1], de la position ou de la non-position d'un objet quelconque indépendamment de toute autre propriété que cette position même. On peut sans doute ramener à ce cas primordial toute impossibilité de poursuivre un enchaînement de pensée, mais non sans quelque artifice ou plutôt quelque présupposé non nécessaire ; nous préférons donc parler ici d'une impossibilité plus générale inhérente à *l'application* de telle ou telle règle. Mais on reconnaîtra encore deux variantes de cette impossibilité. D'une part l'impossibilité d'appliquer conjointement deux systèmes de règles et donc de pratiquer deux modes d'enchaînement ordinairement compatibles. D'autre part, *l'isolement* réciproque de deux ou plusieurs systèmes d'enchaînement qui devraient être applicables à un même objet mais dont il est impossible de traduire les résultats l'un dans l'autre. Nous avons rencontré au cours des précédents chapitres divers exemples de ces deux cas.

C'est au sein même de la connaissance scientifique que nous avons voulu déceler la présence et éventuellement le rôle de l'irrationnel. Entreprise apparemment paradoxale si l'on consi-

---

1. Voir par exemple *Pour la connaissance philosophique*, chap. 2.6, 3.1, et *Formes, opérations, objets*, chap. 2 et 4.

dère, et à juste titre, que la science est essentiellement une pensée rationnelle. Mais un examen des états effectifs des systèmes conceptuels dans différentes sciences à différentes étapes de leur progrès nous avait dès longtemps convaincu de l'importance, dans ce progrès, de *moments* négatifs. Il s'agissait d'en décrire des exemples notables, que nous avons empruntés aux mathématiques et à la physique. Nous avons voulu également présenter très sommairement une autre variante de ce fonctionnement de l'irrationnel dans d'autres domaines de la création : celui des arts plastiques avec la constitution de la perspective, celui de la littérature avec les révolutions surréaliste et Dada.

En ce qui concerne l'irrationnel dans la science, objet principal de notre étude, les modalités que nous avons proposé d'en reconnaître devraient avoir justement permis de comprendre plus précisément le sens de la rationalité scientifique. On peut alors parler sans s'inféoder *a priori* par ce mot à aucune école philosophique, de Platon à Hamelin (auteur aujourd'hui trop négligé), ou de Hegel et de Marx, du caractère *dialectique* de la rationalité, c'est-à-dire non d'un trait métaphysique, mais d'une propriété épistémologique concrète et chaque fois diversifiée de son mouvement, qui rencontre et suscite sa négation, l'irrationnel. Ce n'est certes pas là une célébration de l'irrationnel, mais seulement une attention constamment portée aux complexités de l'œuvre de science dans sa production, « une histoire qui » — comme le dit Cavaillès — n'est pourtant « pas une histoire ». C'est pourquoi nous avons voulu aussi tenter de comprendre et dénoncer dans l'œuvre de quelques savants contemporains certains dévoiements possibles vers un pur irrationnel. Tentation chez eux très instructive parce que exceptionnelle, alors qu'elle est si commune à tous les hommes, prompts à découvrir et fomenter en toute occasion le merveilleux.

BIBLIOGRAPHIE

ALBERTI, L., *Della pittura*, Florence, Malle, 1950.

ANDERSON, A. R. et BELNAP, N. D., *Entailment* I, Princeton, Princeton University Press, 1975.

ARRUDA, A., DA COSTA, N. C. A. et Chuaqui, R. (eds), *Non-Classical Logics*, Amsterdam, Nort-Holland, Elsevier, 1976.

ARRUDA, A., « The paradox of Russell in the system NFn », in *Proceedings of the 3rd Brasilian Congress of mathematical logic*.

BECKER, ed., *Zur Geschichte der Grieschiechen Axiomensystem*, Darmstadt, 1965.

BERNOULLI, J., *Opera omnia*, Olms, Hofmann (ed.), 1968.

BOHM, D. et HILEY, B. J., *The Undivided Universe*, Londres, New York, Routledge, 1993.

BOHR, N., *Physique atomique et Connaissance humaine*, Catherine Chevalley (éd.), Paris, Gallimard, 1991.

BOHR, N., *Collected Works*, New York, Elsevier, 1972.

BRETON, A., *Manifestes du surréalisme*, Paris, Pauvert, 1962.

BRETON, A., *Le Surréalisme et la Peinture*, Paris, Gallimard, 1965.

BRION-GUERRY, L., *Jean-Pélerin Viator, sa place dans l'histoire de la perspective*, Paris, Les Belles Lettres, 1962.

BROUWER, J., *Collected Works I*, Heyting dir., Amsterdam.

CANTOR, M., *Vorlesungen über die Geschichte der Mathematik*, New York, Stuttgart, Johnson Reprint, 1965.

CAPRA, F., *Le Tao de la physique*, 2e éd., Paris, Tchou, 1985.

CARSON, J. R., *Electric Circuit Theory and the Operational Calculus*, 1926.

CAUCHY, A., *Cours d'analyse de l'École royale polytechnique* (1821), rééd. Paris, Jacques Gabay, 1989.

CAVAING, M., *La Constitution du type mathématique de l'idéalité dans la pensée grecque*, Lille, thèse, 1982.

CHURCH, A., *Introduction to Mathematical Logic*, I, Princeton, Princeton University Press, 1956.

Colloque de Cordoue, *Science et Conscience, les deux lectures de l'univers*, Paris, 1980.

CONWAY, W. M., *Literary Remains of A. Dürer*, Cambridge, The University Press, 1889.

DA COSTA, N. C. A. et FRENCH, S., « A model theoretic approach to "natural" reasoning », *International Studies in the Philosophy of Science*, vol. 7 (2), 1993.

DA COSTA, N. C. A. et FRENCH, S., « Belief, contradiction and the logic of self-deception », *American Philosophical Quarterly*, vol. 27 (3), 1990, p. 179-197.

DA COSTA, N. C. A. et FRENCH, S., « Pragmatic truth and the logic of induction », *British Journal of Philosophy*, 40, 1989, p. 333-356.

DA COSTA, N. C. A., « On paraconsistent set theory », *Logique et Analyse*, 115, 1986, p. 360 et suiv.

DA COSTA, N. C. A., *Sistemas formais inconsistentes*, Curitiba, UFPR, 1993.

DA COSTA, N. C. A., *Ensaio sobre os fundamentos da lógica*, São Paulo, USP, 1980.

DA COSTA, N. C. A. et WOLF, « The dialectical principle of the unity of opposites », *Philosophia*, 9, 1980, p. 189-217.

DA COSTA, N. C. A., BÉZIAU, J. Y. et BUENO, O. A. S., « Aspects of paraconsistent logic », *Bulletin of the IGPL*, vol. 3 (4), 1995, p. 597-614.

DE BROGLIE, L., *Continu et Discontinu*, Paris, Albin Michel, 1941.

DE BROGLIE, L., *Ondes, Corpuscules et Mécanique ondulatoire*, Paris, Albin Michel, 1945.

DE BROGLIE, L., *Matière et Lumière*, Paris, Albin Michel, 1937.

DESARGUES, G., *Œuvres de Desargues réunies et analysées*, Poudra, N. G. (ed.), Paris, Lieber, 1864.

DESCARTES, R., *Œuvres*, Adam et Tannery, t. 3 et 11.

DIRAC, P., *Les Principes de la mécanique quantique* (1931), Paris, Jacques Gabay, 1990.

EDDINGTON, sir A. S., *The Nature of the Physical World*, 1927, trad. franç., Paris, Payot, 1929.

EDDINGTON, sir A. S., *The Philosophy of Physical Science*, Cambridge, The University Press, 1939.

EDDINGTON, sir A. S., *Space, Time, Gravitation*, 1re éd., Cambridge, The University Press, 1920 ; 1966.

EDDINGTON, sir A. S., *The Fundamental Theory*, Cambridge, The University Press, 1946.

EINSTEIN, A., *Œuvres choisies*, I, *Quanta*, F. Balibar (ed.), Paris, Seuil-CNRS, 1989.

EUCLIDE, *L'Optique et la Catoptrique*, P. Ver Eecke (ed.), Paris, A. Blanchard, 1959.

EUCLIDE, *Opera omnia*, Leipzig, Teubner, 1845.

FEYNMAN, R., *Lumière et Matière*, Paris, InterÉditions, 1985.

FOWLER, *The Mathematics of Plato's Academy*, Oxford, 1987.

FRANCASTEL, P., *La Figure et le Lieu*, Paris, Denoël, 1967.

FRANCASTEL, P., *Peinture et Société*, Paris, Denoël, 1975.

FREY, L., « Médiétés et approximations chez Vitruve », *Revue d'archéologie* 2, 1990.

GÖDEL, K., « A remark about the relation between relativity theory and idealistic philosophy », in *Einstein, Philosopher and Scientist*.

GRANGER, G.G., « Les trois aspects de la rationalité économique », *in* Gérard-Varet, L.-A. et Passeron J.-C. (ed.), *Le Modèle et l'Enquête*, Paris, Éditions de l'EHESS, 1995, p. 567-680.

GRANGER, G.G., *Pour la connaissance philosophique*, Paris, Éditions Odile Jacob, 1988.

GRANGER, G.G., *Essai d'une philosophie du style*, 2e éd., Paris, Éditions Odile Jacob, 1988.

GRANGER, G.G., *Formes, Opérations, Objets*, Paris, Vrin, 1994.

Heaviside, O., *Electromagnetic Theory*, 1893-1912, rééd. Mineola, Dover Publications Inc., 1950.

Heijenoort, J., *From Frege to Gödel*, Cambridge, Harvard University Press, 1967.

Heyting, A., « Mathematische Grundlagenforschung », in *Ergebnisse der Mathematik*, 3ter Band 4, 1934.

HOYLE, F., *The Black Cloud*, Londres, Heinemann, 1957.

JASKOWSKI, S., « Propositional calculus for contradictory deductive systems », *Studia Logica*, 24, 1969, p. 143 et suiv.

KANT, E., *Kritik der reinen Vernunft*, Schmidt (ed.), Hambourg, Meiner Verlag, 1956.

KANT, E., *Œuvres philosophiques*, Paris, Gallimard, 1980.

KNORR, W. R., *The Evolution of Euclid's Elements*, Deventer, Reidel, Wolters Kluwer, 1975.

LEIBNIZ, G. W., *Mathematische Schriften*, Gerhardt (ed.), Hildesheim, Olms, 1971.

LOFFEDO D'OTTAVIANO, I., « On the development of paraconsistent logic », *The Journal of Non-Classical Logic*, vol. 7, n° 1/2, 1990, p. 9-72.

ŁUKASIEWICZ, J., *Selected Works*, L. Borkowski (ed.), Amsterdam, North Holland, 1970.

MEHRA, J., *The Solvay Conferences on Physics*, Deventer, Reidel, Wolters Kluwer, 1975.

MERLEAU-PONTY, J. et MORANDO, B., *Les Trois Étapes de la cosmologie*, Paris, Robert Laffont, 1971.

MERLEAU-PONTY, J., *Cosmologie du XXᵉ siècle*, Paris, Gallimard, 1965.

MERLEAU-PONTY, J., *Philosophie et Théorie physique chez Eddington*, Paris, Les Belles Lettres, 1965.

MERLEAU-PONTY, J., *La Science de l'univers à l'âge du positivisme*, Paris, Vrin, 1983.

MUGLER, C., *Platon et la recherche mathématique de son époque*, Strasbourg, Zürich, éd. P. H. Heitz, 1948.

PANOFSKY, E., *La Perspective comme forme symbolique*, Paris, Éditions de Minuit, 1975.

PANOFSKY, E., *The Life and Art of A. Dürer*, Princeton, Princeton University Press, 1945.

PATY, M., « La non-séparabilité locale et l'objet de la théorie physique », *Fundamenta Scientiae*, vol. 7, n° 1.

PIERO DELLA FRANCESCA, *De prospectiva pingendi*, éd. Farola, 1942.

PINCHERLE, S., « Équations et opérations fonctionnelles », in *Encyclopédie des sciences mathématiques pures et appliquées*, Paris, Gauthier-Villars, 1914, reproduit en fac-similé, Paris, Jacques Gabay, 1992, II, vol. 5, fasc. 1, p. 1-8.

PLATON, *Le Sophiste*, Guillaume Budé (éd.), Paris, Les Belles Lettres.

PRIEST, G., ROUTLEY, R. et NORMAN, J. (eds.), *Paraconsistent Logic. Essays on inconsistency*, Munich, 1989.

PRIGOGINE, I. et STENGERS, I., *La Nouvelle Alliance*, Paris, Gallimard, 1979.

SCHRÖDINGER, E., *Physique quantique et Représentation du monde*, Bitbol (ed.), Paris, Seuil, 1992.

SCHWARTZ, L., *Un mathématicien dans le siècle*, Paris, Odile Jacob, 1997.

SCOTT, D., *Notes on the Formalization of Logic*, parts II and III, Merton College, Oxford, 1981.

SMITH, D. E. A., *Source Book in Mathematics*, Mineola, Dover Publications Inc., 1959, 1ʳᵉ publication 1929.

TATON, R., *L'Œuvre mathématique de Desargues*, Paris, PUF, 1951.

TZARA, T., *Œuvres complètes*, présentation H. Béar, Paris, Flammarion, 1975.

VASIL'EV, N. A., « Imaginary logic », in *Atti del Ve Congresso internazionale di filosofia*, Naples, 1925.

WHEELER et ZUREK (ed.), *Quantum Theory and Measurement*, Princeton, 1983.

WHITE, J., *The Birth and Rebirth of Pictorial Space*, Londres, 1957, trad. franç., Paris, Adam Biro, 1992.

WHITEHEAD, A. N., *The Function of Reason*, 1929, trad. franç., Paris, Payot, 1969.

WHITEHEAD, A. N., *Process and Reality*, 1929, trad. franç., Paris, Gallimard, 1995.

WIENER, N., « The operational calculus », *Math. Annalen* 95, 1925-1926, p. 557-584.

WITTGENSTEIN, L., *Philosophische Grammatik, Schriften* 4, Francfort, Suhrkamp Verlag, 1969.

Wittgenstein und der Wienerkreis, G. GRANEL (ed. et trad.), MAUVEZIN, Transeurop Repress, 1991.

Cours de Cambridge 1932-1935, E. RIGAL (ed. et trad.), 19.

ZAHAR, E., *The Einsteinian Revolution*, Peru, Open Court, 1989.

INDEX

Table

Cet ouvrage a été réalisé par la
SOCIÉTÉ NOUVELLE FIRMIN-DIDOT
Mesnil-sur-L'Estrée
pour le compte des Éditions Odile Jacob
en janvier 1998

Photocomposition : NORD-COMPO
59650 Villeneuve-d'Ascq

Imprimé en France
Dépôt légal : janvier 1998
N° d'édition : 7381-0501-X - N° d'impression : 41217